Papst Franziskus

Die Freude des Evangeliums

W0178217

Papst Franziskus

Die Freude des Evangeliums

Das Apostolische Schreiben
»Evangelii gaudium«
über die Verkündigung des Evangeliums
in der Welt von heute

Mit einer Einführung von Bernd Hagenkord SJ

HERDER

FREIBURG · BASEL · WIEN

P. Bernd Hagenkord SJ ist Leiter der deutschsprachigen
Abteilung von Radio Vatikan.

MIX
Papier aus verantwor-
tungsvollen Quellen
FSC® C083411

Originaltitel des Apostolischen Schreibens:
Esortazione Apostolica *Evangelii gaudium*
© Libreria Editrice Vaticana 2013

Für diese Ausgabe:
© Verlag Herder GmbH, Freiburg im Breisgau 2013
Alle Rechte vorbehalten
www.herder.de

Umschlaggestaltung: Verlag Herder
Umschlagmotiv: © dpa / picture alliance
Register: Verlag Herder

Satz: Barbara Herrmann, Freiburg
Herstellung: CPI – Clausen & Bosse, Leck

Printed in Germany

ISBN 978-3-451-33492-4

Inhalt

9

Die Programmschrift zur Kirchenreform

Einführung von Bernd Hagenkord SJ

Es begann mit der Balkonszene, oben an der Fassade von Sankt Peter. Als Papst Franziskus mit seinem berühmt gewordenen »Guten Abend« am 13. März 2013 sein Papstamt antrat, war das nur die erste einer ganzen Reihe von Überraschungen. Diese Balkonszene zeigte etwas Neues. Die meisten von uns konnten noch nicht genau sagen, was dieses Neue genau war, aber sich segnen zu lassen, bevor er selbst segnet, die Schlichtheit der Gestik und der Kleidung, all das sah nach einem Versprechen von viel Neuem aus.

In unserer Welt – vor allem wenn Fernsehkameras involviert sind – ist alles inszeniert. Als öffentliche Person muss man sich ins Bild setzen können, muss mit Kameras und Menschenmengen umgehen können. Und da kam Papst Franziskus mit einem eigentlich unspektakulären Auftritt, und die Welt lag ihm zu Füßen.

Bei der ersten Messe predigte er stehend, eine Praxis, die er danach beibehielt. Die Wohnung im Gästehaus, die kleineren Wagen – all das zeigte einen Papst, der so ganz anders war, als wir es gewohnt waren. Dieser Papst ist zugänglich, er baut keine Distanzen auf, weder physisch noch in der Symbolik und schon gar nicht in der Sprache.

Vor allem aber die vielen direkten Begegnungen beeindrucken. Bei jeder Generalaudienz umarmt Franziskus, grüßt, küsst, segnet, fasst an und lässt sich anfassen, stundenlang. Er hat eine sehr körperliche Präsenz, wenn er Menschen trifft. Zuerst dachten wir, das sei der Überschwang der ersten Monate, aber wir lagen falsch. Die Menschenmengen nehmen nicht ab und auch die Begeisterung nicht. Oder vielleicht sollte ich sagen: Die Freude, diesem Papst direkt zu begegnen, ist bei jeder einzelnen Begegnung frisch, das sieht man den Gesichtern der Menschen an, wenn sie sich auf dem Petersplatz, in Rio de Janeiro oder Lampedusa oder bei einem der Papstbesuche in Rom um ihn drängen.

Zuerst habe ich diesen Überschwang misstrauisch betrachtet, denn Massenbewegungen haben immer etwas Verdächtiges an sich. Aber nachdem es Mittwoch nach Mittwoch, Audienz nach Audienz und Begegnung nach Begegnung genau so direkt, enthusiastisch und körperlich weiterging, wurde immer klarer, dass die Menschen, die Franziskus begegnen, sich einfach freuen, ganz ohne Vorbehalte. Dabei ist der Papst kein so charismatischer Mensch, wie es etwa Johannes Paul II. war. Eine Handbewegung, eine Geste – und die Menge und die Kameras verstanden, was dieser Papst wollte. Franziskus ist anders. ›Schlicht‹ will einem einfallen, aber das trifft es nicht. Pastoral vielleicht? Auf jeden Fall direkt, unmittelbar, unverstellt, authentisch.

Mittlerweile bin ich überzeugt davon, dass es diese Authentizität ist, die die Menschen überzeugt und begeistert. Was er tut und was er sagt, ist alles echt. Wie der erste Auftritt ist nichts symbolisch, nichts ist reine Geste, die etwas anderes ausdrücken soll. Wenn er nach Lampedusa fährt, um Flüchtlinge zu treffen, dann will er genau das: Flüchtlinge treffen. Da gibt es keine politische Botschaft dahinter, oder besser: Die politische Botschaft kommt in der Rangliste der Zwecke erst ganz weit hinten. Seine Kommunikation ist direkt und klar, worauf wir noch zurückkommen werden. Diese Authentizität ist es, die Freude macht. Man sieht ihn und versteht sofort, ›wie Religion geht‹.

Schlüsselwort ›Freude‹

›Freude‹ ist ein Schlüsselwort dieses Papstes. Es gibt andere, die häufiger genannt werden, ›Reform‹ zum Beispiel oder ›Armut‹. Wenn man den Menschen begegnet, die gerade von einem Treffen mit dem Papst kommen, dann ist es aber vor allem Freude, die in den Gesichtern steht.

Freude ist auch ein Wort, das in seinen Predigten immer wieder auftaucht. Es ist ein Wort, das ein wenig altmodisch klingt, hat es doch gar nichts mit den Dingen zu tun, die uns Spaß machen oder Befriedigung verschaffen. Das, was Freude von allen anderen dieser Begriffe wie Spaß etc. trennt, ist die Tatsache, dass wir Freude nicht machen können. Eine Aufforderung wie »Freu dich, sofort!« fällt ins Leere. Freude steht uns nicht zur Verfügung. Viel von dem, was diese Freude ausmacht, wird vom Papst im Text selber beschrieben.

Evangelii gaudium ist der erste von Franziskus vollständig selbstverfasste längere Text. Viel ist bereits geschrieben worden und viel wird noch über diesen Text geschrieben werden, aber Sie halten diese Ausgabe ja in der Hand, um den Text selbst zu lesen, und genau so soll es auch sein. Meine Einführung will keine Zusammenfassung des Textes sein und schon gar nicht soll sie das Lesen ersetzen. Aber ein Schreiben, das neben der internationalen Finanzwirtschaft die Reform der Kirchenstrukturen und die Predigtvorbereitung behandelt, braucht vielleicht eine Handreichung oder eine Art Lesehilfe. Die möchte ich mit diesen Zeilen anbieten.

Was für einen Text haben wir in der Hand?

Evangelii gaudium ist eine apostolische Exhortation, also ein Lehrschreiben. Franziskus merkt an, dass das Interesse an kirchlichen Dokumenten nicht wirklich nachhaltig ist, eine Erfahrung, die wir gut nachvollziehen können. Wann haben Sie das letzte Mal eine kirchliche Verlautbarung mit Spannung erwartet? Aber obwohl er um die Schwierigkeit weiß, mit solchen Texten im Zeitalter von kurzen Predigten, Twitter und 1.30-Minuten-Statements im Fernsehen zu kommunizieren, schreibt er dennoch. Für ihn ist das, was er zu sagen hat, programmatisch, und dieses Programm will formuliert sein. Damit geht der Text der Intention nach über den Charakter eines reinen Lehrschreibens hinaus.

Eine offizielle Festlegung über Rang und Bedeutung eines solchen Textes gibt es nicht; Enzyklika, Exhortation, Apostolischer Brief sind ganz verschiedene Formen, sich an die Gläubigen zu wenden. Eine Enzyklika mag formal bedeutender sein, aber letztlich entscheidet allein der Inhalt.

Grundsätzlich behandeln solche Exhortationen bestimmte Themen. Sie schließen Bischofssynoden ab (sogenannte Postsynodale Apostolische Exhortationen); auch *Evangelii gaudium* nimmt die Beratungen der Bischofssynode vom Oktober 2012 auf. Allerdings ist der Text eben nicht »postsynodal«, also nicht rein auf die Synode bezogen.

Ein Wort an dieser Stelle zu den Quellen dieses Textes. Zum einen sind da, wie gesagt, die Ergebnisse der Synode zu nennen. Dem Papst (noch Benedikt XVI.) sind sogenannte Propositionen vorgelegt worden, auf die auch eine ganze Reihe von Aussagen im Text Bezug nehmen; Sie erkennen das jeweils an der Fußnote. Die vollständige Liste der Propositionen können Sie – auf Englisch – auf der Webseite von Radio Vatikan finden.

Zweitens erwähnt der Papst den Rat, den er sich eingeholt hat (16). Papst Franziskus ist berühmt dafür, dass er zum Telefonhörer greift und um Rat fragt. In einigen der Bücher, die aus Gesprächen mit ihm entstanden sind, erzählt Franziskus von ihm wichtigen Menschen, deren Rat er einholt oder mit denen er spricht, wenn ihm etwas ganz wichtig ist.

Drittens nennt er seine eigenen Gedanken und Erwägungen als Quelle (16). Wer die Predigten Papst Franziskus', besonders die während der Morgenmessen, verfolgt hat, dem werden sehr viele Formulierungen bekannt vorkommen. Die dem Papst eigene Fähigkeit zu lebendigen Bildern und treffenden, manchmal humorvollen Umschreibungen findet sich auch in *Evangelii gaudium* wieder: Mir fällt die »verbeulte Kirche« ein oder das »Christsein wie Fastenzeit ohne Ostern«. Viel Denken, Beten und Reflektieren von früher ist in den Text eingeflossen. Noch einmal möchte ich die Gesprächsbücher mit Kardinal Jorge Mario Bergoglio* erwähnen. Wer sie kennt, dem wird ebenfalls Einiges auffallen, was hier wiederkehrt. Es ist also nichts grundlegend Neues, was der Papst präsentiert; ich würde es eher als eine Art Ernte bezeichnen. Was im Laufe der vergangenen Jahre in ihm geistlich gewachsen ist, das holt er nun ein.

Erwähnenswerte Quellen sind auch einige bedeutende kirchliche Texte. Natürlich sind da die Dokumente des Zweiten Vatikanischen Konzils, vornweg *Lumen gentium,* also die Konstitution über die Kirche in der Welt von heute, und *Unitatis redintegratio,* das Dokument über die Ökumene, das vor allem für die Methode des Papstes wichtig ist. Dann sind da aber auch zwei Schreiben Papst Pauls VI.: seine Antrittsenzyklika über die Kirche *(Ecclesiam Suam)* und eine Exhortation, die auch bei der Bischofssynode zur Neuevangelisierung 2012 immer und immer wieder begeistert erwähnt wurde (*Evangelium nuntiandi* von 1975, ihrerseits selbst ein Ergebnis einer Bischofssynode).

Natürlich sind da auch einige Texte von Papst Johannes Paul II., aber bedeutsamer ist vielleicht das

---

* *Mein Leben, mein Weg. El Jesuita. Die Gespräche mit Jorge Mario Bergoglio von Sergio Rubin und Francesca Ambrogetti,* Freiburg – Basel – Wien 2013; *Das Interview mit Papst Franziskus,* hg. von Antonio Spadaro SJ, Freiburg – Basel – Wien 2013.

Abschlussdokument der Versammlung der lateinamerikanischen Bischofskonferenzen von 2007, normalerweise nach dem Tagungsort »Aparecida« benannt. Schon häufiger haben sich die Bischöfe Lateinamerikas und der Karibik zusammengesetzt, um maßgebliche Papiere zu verfassen, jeweils benannt nach dem Entstehungsort. Medellín und Puebla seien hier genannt; von dorther (1968 und 1979) stammt der Begriff der »vorrangigen Option für die Armen«. Aparecida hatte 2007 den Begriff der »Misión continental« eingeführt und damit eine kontinentweite Bewegung begonnen, neue Formen der Verkündigung zu entdecken und zu pflegen. Man kann dieses Dokument in seiner Bedeutung für Lateinamerika kaum überschätzen. Bei seiner Reise nach Brasilien im Sommer 2013 hat Franziskus einen Abstecher in diese Stadt zwischen Rio und São Paulo gemacht, um selber noch einmal die Wichtigkeit dieses Dokumentes für die Kirche in Lateinamerika und auch für ihn zu betonen. Kardinal Bergoglio war 2007 federführend für die Abfassung zuständig, und Vatikansprecher Pater Federico Lombardi erzählte einmal, dass jeder Staatschef, der den Papst besuche, eine Kopie dieses Dokumentes in die Hand bekomme. Viele Ideen aus Aparecida finden sich eins zu eins in *Evangelii gaudium* wieder.

Neben den lateinamerikanischen Bischöfen, deren Stimme wir im Dokument von Aparecida lesen, kom-

men in *Evangelii gaudium* auch immer wieder Stellung-
nahmen anderer Kontinente zur Sprache, etwa Indien,
Ozeanien, Afrika oder die USA; der Papst legt offensichtlich Wert auf das Hören auf die Ortskirchen. Das Dezen-
trale, das er erwägt, lebt er in dieser Schrift bereits vor.

Abschließend ist noch einer der größten Theologen
der Kirche zu nennen, der eine große Rolle in der
Exhortation spielt: Thomas von Aquin. Sein präzises
Denken liefert immer wieder den Hintergrund für
Erörterungen Franziskus', vor allem wenn es um Ethik
oder um Verschiedenheit und Einheit geht.

Der Sprachstil

Papst Franziskus schreibt an alle, das wird immer wieder deutlich. Und alle bedeutet, dass auch Nichttheo-
logen Gewinn aus der Lektüre ziehen können. Franziskus entschuldigt sich bei den Lesern für einen
Neologismus, ein von ihm erfundenes spanisches Wort
(24), und wenn er die Konzilslehre von der Hierarchie
der Wahrheiten anführt (36), folgt darauf gleich ein
Beispiel aus dem Alltag eines Predigers (38). Es ist ihm
wichtig, Sie alle anzusprechen, nicht nur einen Kreis
von Menschen, die mit kirchlichen Dokumenten
umzugehen gewohnt sind.

Auch sein Sprachstil trägt dazu bei. Anführen
möchte ich ein Stilmittel, das auffälligerweise fehlt.

Kirchliche Dokumente aller Ebenen sind gern mit Bibelzitaten angereichert, um die Rückbindung an die Ursprungstexte zu verdeutlichen, leider meistens mit Folgen für die Lesbarkeit. Abgesehen von der biblischen Hinführung zur Freude im Anfangsteil verzichtet Franziskus weitgehend darauf; man braucht kein exegetisches Wissen, um nachzuvollziehen, was der Papst sagen will. Wenn er die Bibel zitiert – und das tut er vor allem im letzten Drittel des Textes –, dann um Gedanken von dort in seinen Text einzuführen, nicht um seine eigenen Gedanken zu illustrieren. Papst Franziskus zeigt so eine ganz eigene Wertschätzung für die Heilige Schrift.

Manchmal ist die Sprache Franziskus' recht robust, manchmal wird sie sehr persönlich, wie etwa wenn er uns Leser mit »ihr« anspricht oder von seinen Träumen spricht. Dann wiederum übernimmt sie an einigen Stellen die manchmal weltfremd klingende Präzision der Dogmatik oder des Kirchenrechts, etwa wenn es um die »authentische Lehrautorität« der Bischofskonferenzen geht – ein Terminus technicus (32). Dann wieder wird es für einige Sätze eine Gebetssprache, eine kurze Anleitung zu einer betenden Erforschung des Gewissens. Er bittet, »noch heute« die persönliche Begegnung mit Christus zu suchen (3). Es lohnt sich dann, den Text einige Momente lang sinken zu lassen und der Einladung des Papstes nachzugehen.

Wir werden uns schnell darauf einigen können, dass die eindrucksvollsten Stellen diejenigen sind, wo Franziskus von »individualistischer Traurigkeit«, von der »Kirche mit offenen Türen«, von der »verbeulten Kirche« spricht, von der »Revolution der Zärtlichkeit«. »Ich will keine Kirche, die darum besorgt ist, der Mittelpunkt zu sein«: Hier kommt der Mensch Franziskus am deutlichsten zum Vorschein, und die Textstellen sind deswegen auch die packendsten.

Franziskus lässt die Sprache so, wie sie dem Thema angemessen ist; er unterwirft die Themen nicht einem gewissen kirchlichen Sprachstil. Das mag dann an manchen Stellen uneinheitlich wirken, trägt aber sehr zur Verständlichkeit bei.

Immer wieder hören wir den Papst selber sprechen – den Menschen, nicht das Amt. »Ich erinnere mich …« heißt es da (7). Und wenn man liest, was er über das sagt, was er die »Mystik« nennt, dann können wir gar nicht anders, als uns Franziskus inmitten der Menge auf dem Petersplatz vorzustellen: »zusammen zu leben, uns unter die anderen zu mischen, einander zu begegnen, uns in den Armen zu halten, uns anzulehnen, teilzuhaben an dieser etwas chaotischen Menge, die sich in eine wahre Erfahrung von Brüderlichkeit verwandeln kann« (87). Seine Sprache ist insgesamt sehr körperlich, physisch. Sie ist wie seine ganze Kommunikation, Papst Franziskus geht immer aufs Ganze. Geist und Körper,

Barmherzigkeit und Umarmung, Gebet und Händeauf-
legen, Reform und Einfachheit gehören zusammen, das
eine ist nicht Symbol für das andere. Das macht die
Sprache sehr zugänglich, manchmal etwas sperrig, was
durchaus seine ganz eigene Attraktivität hat, aber es
macht das Projekt – wie wir sehen werden – auch
anstrengend.

Die Kapitel des Textes: Worum es geht

Nun kann man fragen, ob das alles auch wirklich
zusammengehört. Wie kann es zum Beispiel sein, dass
die soziale Eingliederung der Armen – ein weltweites
Phänomen, das Wirtschaft und Gerechtigkeit und alles
Mögliche umfasst –, den gleichen Rang bekommt wie
das Predigen (bzw. umgekehrt)? Auf den ersten Blick
wirkt vielleicht einiges lose zusammengesetzt und nur
durch schlagkräftige Formulierungen und den Aufruf
zur Reform zusammengehalten. Schauen wir aber
genauer hin, zeigt sich durchaus ein Ganzes.

Es fällt auf, dass die vom Papst angegebenen sieben
Themenbereiche (17) nicht mit den fünf Kapiteln über-
einstimmen, in welche die Exhortation eingeteilt ist.
Das muss uns nicht weiter verwirren; die formale Ein-
teilung trennt die Inhalte voneinander, während der
Papst selber seinen inneren roten Faden angibt, der
nicht immer gleich zu erkennen ist.

Einige Abschnitte scheinen auch allein zu stehen und nur durch die Klammer des Themas verbunden zu sein. Auch das braucht nicht zu verwirren. Der Papst ist in seinem Text ein Anwalt der Vielfalt, die sich im Idealbild des Polyeders, eines vielflächigen geometrischen Körpers, zeigt (236); es geht nicht um geschliffene Ecken und Kanten, sondern die Einzelteile dürfen durchaus ihren Charakter behalten und bilden dennoch ein Ganzes.

Der Papst beginnt fulminant. Etwas wagen, Begeisterung, Freude, Begegnung, Weitergabe des Glaubens. All die ihm am Herzen liegenden Themen kommen direkt vor. Gott wird nie müde, uns zu verzeihen, es liegt an uns, auf Gott zuzugehen. Alles kommt in Bewegung, Franziskus schafft beim Lesen einen Rhythmus, dem man sich schwer entziehen kann.

Das erste Kapitel will ein Verständnis dafür schaffen, was mit der Verkündigung – im Text mit dem kirchlich gebräuchlichen, aber leider im Deutschen etwas schwer vermittelbaren Wort »Mission« bezeichnet – genau gemeint ist. Stichworte sind »Aufbruch«, »Verschiedenheit«, »Freiheit«, »Reform« und »Läuterung«. Hier zeigt sich, wie sehr die Grundbewegung des Glaubens, die den Glaubenden zu einer Weitergabe drängt, mit Veränderung verbunden ist. Wagemut, Kreativität und Besonnenheit sind Haltungen, die der Papst hier ausbuchstabiert (33, 47). Es geht um die Lehre der Kirche, um Ethik, um Praxis, um die Sakramente und um die Sprache der Verkündigung.

Bei der Erörterung der Sprache findet sich eine Spannung, die für alle anderen Betrachtungen maßgebend ist: Die Sprache muss vielgestaltig sein, aber wir dürfen uns nicht der Illusion hingeben, dass eine perfekte Sprache das Kreuz verschwinden ließe. Es wäre falsch zu glauben, wenn man nur die richtigen sprachlichen Mittel einsetzte, dass dann der Glaube weniger sperrig werde. Der christliche Glaube ist ohne diese letzte Unverständlichkeit nicht zu begreifen (42); es kann also gar nicht um eine Anpassung des Glaubens an die Zeit gehen. Der Stein des Anstoßes, das Kreuz, bleibt. Diese methodische Grundspannung betrifft auch die anderen Teile des Kapitels.

Im zweiten Kapitel geht es um einige »Aspekte der Wirklichkeit«, in der die Weitergabe des Glaubens stattfindet (51). Hier sind auffällig die ersten vier »Nein zu …«, klare Absagen gegenüber bestimmten Wirtschaftsformen, die Freiheit und Menschlichkeit ausschließen. Hier zeigt sich nicht ein kirchlicher Reflex gegen eine moderne Welt, sondern das offene Auge für die Wirklichkeit und der Wille, sich damit nicht abfinden zu wollen. Es geht um den Ausschluss von Menschen und die »Kultur des Wegwerfens«, ein Papst Franziskus sehr wichtiges Thema; es geht um die Vergötzung des Geldes, um Unterwerfung und um Gewalt hervorbringende Ungleichheit. »Diese Wirtschaft tötet« (52) ist der provozierende Satz, um den man nicht einfach herumlesen kann.

Es geht auch um die Absage an einen zersetzenden Relativismus, ein Thema, welches das vergangene Pontifikat sehr bewegt hat.

Ganz stark sind die Aussagen zu den Versuchungen, wie Franziskus es nennt, also den inneren Bewegungen, die von einer fruchtbaren Weitergabe des Glaubens abhalten. Karrierismus, Egoismus, Pragmatismus, spiritueller Konsumismus: die ganzen Ismen der in der Kirche Tätigen kommen auf den Prüfstand, gekrönt von seinen Gedanken zur »spirituellen Weltlichkeit« (93). Franziskus legt uns hier eine Erforschung unseres innerkirchlichen Gewissens vor. Die ganzen Subjektivismen, Selbstgerechtigkeiten und die sich daran anschließenden innerkirchlichen Konflikte richteten sich gegen die Kirche selbst: »Wen wollen wir mit diesem Verhalten evangelisieren?« (100).

Einzelne Personengruppen behandelnd geht es dann abschließend um die Laien, um die Rolle der Frau, die Rolle des Priestertums, die Jugend und die Frage nach den Berufungen.

Das dritte Kapitel befasst sich mit dem eigentlichen Kern, der Verkündigung, der Mission, der Evangelisierung oder Neuevangelisierung, wie auch immer man das bezeichnen will. Es geht um die Vielgestalt der Kirche und die verschiedenen Kulturen. Europa bekommt ein Warnsignal gezeigt: Es könne und dürfe nicht seine historisch gewachsene Kultur mit dem Christentum gleichsetzen (118).

Glaubenssinn, Volksfrömmigkeit, Symbolik des Glaubens: Papst Franziskus wendet sich einzelnen Ausdrucksformen des Glaubens und der Weitergabe zu. Ganz besondere Aufmerksamkeit erhält die Homilie, also die Predigt zur Schriftauslegung in der Messe. Man könnte es sogar als einen »Text im Text« verstehen, als eine »Exhortation in der Exhortation«, in der Franziskus im Kleinen den Gesamtzusammenhang des Textes durchexerziert.

Es folgen Überlegungen zur Einführung in den Glauben, zur Katechese und zur geistlichen Begleitung. In allem ist der Mensch das Maß der Mittel; hier trifft sich dieses Kapitel mit dem vorhergehenden und dem nachfolgenden.

Nach diesen eher konkreten Überlegungen wird es im vierten Kapitel wieder abstrakter und geistlicher, theologischer. Zunächst betont der Papst, dass Glaube immer die ganze Welt verändern wolle; einen privaten

Glauben zur individuellen Vorbereitung auf die Welt ›danach‹ könne es nicht geben.

Dann geht es noch einmal um die Armen, die Hinfälligen, die Opfer von Menschenhandel, die Migranten, besonders auch die ungeborenen Kinder. Diese Armen werden von Gott bevorzugt; hier geht es nicht um eine besondere Form von Caritas oder Spendentätigkeit, sondern um eine Sicht auf die Welt. Die Option für die Armen sei eine »theologische Kategorie« (179). Mit der Frage »Wo ist dein Bruder?« (211) erinnert er an seine Predigt auf Lampedusa, wo er uns alle genau das gefragt hat. Tausende Menschen ertränken und wir empfänden nicht einmal mehr Trauer, hat er damals gesagt. Gegen diese Form von Mittäterschaft müsse sich der Glaube ganz deutlich ausrichten; »prophetischen Widerstand gegen den hedonistischen heidnischen Individualismus« (193) nennt Franziskus das, eine deutliche Sprache. Hier wird er auch in der theologischen Einordnung sehr deutlich; keine kirchlichen Deutungsversuche hätten das Recht, hier irgendetwas zu relativieren (194).

In diesem Kapitel legt der Papst »vier Prinzipien« vor, wie er es nennt, pastoral-philosophische Erörterungen über das Verhältnis von Zeit und Raum, Einheit und Konflikt, Wirklichkeit und Idee und schließlich über den Vorrang des Ganzen vor dem Einzelnen. In aller Kürze klingt das hier vielleicht sehr abstrakt; mir wird aber hier die ganz besondere, nüchterne Version der Weisheit dieses Papstes deutlich. Wenn er abstrakt wird, hebt er nicht ab.

Den Abschluss dieses Kapitels bilden seine Gedanken zu Glaube und Vernunft, Ökumene, zum Dialog mit dem Judentum, zum interreligiösen Dialog und zur Religionsfreiheit.

Das Abschlusskapitel bindet alle Überlegungen zusammen, indem es über den Geist nachdenkt, der die Weitergabe des Glaubens prägt. Es ist eher eine Meditation denn ein erörternder Text, die Sprache ist nüchtern. Man kann es als zweiten Teil der innerkirchlichen Erforschung des Gewissens lesen; noch einmal geht es auch darum, wo die Glaubenden in der Kirche zu kurz greifen. Kritik gibt es für diejenigen, die zu großen Abstand zu den Wundmalen halten (270), für die Herren in der Kirche (271) und so weiter.

Aber das ist nicht die Absicht des Kapitels, es ist vielmehr ein Stilmittel Franziskus'. Es geht ihm in dieser Meditation vielmehr um eine Grundhaltung. Es geht um Beten und Handeln, missionarischen Eifer, den Dank, die Fürbitte und den Blick auf Maria.

Geistliche Lesart

Jede und jeder von Ihnen wird eigene Gründe haben, zu diesem Text zu greifen. Vielleicht wollen Sie wissen, was dran ist an den Schlagzeilen über den Reformwillen. Vielleicht haben sie die bisherigen Predigten und Ansprachen verfolgt und möchten nun den Zusammenhang sehen. Vielleicht wollen Sie sich über die Anfangsbegeisterung für diesen Papst hinaus anregen lassen. Oder Sie wollen sich schlicht von der Freude packen lassen. Alle Motivationen haben ihre Berechtigung und sind ein Tor in den Text hinein, denn unsere Erwartungshaltung prägt das, was wir wahrnehmen.

An dieser Stelle möchte ich eine Weise des Lesens des Textes anregen, die eine eher geistliche ist. Sie richtet sich nach dem spirituellen Grundgerüst, von dem auch Papst Franziskus geprägt ist und das auf Ignatius von Loyola, den Gründer des Jesuitenordens, zurückgeht.

Der Papst spricht in seiner Exhortation vom Genießen der inneren Freude und von der Begeisterung, das Gute zu tun (2). Das sind alles innere Regungen, Reaktionen in uns. Geistlich nützlich ist es, diese inneren Regungen – Bewegungen, wie Ignatius sie nennt – zu registrieren. In den Worten des Papstes aus der Exhortation: »Es ist gut, sich der Gegenwart Gottes bei einer ruhigen Lektüre des Textes (der Bibel) zum Beispiel zu fragen: Herr, was sagt *mir* dieser Text? Was möchtest du

mit dieser Botschaft an meinem Leben ändern?« (153).
Eine Exhortation ist nicht die Bibel, und dennoch hält
das Prinzip. Wenn ich mich ernsthaft fragen will, was
das alles für mich bedeutet und was Gott von mir will,
wenn es um die Weitergabe des Glaubens geht, dann
lohnt es sich, vorurteilsfrei auf die eigenen Reaktionen
zu schauen. Jubel, Abwehr, Freude, Zögern, Fragen,
Zustimmen: All das sind innere Bewegungen. Und all
das sagt mir etwas über meinen Stand der Dinge, wenn
es um das Thema der Weitergabe des Glaubens und der
Erneuerung geht.

Wenn der Papst vom »Wandel« spricht – und dieser
Gedanke durchzieht prägend die gesamte Exhortation –,
dann will er, dass wir uns nicht von der Angst vor dem
Hinausgehen lähmen lassen, sondern dass wir uns
bewegen lassen von der Angst vor Haltungen, die uns
Sicherheit vorgaukeln. Diese Angst ist ebenfalls eine
innere Bewegung; um vom abstrakten »richtig oder
falsch« wegzukommen, lohnt es sich, den eigenen Sorgen nachzugehen, wie sie sich als Reaktion auf die Lektüre zeigen.

Ich schlage das vor, weil mir scheint, dass eine rein
akademische Debatte dem Text nicht gerecht wird.
Papst Franziskus ist ein zutiefst geistlich denkender
und sprechender Mensch, und durch eine geistliche
Lektüre des Textes entdeckt man vielleicht Sinn, der
einem ausschließlich intellektuellen Zugang verwehrt

bliebe. Es geht dabei um Ehrlichkeit sich selbst gegenüber, es geht um innere Widerstände, die sich gerne als rationale Einwände maskieren, es geht um Sorgen und so weiter, die dazugehören, wenn ich mich auf die Freude des Evangeliums einlassen will.

Zu diesem Vorschlag fühle ich mich ermutigt, weil Franziskus selber immer wieder von diesen inneren Bewegungen spricht, die »Traurigkeit« zu Beginn (2) zum Beispiel. Auch sein Sprechen von »Versuchungen«, die uns von der wahren Freude abhalten (7), gehört hier hinein.

Die Begegnung mit Jesus Christus, von der der Papst zum Ende des Textes meditativ und fast hymnisch spricht, ereignet sich ebenfalls hier, im Innern des Menschen, als Reaktion zum Beispiel auf das, was der Papst uns an Gedanken, Anregungen, Herausforderungen, Forderungen, Ermahnungen und Gebeten vorlegt. Wenn ich diese inneren Bewegungen wahrnehme und reflektiere, dann habe ich eine Chance zu dem, was der Papst »aus sich selbst herausgehen« nennt.

Gott zuerst

Nach diesen geistlichen Lese-Anregungen möchte ich noch eine weitere, eher theologische nennen, die sich durch den gesamten Text der Exhortation zieht: Gott ist immer der zuerst Handelnde. Das ist nicht wirklich originell, sondern eine der Grundlagen christlichen

Denkens und Betens, aber es scheint dem Papst notwendig, es immer wieder zu erwähnen.

Dahinter steckt eine geistliche Einsicht: Auch wenn wir es wissen, müssen wir immer wieder neu daran erinnert werden. Allzu gern verlassen wir uns auf uns selber oder lassen unsere eigenen Wünsche in den Vordergrund rücken. Im Innern ahnen wir, dass das alles uns überfordert und das Sicheinlassen auf Gott scheint zu unsicher, da verlassen wir uns doch lieber auf uns selber. Dabei ist genau die Schwachheit der Ort der Begegnung mit Gott. In einer Predigt zum Beginn des Advent nannte Papst Franziskus das den »Dialog zwischen unserer Schwäche und Gottes Treue«.

Die Freude des Evangeliums rührt also vor allem von Gott her und davon, dass Gott sich uns mitteilt und zuwendet – selbst wenn wir selber nicht wissen wohin oder uns abwenden. Die Freude ist das Ergriffensein durch das liebende »Zuerst« Gottes, das wir theologisch Gnade nennen.

Alles vom Papst Kritisierte, die vielen Ismen, von denen ich weiter oben sprach, die Fehlformen des Glaubens wie geistlicher Subjektivismus oder der Glaube an das Ausreichen der eigenen Fähigkeiten (Gnostizismus bzw. Neu-Pelagianismus [94]), all das ist letztlich nichts anderes als ein Sichabwenden von diesem Prinzip des Vorrangs der Gnade. Es sind – geistlich gesprochen – Versuchungen, in die wir fallen.

Ganz besonders deutlich wird der Vorrang Gottes beim Sprechen über die Themen, welche die meiste Aufmerksamkeit erhalten haben, die Reformthemen. So begeistert wir auch über Reform sprechen, betont der Papst immer und immer wieder, dass sich alles am Willen Gottes für uns und damit letztlich an der Weitergabe der Frohen Botschaft ausrichten muss. Das dient nicht der Ruhigstellung, sondern ist im Kern noch viel radikaler als das, was wir uns selber ausdenken können. Radikaler, weil es über die innerweltlichen Taktiken und Notwendigkeiten hinausgeht und zur Kreativität, aber auch zum Risiko einlädt. Das Wort Gottes trägt in sich Anlagen, die wir nicht voraussehen können (23), wir werden überrascht von der »beständigen göttlichen Kreativität« (11). Dort spricht Franziskus auch von gesprengten Schablonen des Denkens und übertroffenen Prognosen. Jede Veränderung geht also nur mit ständigem Bezug auf Gottes »Zuerst«, wenn sie wirklich radikal und umfassend sein soll und über unsere eigenen Vorstellungen hinausgehen will.

Wer wirklich verändern will, kann das nur von Gott her tun, aus der Begegnung mit Jesus Christus. Und diese Begegnung hat dann eine Kraft, die wir selber nicht mehr kontrollieren können: »Der Sohn Gottes hat uns in seiner Inkarnation zur Revolution der zärtlichen Liebe eingeladen« (88).

Zu Beginn habe ich es bereits angedeutet: Wir haben keinen glatten Text vor uns, er will es auch gar nicht sein. Das macht das Lesen zu einer Art Werkstatterfahrung: Vieles ist begonnen, die Arbeitsbereiche sind benannt, die Arbeitsweise ist erläutert, aber wir sind weit davon entfernt, das Ziel erreicht zu haben oder auch nur zu erkennen.

Mit diesem Werkstattcharakter geht die Offenheit einher, welche die Perspektive des Papstes hat. Franziskus spricht mehrfach von Träumen (27, 31), und Träume haben es an sich, dass man sie nicht kontrollieren kann. Es ist nicht gesagt, wohin uns das führen wird, wenn wir uns aufmachen, aufbrechen, aus uns selber hinausgehen. Und das gilt für den einzelnen Glaubenden genauso wie für die Gemeinschaft. Wie ein dem Wunsch Jesu treueres Papsttum letztlich aussehen wird, ist genau so offen wie alle anderen Bereiche der Kirche.

Franziskus gibt uns keine Blaupause vor. Aber immer und immer wieder hat der Papst in Ansprachen und Predigten eingeladen, mitzumachen. Das scheint erst einmal ein Widerspruch zu sein, ein Ohne-Plan-Agieren. Was es aber letztlich ist, ist ein Sichverlassen auf Gottes Barmherzigkeit. Ein Plan, ein Grundriss der Kirche der Zukunft würde eine Diskussion über Richtig oder Falsch auslösen, und genau das ist nicht die

Absicht des Papstes. Er will nicht debattieren und erör-
tern, was die beste Reform oder die optimale Kirchen-
verfassung ist. Papst Franziskus will nicht Zustimmer,
sondern Mitmacher. Er sucht nicht eine These oder
Erklärung und will sie beweisen oder belegen, er will
aufrütteln und zur Aktivität anleiten.

»Da ich berufen bin, selbst zu leben, was ich von
anderen verlange, muss ich auch an eine Neuausrichtung des Papsttums denken« (32): Wer diesen Satz liest
und nicht mindestens ein wenig ein schlechtes Gewissen bekommt, der sollte noch einmal genau nachdenken. Mitmacher sein bedeutet für den Papst, sich selber
einbeziehen zu lassen. Wer zuerst das Papsttum, die
Bischöfe, die Kirchensteuer oder irgendetwas anderes
reformieren will, bevor er sich selber ins Spiel einbringt,
der verpasst diesen Text.

Was dann geschieht, ist offen, weil es mit dem
Geist Gottes zu tun hat. Die bereits erwähnte »göttliche
Kreativität« lässt eine Planung vorab nicht zu. Und eine
Kontrolle des Prozesses schon gar nicht.

Auch das kann man sehr gut an den Gedanken zur
Reform sehen: Franziskus spricht von der »Dynamik
des Aufbruchs, die Gott in den Menschen auslösen
will« (20). Auch in der gerade zitierten Stelle über die
Reform des Papstamtes wird das sichtbar: Er möchte
Vorschläge hören, wie die Ausübung des Amtes dem
Willen Jesu für dieses Amt treuer ist (32). Im ersten sei-

ner weiter oben angesprochenen »Prinzipien«, dem zu Zeit und Raum, bietet er eine Deutung dessen an: Es geht ihm darum, *»Prozesse in Gang zu setzen anstatt Räume zu besitzen«* (223, Hervorhebung von Papst Franziskus). Einen Raum zu besitzen bedeutet einfach übersetzt, Recht zu haben. Genau darum darf es im Wandel und der Veränderung nicht gehen. Aufbrechen, eine Richtung haben, aber den Weg nicht genau kennen. Oder übersetzt: Pilgern.

Es ist auch anstrengend

Es gibt eine Kurzversion dieser Exhortation, oder andersherum formuliert: Diese Exhortation liest sich wie eine ausführliche Version eines anderen Textes. Vor der Wahl zum Papst hatte Kardinal Jorge Bergoglio im sogenannten Vorkonklave, also der Aussprache der Kardinäle vor dem Einzug in die Sixtinische Kapelle, eine Rede gehalten. Der kubanische Kardinal Jaime Ortega hatte um das Skript gebeten, das es gar nicht gab, denn Bergoglio hatte nach Notizen gesprochen. In der Nacht schrieb er das für Ortega auf und gab ihm nach der Wahl die Erlaubnis, diesen Text zu publizieren.

Den Aussagen einiger Kardinäle nach soll diese Ansprache sehr viel Aufsehen erregt haben. Ein Kardinal soll gesagt haben »Das brauchen wir!« Monate später bekommen wir es also nun, ausführlich, in diesem Text.

Bereits in dieser Vorkonklave-Rede wird etwas deutlich, was ich zum Abschluss noch kurz andeuten will: Hier geht es um ein anstrengendes Christentum. Franziskus' Lieblingsworte sind: dynamisch, aufbrechen, gehen, bewegen, aus sich heraus, aufbrechen, aufmachen und so weiter. Die Exhortation benutzt diese Worte immer dann, wenn es um den Sinn dessen geht, was der Papst erörtert. In der Vorkonklave-Rede ist das noch deutlicher und drastischer, da ist alles in Bewegung geraten.

In der Exhortation spricht der Papst davon, dass Gott eine Dynamik auslöst (20); er will nichts weniger, als was die Bischöfe in Aparecida eine »permanente Mission« genannt haben. Diese Aufforderung übernimmt Franziskus für die gesamte Kirche (25). Und wie wir lesen, hat das immer mit Aufbruch, Herausgehen und so weiter zu tun, weil die Freude, Jesus Christus zu begegnen, gar nicht anders kann, als sich mitteilen zu wollen: »ständige Reform ihrer (der Kirche) selbst« ist die Folge, das »ungeduldige Bedürfnis nach Erneuerung« (27). Das »bequeme pastorale Kriterium« des ›Weiter wie gehabt‹ geht über Bord, Wagemut und Kreativität sind gefragt (33).

Das ist nicht einfach. Vieles von dem, was wir heute als Kirche kennen und schätzen, werden wir verlassen müssen, nehmen wir das Schreiben ernst. Wir müssen Kirche nicht neu erfinden, aber der Aufruf zum »Aufbruch« betrifft eben nicht nur einige, er betrifft alle. Und wenn wir der Exhortation Glauben schenken, dann ist das nur ein Schritt (1), da kommen noch weitere. In einigen Reaktionen in den Medien hieß es, »der Papst müsse nun Taten folgen lassen«. Genau das ist falsch. Nicht der Papst muss – wir alle sollen, das ist die Idee dahinter. Wir können all die Veränderung und die Reform nicht auf den Papst projizieren; nicht Franziskus wird der Agent der Erneuerung der Verkündigung sein. Entweder die ganze Kirche oder gar nicht. Das ist der nicht gerade geringe Anspruch dieses Schreibens.

Das ist eine auch anstrengende Vorstellung von Christentum. Jesus Christus will in der Begegnung Dinge von uns, auf die wir vielleicht selber gar nicht kommen; alles geht über unsere momentanen Horizonte, die uns Sicherheit geben, hinaus. Unsere Sicht auf die Welt soll sich ändern. Unsere Welt wird sich ändern, wenn wir uns auf dieses Glaubensprojekt der freudigen Weitergabe einlassen.

Für den Papst begann das Projekt nicht erst auf dem Balkon von Sankt Peter. Vieles ist allmählich entstanden; er selber spricht von seinen Bekehrungen durch die Menschen. Der Mensch, Seelsorger und Bischof Papst Franziskus spricht zu uns und lädt dazu ein, uns auf genauso einen Prozess einzulassen. Auf Gott vertrauend, den Glauben weitergebend, freudig sollen wir aufbrechen. Das kann unbequem werden, aber es ist der Weg, von *Evangelii gaudium* – von der Freude des Evangeliums – erfüllt zu werden.

APOSTOLISCHES SCHREIBEN

EVANGELII GAUDIUM

DES HEILIGEN VATERS
PAPST FRANZISKUS

AN DIE BISCHÖFE,
AN DIE PRIESTER UND DIAKONE,
AN DIE PERSONEN GEWEIHTEN LEBENS
UND AN DIE CHRISTGLÄUBIGEN LAIEN

ÜBER DIE VERKÜNDIGUNG
DES EVANGELIUMS
IN DER WELT VON HEUTE

Einleitung

1. Die Freude des Evangeliums erfüllt das Herz und das gesamte Leben derer, die Jesus begegnen. Diejenigen, die sich von ihm retten lassen, sind befreit von der Sünde, von der Traurigkeit, von der inneren Leere und von der Vereinsamung. Mit Jesus Christus kommt immer – und immer wieder – die Freude. In diesem Schreiben möchte ich mich an die Christgläubigen wenden, um sie zu einer neuen Etappe der Evangelisierung einzuladen, die von dieser Freude geprägt ist, und um Wege für den Lauf der Kirche in den kommenden Jahren aufzuzeigen.

I. Freude, die sich erneuert und sich mitteilt

2. Die große Gefahr der Welt von heute mit ihrem vielfältigen und erdrückenden Konsumangebot ist eine individualistische Traurigkeit, die aus einem bequemen, begehrlichen Herzen hervorgeht, aus der krankhaften Suche nach oberflächlichen Vergnügungen, aus einer abgeschotteten Geisteshaltung. Wenn das innere Leben sich in den eigenen Interessen verschließt, gibt es keinen

Raum mehr für die anderen, finden die Armen keinen Einlass mehr, hört man nicht mehr die Stimme Gottes, genießt man nicht mehr die innige Freude über seine Liebe, regt sich nicht die Begeisterung, das Gute zu tun. Auch die Gläubigen laufen nachweislich und fortwährend diese Gefahr. Viele erliegen ihr und werden zu gereizten, unzufriedenen, empfindungslosen Menschen. Das ist nicht die Wahl eines würdigen und erfüllten Lebens, das ist nicht Gottes Wille für uns, das ist nicht das Leben im Geist, das aus dem Herzen des auferstandenen Christus hervorsprudelt.

3. Ich lade jeden Christen ein, gleich an welchem Ort und in welcher Lage er sich befindet, noch heute seine persönliche Begegnung mit Jesus Christus zu erneuern oder zumindest den Entschluss zu fassen, sich von ihm finden zu lassen, ihn jeden Tag ohne Unterlass zu suchen. Es gibt keinen Grund, weshalb jemand meinen könnte, diese Einladung gelte nicht ihm, denn »niemand ist von der Freude ausgeschlossen, die der Herr uns bringt«.[1] Wer etwas wagt, den enttäuscht der Herr nicht, und wenn jemand einen kleinen Schritt auf Jesus zu macht, entdeckt er, dass dieser bereits mit offenen Armen auf sein Kommen wartete. Das ist der Augen-

---

1 Paul VI., Apostolisches Schreiben *Gaudete in Domino* (9. Mai 1975), 22: *AAS* 67 (1975), 297.

blick, um zu Jesus Christus zu sagen: ›Herr, ich habe mich täuschen lassen, auf tausenderlei Weise bin ich vor deiner Liebe geflohen, doch hier bin ich wieder, um meinen Bund mit dir zu erneuern. Ich brauche dich. Kaufe mich wieder frei, nimm mich noch einmal auf in deine erlösenden Arme.‹ Es tut uns so gut, zu ihm zurückzukehren, wenn wir uns verloren haben! Ich beharre noch einmal darauf: Gott wird niemals müde zu verzeihen; wir sind es, die müde werden, um sein Erbarmen zu bitten. Der uns aufgefordert hat, »siebenundsiebzigmal« zu vergeben (*Mt* 18,22), ist uns ein Vorbild: Er vergibt siebenundsiebzigmal. Ein ums andere Mal lädt er uns wieder auf seine Schultern. Niemand kann uns die Würde nehmen, die diese unendliche und unerschütterliche Liebe uns verleiht. Mit einem Feingefühl, das uns niemals enttäuscht und uns immer die Freude zurückgeben kann, erlaubt er uns, das Haupt zu erheben und neu zu beginnen. Fliehen wir nicht vor der Auferstehung Jesu, geben wir uns niemals geschlagen, was auch immer geschehen mag. Nichts soll stärker sein als sein Leben, das uns vorantreibt!

4. Die Bücher des Alten Testaments hatten die Freude des Heils angekündigt, die es dann in den messianischen Zeiten im Überfluss geben sollte. Der Prophet Jesaja wendet sich an den erwarteten Messias und begrüßt ihn voll Freude: »Du erregst lauten Jubel und

schenkst große Freude. Man freut sich in deiner Nähe …« (9,2). Und er ermuntert die Bewohner von Zion, ihn mit Gesängen zu empfangen: »Jauchzt und jubelt!« (12,6). Den, der ihn schon am Horizont gesehen hat, lädt der Prophet ein, zu einem Boten für die anderen zu werden: »Steig auf einen hohen Berg, Zion, du Botin der Freude! Erheb deine Stimme mit Macht, Jerusalem, du Botin der Freude!« (40,9). Die ganze Schöpfung nimmt an dieser Freude des Heils teil: »Jubelt, ihr Himmel, jauchze, o Erde, freut euch, ihr Berge! Denn der Herr hat sein Volk getröstet und sich seiner Armen erbarmt« (49,13).

Sacharja sieht den Tag des Herrn und fordert dazu auf, den König hochleben zu lassen, der »demütig« kommt und »auf einem Esel reitet«: »Juble laut, Tochter Zion! Jauchze, Tochter Jerusalem! Sieh, dein König kommt zu dir. Er ist gerecht und hilft« (9,9).

Aber die am stärksten mitreißende Aufforderung ist wohl die des Propheten Zefanja, der uns Gott selbst wie einen leuchtenden Mittelpunkt des Festes und der Fröhlichkeit vor Augen führt, der seinem Volk diese heilbringende Freude vermittelt. Es ergreift mich, wenn ich diesen Text wieder lese: »Der Herr, dein Gott, ist in deiner Mitte, ein Held, der Rettung bringt. Er freut sich und jubelt über dich, er erneuert seine Liebe zu dir, er jubelt über dich und frohlockt« (3,17).

Es ist die Freude, die man in den kleinen Dingen des Alltags erlebt, als Antwort auf die liebevolle Einladung Gottes, unseres Vaters: »Mein Sohn, wenn du imstande bist, pflege dich selbst […] Versag dir nicht das Glück des heutigen Tages« (*Sir* 14,11.14). Wie viel zärtliche Vaterliebe ist in diesen Worten zu spüren!

5. Das Evangelium, in dem das Kreuz Christi ›glorreich‹ erstrahlt, lädt mit Nachdruck zur Freude ein. Nur einige Beispiele: »*Chaire* – freue dich«, ist der Gruß des Engels an Maria (*Lk* 1,28). Der Besuch Marias bei Elisabet lässt Johannes im Mutterschoß vor Freude hüpfen (vgl. *Lk* 1,41). In ihrem Lobgesang bekundet Maria: »Mein Geist jubelt über Gott, meinen Retter« (*Lk* 1,47). Als Jesus sein öffentliches Wirken beginnt, ruft Johannes aus: »Nun ist diese meine Freude vollkommen« (*Joh* 3,29). Jesus selber »rief […] vom Heiligen Geist erfüllt, voll Freude aus …« (*Lk* 10,21). Seine Botschaft ist Quelle der Freude: »Dies habe ich euch gesagt, damit meine Freude in euch ist und damit eure Freude vollkommen wird« (*Joh* 15,11). Unsere christliche Freude entspringt der Quelle seines überfließenden Herzens. Er verheißt seinen Jüngern: »Ihr werdet bekümmert sein, aber euer Kummer wird sich in Freude verwandeln« (*Joh* 16,20), und beharrt darauf: »Ich werde euch wiedersehen; dann wird euer Herz sich freuen, und niemand nimmt euch eure Freude«

(*Joh* 16,22). Als sie ihn später als Auferstandenen sahen, »freuten« sie sich (*Joh* 20,20). Die Apostelgeschichte erzählt von der ersten Gemeinde: Sie »hielten miteinander Mahl in Freude« (2,46). Wo die Jünger vorbeikamen, »herrschte große Freude« (8,8), und sie selber waren mitten in der Verfolgung »voll Freude« (13,52). Ein äthiopischer Hofbeamter zog, nachdem er die Taufe empfangen hatte, »voll Freude« weiter (8,39), und der Gefängniswärter »war mit seinem ganzen Haus voll Freude, weil er zum Glauben an Gott gekommen war« (16,34). Warum wollen nicht auch wir in diesen Strom der Freude eintreten?

6. Es gibt Christen, deren Lebensart wie eine Fastenzeit ohne Ostern erscheint. Doch ich gebe zu, dass man die Freude nicht in allen Lebensabschnitten und -umständen, die manchmal sehr hart sind, in gleicher Weise erlebt. Sie passt sich an und verwandelt sich, und bleibt immer wenigstens wie ein Lichtstrahl, der aus der persönlichen Gewissheit hervorgeht, jenseits von allem grenzenlos geliebt zu sein. Ich verstehe die Menschen, die wegen der schweren Nöte, unter denen sie zu leiden haben, zur Traurigkeit neigen, doch nach und nach muss man zulassen, dass die Glaubensfreude zu erwachen beginnt, wie eine geheime, aber feste Zuversicht, auch mitten in den schlimmsten Ängsten: »Du hast mich aus dem Frieden hinausgestoßen; ich habe vergessen, was Glück ist [...] Das will ich mir zu Herzen nehmen, darauf darf ich harren: Die Huld des Herrn ist nicht erschöpft, sein Erbarmen ist nicht zu Ende. Neu ist es an jedem Morgen; groß ist deine Treue [...] Gut ist es, schweigend zu harren auf die Hilfe des Herrn« (*Klgl* 3,17.21–13.26).

7. Die Versuchung erscheint häufig in Form von Entschuldigungen und Beanstandungen, als müssten unzählige Bedingungen erfüllt sein, damit Freude möglich ist. Denn »es ist der technologischen Gesellschaft gelungen, die Vergnügungsangebote zu vervielfachen, doch es fällt ihr sehr schwer, Freude zu erzeugen«.[2] Ich kann wohl sagen, dass die schönsten und spontansten Freuden, die ich im Laufe meines Lebens gesehen habe, die ganz armer Leute waren, die wenig haben, an das sie sich klammern können. Ich erinnere mich auch an die unverfälschte Freude derer, die es verstanden haben, sogar inmitten bedeutender beruflicher Verpflichtungen ein gläubiges, großzügiges und einfaches Herz zu bewahren. Auf verschiedene Weise schöpfen diese Freuden aus der Quelle der stets größeren Liebe Gottes, die sich in Jesus Christus kundgetan hat. Ich werde nicht müde, jene Worte Benedikts XVI. zu wiederholen, die uns zum Zentrum des Evangeliums führen: »Am Anfang des Christ-

---

2 *Ebd.*, 8: *AAS* 67 (1975), 292.

seins steht nicht ein ethischer Entschluss oder eine große Idee, sondern die Begegnung mit einem Ereignis, mit einer Person, die unserem Leben einen neuen Horizont und damit seine entscheidende Richtung gibt.«[3]

8. Allein dank dieser Begegnung – oder Wiederbegegnung – mit der Liebe Gottes, die zu einer glücklichen Freundschaft wird, werden wir von unserer abgeschotteten Geisteshaltung und aus unserer Selbstbezogenheit erlöst. Unser volles Menschsein erreichen wir, wenn wir mehr als nur menschlich sind, wenn wir Gott erlauben, uns über uns selbst hinaus zu führen, damit wir zu unserem eigentlicheren Sein gelangen. Dort liegt die Quelle der Evangelisierung. Wenn nämlich jemand diese Liebe angenommen hat, die ihm den Sinn des Lebens zurückgibt, wie kann er dann den Wunsch zurückhalten, sie den anderen mitzuteilen?

II. Die innige und tröstliche Freude der Verkündigung des Evangeliums

9. Das Gute neigt immer dazu, sich mitzuteilen. Jede echte Erfahrung von Wahrheit und Schönheit sucht von sich aus, sich zu verbreiten, und jeder Mensch, der

---

3 Enzyklika *Deus caritas est* (25. Dezember 2005), 1: *AAS* 98 (2006), 217.

eine tiefe Befreiung erfährt, erwirbt eine größere Sensibilität für die Bedürfnisse der anderen. Wenn man das Gute mitteilt, fasst es Fuß und entwickelt sich. Darum gibt es für jeden, der ein würdiges und erfülltes Leben zu führen wünscht, keinen anderen Weg, als den anderen anzuerkennen und sein Wohl zu suchen. So dürften uns also einige Worte des heiligen Paulus nicht verwundern: »Die Liebe Christi drängt uns« (*2 Kor* 5,14); »Weh mir, wenn ich das Evangelium nicht verkünde!« (*1 Kor* 9,16).

10. Der Vorschlag lautet, auf einer höheren Ebene zu leben, jedoch nicht weniger intensiv: »Das Leben wird reicher, wenn man es hingibt; es verkümmert, wenn man sich isoliert und es sich bequem macht. In der Tat, die größte Freude am Leben erfahren jene, die sich nicht um jeden Preis absichern, sondern sich vielmehr leidenschaftlich dazu gesandt wissen, anderen Leben zu geben.«[4] Wenn die Kirche zum Einsatz in der Verkündigung aufruft, tut sie nichts anderes, als den Christen die wahre Dynamik der Selbstverwirklichung aufzuzeigen: »Hier entdecken wir ein weiteres Grundgesetz der Wirklichkeit: Das Leben wird reifer und reicher, je mehr man es hingibt, um anderen Leben zu

---

4 V. Generalversammlung der Bischöfe von Lateinamerika und der Karibik, *Dokument von Aparecida* (29. Juni 2007), 360.

geben. Darin besteht letztendlich die Mission.«[5] Folglich dürfte ein Verkünder des Evangeliums nicht ständig ein Gesicht wie bei einer Beerdigung haben. Gewinnen wir den Eifer zurück, mehren wir ihn und mit ihm »die innige und tröstliche Freude der Verkündigung des Evangeliums, selbst wenn wir unter Tränen säen sollten [...] Die Welt von heute, die sowohl in Angst wie in Hoffnung auf der Suche ist, möge die Frohbotschaft nicht aus dem Munde trauriger und mutlos gemachter Verkünder hören, die keine Geduld haben und ängstlich sind, sondern von Dienern des Evangeliums, deren Leben voller Glut erstrahlt, die als erste die Freude Christi in sich aufgenommen haben.«[6]

Eine ewige Neuheit

11. Eine erneuerte Verkündigung schenkt den Gläubigen – auch den lauen oder nicht praktizierenden – eine neue Freude im Glauben und eine missionarische Fruchtbarkeit. In Wirklichkeit ist das Zentrum und das Wesen des Glaubens immer dasselbe: der Gott, der seine unermessliche Liebe im gestorbenen und auferstandenen Christus offenbart hat. Er lässt seine Gläu-

---

5 *Ebd.*

6 Paul VI., Apostolisches Schreiben *Evangelii nuntiandi* (8. Dezember 1975), 80: *AAS* 68 (1976), 75.

bigen immer neu sein, wie alt sie auch sein mögen; sie »schöpfen neue Kraft, sie bekommen Flügel wie Adler. Sie laufen und werden nicht müde, sie gehen und werden nicht matt« (*Jes* 40,31). Christus ist das »ewige Evangelium« (*Offb* 14,6), und er ist »derselbe gestern, heute und in Ewigkeit« (*Hebr* 13,8), aber sein Reichtum und seine Schönheit sind unerschöpflich. Er ist immer jung und eine ständige Quelle von Neuem. Die Kirche hört nicht auf zu staunen über die »Tiefe des Reichtums, der Weisheit und der Erkenntnis Gottes« (*Röm* 11,33). Der heilige Johannes vom Kreuz sagte: »Dieses Dickicht von Gottes Weisheit und Wissen ist so tief und unendlich, dass ein Mensch, auch wenn er noch so viel davon weiß, immer noch tiefer eindringen kann.«[7] Oder mit den Worten des heiligen Irenäus: »[Christus] hat jede Neuheit gebracht, indem er sich selber brachte.«[8] Er kann mit seiner Neuheit immer unser Leben und unsere Gemeinschaft erneuern, und selbst dann, wenn die christliche Botschaft dunkle Zeiten und kirchliche Schwachheiten durchläuft, altert sie nie. Jesus Christus kann auch die langweiligen Schablonen durchbrechen, in denen wir uns anmaßen, ihn gefangen zu halten, und überrascht uns mit seiner

---

7 *Geistlicher Gesang*, 36,10.

8 *Adversus haereses*, IV, Kap. 34, Nr. 1: *PG* 7, 1083: *»Omnem novitatem attulit, semetipsum afferens.«*

beständigen göttlichen Kreativität. Jedes Mal, wenn wir versuchen, zur Quelle zurückzukehren und die ursprüngliche Frische des Evangeliums wiederzugewinnen, tauchen neue Wege, kreative Methoden, andere Ausdrucksformen, aussagekräftigere Zeichen und Worte reich an neuer Bedeutung für die Welt von heute auf. In der Tat, jedes echte missionarische Handeln ist immer ›neu‹.

12. Obwohl dieser Auftrag uns einen großherzigen Einsatz abverlangt, wäre es ein Irrtum, ihn als heldenhafte persönliche Aufgabe anzusehen, da es vor allem *sein* Werk ist, jenseits von dem, was wir herausfinden und verstehen können. Jesus ist »der allererste und größte Künder des Evangeliums«.[9] In jeglicher Form von Evangelisierung liegt der Vorrang immer bei Gott, der uns zur Mitarbeit mit ihm gerufen und uns mit der Kraft seines Geistes angespornt hat. Die wahre Neuheit ist die, welche Gott selber geheimnisvoll hervorbringen will, die er eingibt, die er erweckt, die er auf tausenderlei Weise lenkt und begleitet. Im ganzen Leben der Kirche muss man immer deutlich machen, dass die Initiative bei Gott liegt, dass »er uns zuerst geliebt« hat (*1 Joh* 4,19) und dass es »nur Gott [ist], der wachsen lässt«

---

9 Paul VI., Apostolisches Schreiben *Evangelii nuntiandi* (8. Dezember 1975), 7: *AAS* 68 (1976), 9.

(*1 Kor* 3,7). Diese Überzeugung erlaubt uns, inmitten einer so anspruchsvollen und herausfordernden Aufgabe, die unser Leben ganz und gar vereinnahmt, die Freude zu bewahren. Sie verlangt von uns alles, aber zugleich bietet sie uns alles.

13. Wir dürfen die Neuheit dieses Auftrags auch nicht wie eine Entwurzelung verstehen, wie ein Vergessen der lebendigen Geschichte, die uns aufnimmt und uns vorantreibt. Das Gedächtnis ist eine Dimension unseres Glaubens, die wir ›deuteronomisch‹ nennen könnten, in Analogie zum Gedächtnis Israels. Jesus hinterlässt uns die Eucharistie als tägliches Gedächtnis der Kirche, das uns immer mehr in das Paschageheimnis einführt (vgl. *Lk* 22,19). Die Freude der Verkündigung erstrahlt immer auf dem Hintergrund der dankbaren Erinnerung: Es ist eine Gnade, die wir erbitten müssen. Die Apostel haben nie den Moment vergessen, in dem Jesus ihr Herz anrührte: »Es war um die zehnte Stunde« (*Joh* 1,39). Gemeinsam mit Jesus vergegenwärtigt uns das Gedächtnis eine wahre »Wolke von Zeugen« (*Hebr* 12,1). Unter ihnen heben sich einige Personen hervor, die besonders prägend dazu beigetragen haben, dass unsere Glaubensfreude aufkeimte: »Denkt an eure Vorsteher, die euch das Wort Gottes verkündet haben« (*Hebr* 13,7). Manchmal handelt es sich um einfache Menschen in unserer Nähe, die uns in das Glaubensleben eingeführt haben:

»Ich denke an deinen aufrichtigen Glauben, der schon in deiner Großmutter Loïs und in deiner Mutter Eunike lebendig war« (*2 Tim* 1,5). Der Gläubige ist grundsätzlich ein ›Erinnerungsmensch‹.

III. Die neue Evangelisierung für die Weitergabe des Glaubens

14. Im Hören auf den Geist, der uns hilft, gemeinschaftlich die Zeichen der Zeit zu erkennen, wurde vom 7. bis zum 28. Oktober 2012 die XIII. Ordentliche Vollversammlung der Bischofssynode unter dem Thema *Die neue Evangelisierung für die Weitergabe des christlichen Glaubens* abgehalten. Dort wurde daran erinnert, dass die neue Evangelisierung alle aufruft und dass sie sich grundsätzlich in drei Bereichen abspielt.[10]

An erster Stelle erwähnen wir den Bereich der *gewöhnlichen Seelsorge,* »die mehr vom Feuer des Heiligen Geistes belebt sein muss, um die Herzen der Gläubigen zu entzünden, die sich regelmäßig in der Gemeinde zusammenfinden und sich am Tag des Herrn versammeln, um sich vom Wort Gottes und vom Brot ewigen Lebens zu ernähren«.[11] In diesen

---

10 Vgl. *Propositio* 7.

11 Benedikt XVI., *Homilie während der Eucharistiefeier zum Abschluss der*

Bereich sind ebenso die Gläubigen einzubeziehen, die einen festen und ehrlichen katholischen Glauben bewahren und ihn auf verschiedene Weise zum Ausdruck bringen, auch wenn sie nicht häufig am Gottesdienst teilnehmen. Diese Seelsorge ist auf das Wachstum der Gläubigen ausgerichtet, damit sie immer besser und mit ihrem ganzen Leben auf die Liebe Gottes antworten.

An zweiter Stelle erwähnen wir den Bereich der *»Getauften, die jedoch in ihrer Lebensweise den Ansprüchen der Taufe nicht gerecht werden«*,[12] keine innere Zugehörigkeit zur Kirche haben und nicht mehr die Tröstung des Glaubens erfahren. Als stets aufmerksame Mutter setzt sich die Kirche dafür ein, dass sie eine Umkehr erleben, die ihnen die Freude am Glauben und den Wunsch, sich mit dem Evangelium zu beschäftigen, zurückgibt.

Schließlich unterstreichen wir, dass die Evangelisierung wesentlich verbunden ist mit der Verkündigung des Evangeliums an *diejenigen, die Jesus Christus nicht kennen oder ihn immer abgelehnt haben.* Viele von ihnen suchen Gott insgeheim, bewegt von der Sehnsucht nach seinem Angesicht, auch in Ländern alter

---

XIII. Ordentlichen Vollversammlung der Bischofssynode (28. Oktober 2012): *AAS* 104 (2012), 890.

12 *Ebd.*

christlicher Tradition. Alle haben das Recht, das Evangelium zu empfangen. Die Christen haben die Pflicht,
es ausnahmslos allen zu verkünden, nicht wie jemand,
der eine neue Verpflichtung auferlegt, sondern wie
jemand, der eine Freude teilt, einen schönen Horizont
aufzeigt, ein erstrebenswertes Festmahl anbietet. Die
Kirche wächst nicht durch Prosyletismus, sondern
»durch Anziehung«.[13]

15. Johannes Paul II. hat uns ans Herz gelegt anzuerkennen, dass »die Kraft nicht verloren gehen [darf] für die
Verkündigung« an jene, die fern sind von Christus,
denn dies ist »die *erste Aufgabe* der Kirche«.[14] »Die Missionstätigkeit stellt auch heute noch *die größte Herausforderung* für die Kirche dar«,[15] und so »*muss* das missionarische Anliegen *das erste sein*«.[16] Was würde geschehen,
wenn wir diese Worte wirklich ernst nehmen würden?
Wir würden einfach erkennen, dass das missionarische
Handeln das *Paradigma für alles Wirken der Kirche* ist.
Auf dieser Linie haben die lateinamerikanischen Bischöfe

---

13 Benedikt XVI., *Homilie während der Eucharistiefeier zur Eröffnung der
V. Generalversammlung der Bischöfe von Lateinamerika und der Karibik im
Wallfahrtsort »La Aparecida«* (13. Mai 2007): *AAS* 99 (2007), 437.
14 Enzyklika *Redemptoris missio* (7. Dezember 1990), 34: *AAS* 83 (1991),
280.
15 *Ebd.,* 40: *AAS* 83 (1991), 287.
16 *Ebd.,* 86: *AAS* 83 (1991), 333.

bekräftigt: »Wir können nicht passiv abwartend in unseren Kirchenräumen sitzen bleiben«,[17] und die Notwendigkeit betont, »von einer rein bewahrenden Pastoral zu einer entschieden missionarischen Pastoral überzugehen«.[18] Diese Aufgabe ist weiterhin die Quelle der größten Freuden für die Kirche: »Ebenso wird auch im Himmel mehr Freude herrschen über einen einzigen Sünder, der umkehrt, als über neunundneunzig Gerechte, die es nicht nötig haben umzukehren« (*Lk* 15,7).

Anliegen und Grenzen dieses Schreibens

16. Ich habe die Einladung der Synodenväter, dieses Schreiben zu verfassen, gerne angenommen.[19] Indem ich es tue, ernte ich den Reichtum der Arbeiten der Synode. Ich habe auch verschiedene Personen zu Rate gezogen, und ich beabsichtige außerdem, die Besorgnisse zum Ausdruck zu bringen, die mich in diesem konkreten Moment des Evangelisierungswerkes der Kirche bewegen. Zahllos sind die mit der Evangelisierung in der Welt von heute verbundenen Themen, die man hier entwickeln könnte. Doch ich habe darauf verzichtet, diese vielfältigen Fragen ausführlich zu behandeln;

---

17 V. Generalversammlung der Bischöfe von Lateinamerika und der Karibik, *Dokument von Aparecida* (29. Juni), 548.

18 *Ebd.*, 370.

19 Vgl. *Propositio* 1.

sie müssen Gegenstand des Studiums und der sorgsamen Vertiefung sein. Ich glaube auch nicht, dass man vom päpstlichen Lehramt eine endgültige oder vollständige Aussage zu allen Fragen erwarten muss, welche die Kirche und die Welt betreffen. Es ist nicht angebracht, dass der Papst die örtlichen Bischöfe in der Bewertung aller Problemkreise ersetzt, die in ihren Gebieten auftauchen. In diesem Sinn spüre ich die Notwendigkeit, in einer heilsamen ›Dezentralisierung‹ voranzuschreiten.

17. Hier habe ich die Wahl getroffen, einige Linien vorzuschlagen, die in der gesamten Kirche einer neuen Etappe der Evangelisierung voller Eifer und Dynamik Mut und Orientierung verleihen können. In diesem Rahmen und auf der Basis der Lehre der dogmatischen Konstitution *Lumen gentium* habe ich mich entschieden, unter den anderen Themen die folgenden Fragen ausführlich zu behandeln:

   a) Die Reform der Kirche im missionarischen Aufbruch

   b) Die Versuchungen der in der Seelsorge Tätigen

   c) Die Kirche, verstanden als die Gesamtheit des evangelisierenden Gottesvolkes

   d) Die Predigt und ihre Vorbereitung

   e) Die soziale Eingliederung der Armen

   f) Der Friede und der soziale Dialog

g) Die geistlichen Beweggründe für den missionarischen Einsatz

18. Ich habe diese Themen in einer Ausführlichkeit behandelt, die vielleicht übertrieben erscheinen mag. Aber ich habe es nicht in der Absicht getan, eine Abhandlung vorzulegen, sondern nur, um die bedeutende praktische Auswirkung dieser Argumente in der gegenwärtigen Aufgabe der Kirche zu zeigen. Sie alle helfen nämlich, einen bestimmten Stil der Evangelisierung zu umreißen, und ich lade ein, diesen *in allem, was getan wird,* zu übernehmen. Und so können wir auf diese Weise inmitten unserer täglichen Arbeit der Aufforderung des Wortes Gottes nachkommen: »Freut euch im Herrn zu jeder Zeit! Noch einmal sage ich: Freut euch!« (*Phil* 4,4).

Erstes Kapitel

Die missionarische Umgestaltung der Kirche

19. Die Evangelisierung folgt dem Missionsauftrag Jesu: »Darum geht zu allen Völkern und macht alle Menschen zu meinen Jüngern; tauft sie auf den Namen des Vaters und des Sohnes und des Heiligen Geistes, und lehrt sie, alles zu befolgen, was ich euch geboten habe« (*Mt* 28,19–20). In diesen Versen ist der Moment dargestellt, in dem der Auferstandene die Seinen aussendet, das Evangelium zu jeder Zeit und an allen Orten zu verkünden, so dass der Glaube an ihn sich bis an alle Enden der Erde ausbreite.

I. Eine Kirche ›im Aufbruch‹

20. Im Wort Gottes erscheint ständig diese Dynamik des ›Aufbruchs‹, die Gott in den Gläubigen auslösen will. Abraham folgte dem Aufruf, zu einem neuen Land aufzubrechen (vgl. *Gen* 12,1–3). Mose gehorchte dem Ruf Gottes: »Geh! Ich sende dich« (*Ex* 3,10), und führte das Volk hinaus, dem verheißenen Land entgegen (vgl. *Ex* 3,17). Zu Jeremia sagte Gott: »Wohin ich dich auch sende, dahin sollst du gehen« (*Jer* 1,7).

Heute sind in diesem ›Geht‹ Jesu die immer neuen Situationen und Herausforderungen des Evangelisierungsauftrags der Kirche gegenwärtig, und wir alle sind zu diesem neuen missionarischen ›Aufbruch‹ berufen. Jeder Christ und jede Gemeinschaft soll unterscheiden, welches der Weg ist, den der Herr verlangt, doch alle sind wir aufgefordert, diesen Ruf anzunehmen: hinauszugehen aus der eigenen Bequemlichkeit und den Mut zu haben, alle Randgebiete zu erreichen, die das Licht des Evangeliums brauchen.

21. Die Freude aus dem Evangelium, die das Leben der Gemeinschaft der Jünger erfüllt, ist eine missionarische Freude. Die zweiundsiebzig Jünger, die voll Freude von ihrer Sendung zurückkehren, erfahren sie (vgl. *Lk* 10,17). Jesus erlebt sie, als er im Heiligen Geist vor Freude jubelt und den Vater preist, weil seine Offenbarung die Armen und die Kleinsten erreicht (vgl. *Lk* 10,21). Voll Verwunderung spüren sie die Ersten, die sich bekehren, als am Pfingsttag, in der Predigt der Apostel, »jeder sie in seiner Sprache reden« hört (*Apg* 2,6). Diese Freude ist ein Zeichen, dass das Evangelium verkündet wurde und bereits Frucht bringt. Aber sie hat immer die Dynamik des Aufbruchs und der Gabe, des Herausgehens aus sich selbst, des Unterwegsseins und des immer neuen und immer weiteren Aussäens. Der Herr sagt: »Lasst uns anderswohin gehen, in die benachbarten Dörfer, damit ich auch dort predige; denn dazu bin ich gekommen!« (*Mk* 1,38). Wenn der Same an einem Ort ausgesät ist, hält Jesus sich dort nicht mehr auf, um etwas besser zu erklären oder um weitere Zeichen zu wirken, sondern der Geist führt ihn, zu anderen Dörfern aufzubrechen.

22. Das Wort Gottes trägt in sich Anlagen, die wir nicht voraussehen können. Das Evangelium spricht von einem Samen, der, wenn er einmal ausgesät ist, von sich aus wächst, auch wenn der Bauer schläft (vgl. *Mk* 4,26–29). Die Kirche muss diese unfassbare Freiheit des Wortes akzeptieren, das auf seine Weise und in sehr verschiedenen Formen wirksam ist, die unsere Prognosen übertreffen und unsere Schablonen sprengen.

23. Die innige Verbundenheit der Kirche mit Jesus ist eine Verbundenheit auf dem Weg, und die Gemeinschaft »stellt sich wesentlich als missionarische Communio dar«.[20] In der Treue zum Vorbild des Meisters ist es lebenswichtig, dass die Kirche heute hinausgeht, um allen an allen Orten und bei allen Gelegenheiten ohne Zögern, ohne Widerstreben und ohne Angst das Evangelium zu verkünden. Die Freude aus dem Evangelium

---

20 Johannes Paul II., Nachsynodales Apostolisches Schreiben *Christifideles laici* (30. Dezember 1988), 32: *AAS* 81 (1989), 451.

ist für das ganze Volk, sie darf niemanden ausschließen. So verkündet es der Engel den Hirten von Betlehem: »Fürchtet euch nicht, denn ich verkünde euch eine große Freude, die *dem ganzen Volk* zuteil werden soll« (*Lk* 2,10). Die Offenbarung des Johannes spricht davon, dass »den Bewohnern der Erde ein ewiges Evangelium zu verkünden [ist], *allen Nationen, Stämmen, Sprachen und Völkern*« (*Offb* 14,6).

Die Initiative ergreifen, sich einbringen, begleiten, Frucht bringen und feiern

24. Die Kirche ›im Aufbruch‹ ist die Gemeinschaft der missionarischen Jünger, die die Initiative ergreifen, die sich einbringen, die begleiten, die Frucht bringen und feiern. ›Primerear – die Initiative ergreifen‹: Entschuldigt diesen Neologismus! Die evangelisierende Gemeinde spürt, dass der Herr die Initiative ergriffen hat, ihr in der Liebe zuvorgekommen ist (vgl. *1 Joh* 4,10), und deshalb weiß sie voranzugehen, versteht sie, furchtlos die Initiative zu ergreifen, auf die anderen zuzugehen, die Fernen zu suchen und zu den Wegkreuzungen zu gelangen, um die Ausgeschlossenen einzuladen. Sie empfindet einen unerschöpflichen Wunsch, Barmherzigkeit anzubieten – eine Frucht der eigenen Erfahrung der unendlichen Barmherzigkeit des himmlischen Vaters und ihrer Tragweite. Wagen wir ein wenig mehr, die Initiative zu ergreifen! Als Folge weiß die Kirche sich ›einzubringen‹. Jesus hat seinen Jüngern die Füße gewaschen. Der Herr bringt sich ein und bezieht die Seinen ein, indem er vor den anderen niederkniet, um sie zu waschen. Aber dann sagt er zu den Jüngern: »Selig seid ihr, wenn ihr das wisst und danach handelt« (*Joh* 13,17). Die evangelisierende Gemeinde stellt sich durch Werke und Gesten in das Alltagsleben der anderen, verkürzt die Distanzen, erniedrigt sich nötigenfalls bis zur Demütigung und nimmt das menschliche Leben an, indem sie im Volk mit dem leidenden Leib Christi in Berührung kommt. So haben die Evangelisierenden den ›Geruch der Schafe‹, und diese hören auf ihre Stimme. Die evangelisierende Gemeinde stellt sich also darauf ein, zu ›begleiten‹. Sie begleitet die Menschheit in all ihren Vorgängen, so hart und langwierig sie auch sein mögen. Sie kennt das lange Warten und die apostolische Ausdauer. Die Evangelisierung hat viel Geduld und vermeidet, die Grenzen nicht zu berücksichtigen. In der Treue zur Gabe des Herrn weiß sie auch ›Frucht zu bringen‹. Die evangelisierende Gemeinde achtet immer auf die Früchte, denn der Herr will, dass sie fruchtbar ist. Sie nimmt sich des Weizens an und verliert aufgrund des Unkrauts nicht ihren Frieden. Wenn der Sämann inmitten des Weizens das Unkraut aufkeimen sieht, reagiert er nicht mit Gejammer und Panik. Er findet den Weg, um dafür zu sorgen, dass das Wort Gottes in einer konkreten Situation Gestalt annimmt und Früchte neuen Lebens trägt, auch wenn diese scheinbar unvollkommen und unvollendet sind. Der Jünger weiß sein ganzes Leben hinzugeben und es als Zeugnis für Jesus Christus aufs Spiel zu setzen bis hin zum Martyrium, doch sein Traum ist nicht, Feinde gegen sich anzusammeln, sondern vielmehr, dass das Wort Gottes aufgenommen werde und seine befreiende und erneuernde Kraft offenbare. Und schließlich versteht die fröhliche evangelisierende Gemeinde immer zu ›feiern‹. Jeden kleinen Sieg, jeden Schritt vorwärts in der Evangelisierung preist und feiert sie. Die freudige Evangelisierung wird zur Schönheit in der Liturgie inmitten der täglichen Anforderung, das Gute zu fördern. Die Kirche evangelisiert und evangelisiert sich selber mit der Schönheit der Liturgie, die auch Feier der missionarischen Tätigkeit und Quelle eines erneuerten Impulses zur Selbsthingabe ist.

II. Seelsorge in Neuausrichtung

25. Ich weiß sehr wohl, dass heute die Dokumente nicht dasselbe Interesse wecken wie zu anderen Zeiten und schnell vergessen werden. Trotzdem betone ich, dass das, was ich hier zu sagen beabsichtige, eine programmatische Bedeutung hat und wichtige Konsequenzen beinhaltet. Ich hoffe, dass alle Gemeinschaften dafür sorgen, die nötigen Maßnahmen zu ergreifen, um auf dem Weg einer pastoralen und missionarischen Neuausrichtung voranzuschreiten, der die Dinge nicht so belassen darf wie sie sind. Jetzt dient uns nicht eine »reine Verwaltungsarbeit«.[21] Versetzen wir uns in allen Regionen der Erde in einen »Zustand permanenter Mission«.[22]

26. Paul VI. forderte, den Aufruf zur Erneuerung auszuweiten, um mit Nachdruck zu sagen, dass er sich nicht nur an Einzelpersonen wandte, sondern an die gesamte Kirche. Wir erinnern an diesen denkwürdigen Text, der seine interpellierende Kraft nicht verloren hat: »Die Kirche muss das Bewusstsein um sich selbst vertiefen und über das ihr eigene Geheimnis nachsinnen [...] Aus diesem erleuchteten und wirkenden Bewusstsein erwächst ein spontanes Verlangen, das Idealbild der Kirche wie Christus sie sah, wollte und liebte, als seine heilige und makellose Braut (vgl. *Eph* 5,27), mit dem wirklichen Gesicht, das die Kirche heute zeigt, zu vergleichen [...] Es erwächst deshalb ein großherziges und fast ungeduldiges Bedürfnis nach Erneuerung, das

---

21 V. Generalversammlung der Bischöfe von Lateinamerika und der Karibik, *Dokument von Aparecida* (29. Juni 2007), 201.

22 *Ebd.*, 551.

heißt nach Berichtigung der Fehler, die dieses Bewusstsein aufzeigt und verwirft, gleichsam wie eine innere Prüfung vor dem Spiegel des Vorbildes, das Christus uns von sich hinterlassen hat.«[23]

Das Zweite Vatikanische Konzil hat die kirchliche Neuausrichtung dargestellt als die Öffnung für eine ständige Reform ihrer selbst aus Treue zu Jesus Christus: »Jede Erneuerung der Kirche besteht wesentlich im Wachstum der Treue gegenüber ihrer eigenen Berufung [...] Die Kirche wird auf dem Wege ihrer Pilgerschaft von Christus zu dieser dauernden Reform gerufen, deren sie allzeit bedarf, soweit sie menschliche und irdische Einrichtung ist.«[24]

Es gibt kirchliche Strukturen, die eine Dynamik der Evangelisierung beeinträchtigen können; gleicherweise können die guten Strukturen nützlich sein, wenn ein Leben da ist, das sie beseelt, sie unterstützt und sie beurteilt. Ohne neues Leben und echten, vom Evangelium inspirierten Geist, ohne ›Treue der Kirche gegenüber ihrer eigenen Berufung‹ wird jegliche neue Struktur in kurzer Zeit verderben.

---

23 Paul VI., Enzyklika *Ecclesiam suam* (6. August 1964), 3: *AAS* 56 (1964), 611–612.

24 Zweites Vatikanisches Konzil, Dekret *Unitatis redintegratio* über den Ökumenismus, 6.

27. Ich träume von einer missionarischen Entscheidung, die fähig ist, alles zu verwandeln, damit die Gewohnheiten, die Stile, die Zeitpläne, der Sprachgebrauch und jede kirchliche Struktur ein Kanal werden, der mehr der Evangelisierung der heutigen Welt als der Selbstbewahrung dient. Die Reform der Strukturen, die für die pastorale Neuausrichtung erforderlich ist, kann nur in diesem Sinn verstanden werden: dafür zu sorgen, dass sie alle missionarischer werden, dass die gewöhnliche Seelsorge in all ihren Bereichen expansiver und offener ist, dass sie die in der Seelsorge Tätigen in eine ständige Haltung des ›Aufbruchs‹ versetzt und so die positive Antwort all derer begünstigt, denen Jesus seine Freundschaft anbietet. Wie Johannes Paul II. zu den Bischöfen Ozeaniens sagte, muss »jede Erneuerung in der Kirche [...] auf die Mission abzielen, um nicht einer Art kirchlicher Introversion zu verfallen.«[25]

28. Die Pfarrei ist keine hinfällige Struktur; gerade weil sie eine große Formbarkeit besitzt, kann sie ganz verschiedene Formen annehmen, die die innere Beweglichkeit und die missionarische Kreativität des Pfarrers und

---

25 Johannes Paul II., Nachsynodales Apostolisches Schreiben *Ecclesia in Oceania* (22. November 2001), 19: *AAS* 94 (2002), 390.

der Gemeinde erfordern. Obwohl sie sicherlich nicht die einzige evangelisierende Einrichtung ist, wird sie, wenn sie fähig ist, sich ständig zu erneuern und anzupassen, weiterhin »die Kirche [sein], die inmitten der Häuser ihrer Söhne und Töchter lebt«.[26] Das setzt voraus, dass sie wirklich in Kontakt mit den Familien und dem Leben des Volkes steht und nicht eine weitschweifige, von den Leuten getrennte Struktur oder eine Gruppe von Auserwählten wird, die sich selbst betrachten. Die Pfarrei ist eine kirchliche Präsenz im Territorium, ein Bereich des Hörens des Wortes Gottes, des Wachstums des christlichen Lebens, des Dialogs, der Verkündigung, der großherzigen Nächstenliebe, der Anbetung und der liturgischen Feier.[27] Durch all ihre Aktivitäten ermutigt und formt die Pfarrei ihre Mitglieder, damit sie aktiv Handelnde in der Evangelisierung sind.[28] Sie ist eine Gemeinde der Gemeinschaft, ein Heiligtum, wo die Durstigen zum Trinken kommen, um ihren Weg fortzusetzen, und ein Zentrum ständiger missionarischer Aussendung. Wir müssen jedoch zugeben, dass der Aufruf zur Überprüfung und zur Erneuerung der Pfarreien noch nicht genügend gefruchtet hat, damit sie noch näher bei den Menschen

---

26 Ders., Nachsynodales Apostolisches Schreiben *Christifideles laici* (30. Dezember 1988), 26: *AAS* 81 (1989), 438.

27 Vgl. *Propositio* 26.

28 Vgl. *Propositio* 44.

sind, Bereiche lebendiger Gemeinschaft und Teilnahme bilden und sich völlig auf die Mission ausrichten.

29. Die anderen kirchlichen Einrichtungen, Basisgemeinden und kleinen Gemeinschaften, Bewegungen und andere Formen von Vereinigungen sind ein Reichtum der Kirche, den der Geist erweckt, um alle Umfelder und Bereiche zu evangelisieren. Oftmals bringen sie einen neuen Evangelisierungs-Eifer und eine Fähigkeit zum Dialog mit der Welt ein, die zur Erneuerung der Kirche beitragen. Aber es ist sehr nützlich, dass sie nicht den Kontakt mit dieser so wertvollen Wirklichkeit der örtlichen Pfarrei verlieren und dass sie sich gerne in die organische Seelsorge der Teilkirche einfügen.[29] Diese Integration wird vermeiden, dass sie nur mit einem Teil des Evangeliums und der Kirche verbleiben oder zu Nomaden ohne Verwurzelung werden.

30. Jede Teilkirche ist als Teil der katholischen Kirche unter der Leitung ihres Bischofs ebenfalls zur missionarischen Neuausrichtung aufgerufen. Sie ist der wichtigste Träger der Evangelisierung,[30] insofern sie der konkrete Ausdruck der einen Kirche an einem Ort der Welt ist und in ihr »die eine, heilige, katholische und apos-

---

29 Vgl. *Propositio* 26.
30 Vgl. *Propositio* 41.

tolische Kirche Christi wahrhaft wirkt und gegenwärtig ist«.[31] Es ist die Kirche, die in einem bestimmten Raum Gestalt annimmt, mit allen von Christus geschenkten Heilsmitteln versehen ist, zugleich jedoch ein lokales Angesicht trägt. Ihre Freude, Jesus Christus bekannt zu machen, findet ihren Ausdruck sowohl in ihrer Sorge, ihn an anderen, noch bedürftigeren Orten zu verkünden, als auch in einem beständigen Aufbruch zu den Peripherien des eigenen Territoriums oder zu den neuen soziokulturellen Umfeldern.[32] Sie setzt sich dafür ein, immer dort gegenwärtig zu sein, wo das Licht und das Leben des Auferstandenen am meisten fehlen.[33] Damit dieser missionarische Impuls immer stärker, großherziger und fruchtbarer sei, fordere ich auch jede Teilkirche auf, in einen entschiedenen Prozess der Unterscheidung, der Läuterung und der Reform einzutreten.

31. Der Bischof muss immer das missionarische Miteinander in seiner Diözese fördern, indem er das Ideal der ersten christlichen Gemeinden verfolgt, in denen

---

31 Zweites Vatikanisches Konzil, Dekret *Christus Dominus* über die Hirtenaufgabe der Bischöfe, 11.

32 Vgl. Benedikt XVI., *Ansprache an die Teilnehmer am Internationalen Kongress zum 40. Jahrestag des Konzilsdekrets Ad gentes* über die Missionstätigkeit der Kirche (11. März 2006): *AAS* 98 (2006), 337.

33 Vgl. *Propositio* 42.

die Gläubigen ein Herz und eine Seele waren (vgl. *Apg* 4,32). Darum wird er sich bisweilen an die Spitze stellen, um den Weg anzuzeigen und die Hoffnung des Volkes aufrecht zu erhalten, andere Male wird er einfach inmitten aller sein mit seiner schlichten und barmherzigen Nähe, und bei einigen Gelegenheiten wird er hinter dem Volk hergehen, um denen zu helfen, die zurückgeblieben sind, und – vor allem – weil die Herde selbst ihren Spürsinn besitzt, um neue Wege zu finden. In seiner Aufgabe, ein dynamisches, offenes und missionarisches Miteinander zu fördern, wird er die Reifung der vom *Kodex des Kanonischen* Rechts[34] vorgesehenen Mitspracheregelungen sowie anderer Formen des pastoralen Dialogs anregen und suchen, in dem Wunsch, alle anzuhören und nicht nur einige, die ihm Komplimente machen. Doch das Ziel dieser Prozesse der Beteiligung soll nicht vornehmlich die kirchliche Organisation sein, sondern der missionarische Traum, alle zu erreichen.

32. Da ich berufen bin, selbst zu leben, was ich von den anderen verlange, muss ich auch an eine Neuausrichtung des Papsttums denken. Meine Aufgabe als Bischof von Rom ist es, offen zu bleiben für die Vorschläge, die darauf ausgerichtet sind, dass eine Ausübung meines

---

34 Vgl. Canones 460–468; 492–502; 511–514; 536–537.

Amtes der Bedeutung, die Jesus Christus ihm geben wollte, treuer ist und mehr den gegenwärtigen Notwendigkeiten der Evangelisierung entspricht. Johannes Paul II. bat um Hilfe, um »eine Form der Primatsausübung zu finden, die zwar keineswegs auf das Wesentliche ihrer Sendung verzichtet, sich aber einer neuen Situation öffnet«.[35] In diesem Sinn sind wir wenig vorangekommen. Auch das Papsttum und die zentralen Strukturen der Universalkirche haben es nötig, dem Aufruf zu einer pastoralen Neuausrichtung zu folgen. Das Zweite Vatikanische Konzil sagte, dass in ähnlicher Weise wie die alten Patriarchatskirchen »die Bischofskonferenzen vielfältige und fruchtbare Hilfe leisten [können], um die kollegiale Gesinnung zu konkreter Verwirklichung zu führen«.[36] Aber dieser Wunsch hat sich nicht völlig erfüllt, denn es ist noch nicht deutlich genug eine Satzung der Bischofskonferenzen formuliert worden, die sie als Subjekte mit konkreten Kompetenzbereichen versteht, auch einschließlich einer gewissen authentischen Lehrautorität.[37] Eine übertriebene Zentralisierung kompliziert das Leben der Kirche und ihre missionarische Dynamik, anstatt ihr zu helfen.

---

35 Enzyklika *Ut unum sint* (25. Mai 1995), 95: *AAS* 87 (1995), 977–978.

36 Dogm. Konst. *Lumen gentium* über die Kirche, 23.

37 Vgl. Johannes Paul II., Motu proprio *Apostolos suos* (21. Mai 1998): *AAS* 90 (1998), 641–658.

33. Die Seelsorge unter missionarischem Gesichtspunkt verlangt, das bequeme pastorale Kriterium des ›Es wurde immer so gemacht‹ aufzugeben. Ich lade alle ein, wagemutig und kreativ zu sein in dieser Aufgabe, die Ziele, die Strukturen, den Stil und die Evangelisierungs- Methoden der eigenen Gemeinden zu überdenken. Eine Bestimmung der Ziele ohne eine angemessene gemeinschaftliche Suche nach den Mitteln, um sie zu erreichen, ist dazu verurteilt, sich als bloße Fantasie zu erweisen. Ich rufe alle auf, großherzig und mutig die Anregungen dieses Dokuments aufzugreifen, ohne Beschränkungen und Ängste. Wichtig ist, Alleingänge zu vermeiden, sich immer auf die Brüder und Schwestern und besonders auf die Führung der Bischöfe zu verlassen, in einer weisen und realistischen pastoralen Unterscheidung.

III. Aus dem Herzen des Evangeliums

34. Wenn wir alles unter einen missionarischen Gesichtspunkt stellen wollen, dann gilt das auch für die Weise, die Botschaft bekannt zu machen. In der Welt von heute mit der Schnelligkeit der Kommunikation und der eigennützigen Auswahl der Inhalte durch die Medien ist die Botschaft, die wir verkünden, mehr denn je in Gefahr, verstümmelt und auf einige ihrer zweitrangigen Aspekte reduziert zu werden. Daraus folgt, dass einige Fragen, die zur Morallehre der Kirche gehören, aus dem Zusammenhang gerissen werden, der ihnen Sinn verleiht. Das größte Problem entsteht, wenn die Botschaft, die wir verkünden, dann mit diesen zweitrangigen Aspekten gleichgesetzt wird, die, obwohl sie relevant sind, für sich allein nicht das Eigentliche der Botschaft Jesu Christi ausdrücken. Es ist also besser, realistisch zu sein und nicht davon auszugehen, dass unsere Gesprächspartner den vollkommenen Hintergrund dessen kennen, was wir sagen, oder dass sie unsere Worte mit dem wesentlichen Kern des Evangeliums verbinden können, der ihnen Sinn, Schönheit und Anziehungskraft verleiht.

35. Eine Seelsorge unter missionarischem Gesichtspunkt steht nicht unter dem Zwang der zusammenhanglosen Vermittlung einer Vielzahl von Lehren, die man durch unnachgiebige Beharrlichkeit aufzudrängen sucht. Wenn man ein pastorales Ziel und einen missionarischen Stil übernimmt, der wirklich alle ohne Ausnahmen und Ausschließung erreichen soll, konzentriert sich die Verkündigung auf das Wesentliche, auf das, was schöner, größer, anziehender und zugleich notwendiger ist. Die Aussage vereinfacht sich, ohne dadurch Tiefe und Wahrheit einzubüßen, und wird so überzeugender und strahlender.

36. Alle offenbarten Wahrheiten entspringen aus derselben göttlichen Quelle und werden mit ein und demselben Glauben geglaubt, doch einige von ihnen sind wichtiger, um unmittelbarer das Eigentliche des Evangeliums auszudrücken. In diesem grundlegenden Kern ist das, was leuchtet, *die Schönheit der heilbringenden Liebe Gottes, die sich im gestorbenen und auferstandenen Jesus Christus offenbart hat.* In diesem Sinn hat das Zweite Vatikanische Konzil gesagt, »dass es eine Rangordnung oder ›Hierarchie‹ der Wahrheiten innerhalb der katholischen Lehre gibt, je nach der verschiedenen Art ihres Zusammenhangs mit dem Fundament des christlichen Glaubens«.[38] Das gilt sowohl für die Glaubensdogmen als auch für das Ganze der Lehre der Kirche, einschließlich der Morallehre.

37. Der heilige Thomas von Aquin lehrte, dass es auch in der moralischen Botschaft der Kirche eine *Hierarchie* gibt, in den Tugenden und in den Taten, die aus ihnen hervorgehen.[39] Hier ist das, worauf es ankommt, vor allem »den Glauben zu haben, der in der Liebe wirksam ist« (*Gal* 5,6). Die Werke der Nächstenliebe sind der vollkommenste äußere Ausdruck der inneren Gnade

---

38 Zweites Vatikanisches Konzil, Dekret *Unitatis redintegratio* über den Ökumenismus, 11.

39 Vgl. *Summa Theologiae* I–II, q. 66, a. 4–6.

des Geistes: »Das Hauptelement des neuen Gesetzes ist die Gnade des Heiligen Geistes, die deutlich wird durch den Glauben, der durch die Liebe handelt.«[40] Darum behauptet der heilige Thomas, dass in Bezug auf das äußere Handeln die Barmherzigkeit die größte aller Tugenden ist: »An sich ist die Barmherzigkeit die größte der Tugenden. Denn es gehört zum Erbarmen, dass es sich auf die anderen ergießt und – was mehr ist – der Schwäche der anderen aufhilft; und das gerade ist Sache des Höherstehenden. Deshalb wird das Erbarmen gerade Gott als Wesensmerkmal zuerkannt; und es heißt, dass darin am meisten seine Allmacht offenbar wird.«[41]

38. Es ist wichtig, die pastoralen Konsequenzen aus der Konzilslehre zu ziehen, die eine alte Überzeugung der Kirche aufnimmt. Vor allem ist zu sagen, dass in der Verkündigung des Evangeliums notwendigerweise ein rechtes Maß herrschen muss. Das kann man an der Häufigkeit feststellen, mit der einige Themen

---

40 *Summa Theologiae* I–II, q. 108, a. 1.

41 *Summa Theologiae* II–II, q. 30, a. 4. Vgl. *ebd.*, q. 30, a. 4, ad 1: »Wir ehren Gott durch die äußeren Opfer und Geschenke nicht seinetwegen, sondern unseretwegen und des Nächsten wegen; denn er bedarf unserer Opfer nicht, sondern will, dass sie ihm dargebracht werden um unserer Hingabe und um des Nutzens des Nächsten willen. Deshalb ist das Erbarmen, durch das wir dem Elend der anderen zu Hilfe kommen, ein Opfer, das ihm wohlgefälliger ist, weil es dem Nutzen des Nächsten näher kommt.«

behandelt werden, und an den Akzenten, die in der Predigt gesetzt werden. Wenn zum Beispiel ein Pfarrer während des liturgischen Jahres zehnmal über die Enthaltsamkeit und nur zwei- oder dreimal über die Liebe oder über die Gerechtigkeit spricht, entsteht ein Missverhältnis, durch das die Tugenden, die in den Schatten gestellt werden, genau diejenigen sind, die in der Predigt und in der Katechese mehr vorkommen müssten. Das Gleiche geschieht, wenn mehr vom Gesetz als von der Gnade, mehr von der Kirche als von Jesus Christus, mehr vom Papst als vom Wort Gottes gesprochen wird.

39. Ebenso wie der organische Zusammenhang zwischen den Tugenden verhindert, irgendeine von ihnen aus dem christlichen Ideal auszuschließen, wird auch keine Wahrheit geleugnet. Man darf die Vollständigkeit der Botschaft des Evangeliums nicht verstümmeln. Außerdem versteht man jede Wahrheit besser, wenn man sie in Beziehung zu der harmonischen Ganzheit der christlichen Botschaft setzt, und in diesem Zusammenhang haben alle Wahrheiten ihre Bedeutung und erhellen sich gegenseitig. Wenn die Predigttätigkeit treu gegenüber dem Evangelium ist, zeigt sich in aller Klarheit die Zentralität einiger Wahrheiten, und es wird deutlich, dass die christliche Morallehre keine stoische Ethik ist, dass sie mehr ist als eine Askese, dass sie weder eine bloße praktische Philosophie ist, noch ein Katalog von Sünden und Fehlern. Das Evangelium lädt vor allem dazu ein, dem Gott zu antworten, der uns liebt und uns rettet – ihm zu antworten, indem man ihn in den anderen erkennt und aus sich selbst herausgeht, um das Wohl aller zu suchen. Diese Einladung darf unter keinen Umständen verdunkelt werden! Alle Tugenden stehen im Dienst dieser Antwort der Liebe. Wenn diese Einladung nicht stark und anziehend leuchtet, riskiert das moralische Gebäude der Kirche, ein Kartenhaus zu werden, und das ist unsere schlimmste Gefahr. Denn dann wird es nicht eigentlich das Evangelium sein, was verkündet wird, sondern einige lehrmäßige oder moralische Schwerpunkte, die aus bestimmten theologischen Optionen hervorgehen. Die Botschaft läuft Gefahr, ihre Frische zu verlieren und nicht mehr ›den Duft des Evangeliums‹ zu haben.

IV. Die Mission, die in den menschlichen Begrenzungen Gestalt annimmt

40. Die Kirche, die eine missionarische Jüngerin ist, muss in ihrer Interpretation des offenbarten Wortes und in ihrem Verständnis der Wahrheit wachsen. Die Aufgabe der Exegeten und der Theologen trägt dazu bei, dass »das Urteil der Kirche reift«.[42] Auf andere Weise tun dies auch die anderen Wissenschaften. In Bezug auf die Sozialwissenschaften, zum Beispiel, hat Johannes Paul II. gesagt, dass die Kirche ihren Beiträgen Achtung schenkt, »um daraus konkrete Hinweise zu gewinnen, die ihr helfen, ihre Aufgabe des Lehramtes zu vollziehen«.[43] Außerdem gibt es innerhalb der Kirche unzählige Fragen, über die mit großer Freiheit geforscht und nachgedacht wird. Die verschiedenen Richtungen des philosophischen, theologischen und pastoralen Denkens können, wenn sie sich vom Geist in der gegenseitigen Achtung und Liebe in Einklang bringen lassen, zur Entfaltung der Kirche beitragen, weil sie helfen, den äußerst reichen Schatz des Wortes besser deutlich zu machen. Denjenigen, die sich eine monolithische, von allen ohne Nuancierungen verteidigte Lehre erträumen, mag das als Unvollkommenheit und Zersplitterung erscheinen. Doch in Wirklichkeit hilft diese Vielfalt, die verschiedenen Aspekte des unerschöpflichen Reichtums des Evangeliums besser zu zeigen und zu entwickeln.[44]

---

42 Zweites Vatikanisches Konzil, Dogm. Konst. *Dei Verbum* über die göttliche Offenbarung, 12.

43 Motu proprio *Socialium Scientiarum* (1. Januar 1994): *AAS* 86 (1994), 209.

44 Der heilige Thomas von Aquin betonte, »dass die Unterscheidung und Vielheit der Dinge aus der Absicht des ersten Wirkenden stammt«, dessen, der will, »dass das, was dem einen Geschöpfe in der Darstellung der gött-

41. Zugleich erfordern die enormen und schnellen kulturellen Veränderungen, dass wir stets unsere Aufmerksamkeit darauf richten und versuchen, die ewigen Wahrheiten in einer Sprache auszudrücken, die deren ständige Neuheit durchscheinen lässt. Denn im Glaubensgut der christlichen Lehre »ist das eine die Substanz [...] ein anderes die Art und Weise, diese auszudrücken«.[45] Manchmal ist das, was die Gläubigen beim Hören einer vollkommen musterhaften Sprache empfangen, aufgrund ihres eigenen Sprachgebrauchs und -verständnisses etwas, was nicht dem wahren Evangelium Jesu Christi entspricht. In der heiligen Absicht, ihnen die Wahrheit über Gott und den Menschen zu vermitteln, geben wir ihnen bei manchen Gelegenheiten einen falschen ›Gott‹ und ein menschliches Ideal, das nicht wirklich christlich ist. Auf diese Weise sind wir einer Formulierung treu, überbringen aber nicht die Substanz. Das ist das größte Risiko. Denken wir

---

lichen Güte fehlt, aus einem anderen ergänzt wird«, weil seine Güte »durch ein einzelnes Geschöpf nicht hinreichend dargestellt werden kann« (*Summa Theologiae* I, q. 47, a. 1). Deshalb müssen wir die Vielheit der Dinge in ihren vielfachen Beziehungen (vgl. *Summa Theologiae* I, q. 47, a. 2, ad 1; q. 47, a. 3) erfassen. Aus ähnlichen Gründen haben wir es nötig, einander zu hören und uns in unserer partiellen Wahrnehmung der Wirklichkeit und des Evangeliums gegenseitig zu ergänzen.

45 Johannes XXIII., *Ansprache zur feierlichen Eröffnung des Zweiten Vatikanischen Konzils* (11. Oktober 1962): *AAS* 54 (1962), 792: »*Est enim aliud ipsum depositum Fidei, seu veritates, quae veneranda doctrina nostra continentur, aliud modus, quo eaedem enuntiantur*«.

daran: »Die Ausdrucksform der Wahrheit kann vielgestaltig sein. Und die Erneuerung der Ausdrucksformen erweist sich als notwendig, um die Botschaft vom Evangelium in ihrer unwandelbaren Bedeutung an den heutigen Menschen weiterzugeben.«[46]

42. Das hat eine große Relevanz in der Verkündigung des Evangeliums, wenn es uns wirklich am Herzen liegt zu erreichen, dass seine Schönheit besser wahrgenommen und von allen angenommen wird. In jedem Fall können wir die Lehren der Kirche nie zu etwas machen, das leicht verständlich ist und die uneingeschränkte Würdigung aller erfährt. Der Glaube behält immer einen Aspekt des Kreuzes, eine gewisse Unverständlichkeit, die jedoch die Festigkeit der inneren Zustimmung nicht beeinträchtigt. Es gibt Dinge, die man nur von dieser inneren Zustimmung her versteht und schätzt, die eine Schwester der Liebe ist, jenseits der Klarheit, mit der man ihre Gründe und Argumente erfassen kann. Darum ist daran zu erinnern, dass jede Unterweisung in der Lehre in einer Haltung der Evangelisierung geschehen muss, die durch die Nähe, die Liebe und das Zeugnis die Zustimmung des Herzens weckt.

---

46 Johannes Paul II., Enzyklika *Ut unum sint* (25. Mai 1995), 19: *AAS* 87 (1995), 933.

43. In ihrem bewährten Unterscheidungsvermögen kann die Kirche auch dazu gelangen, eigene, nicht direkt mit dem Kern des Evangeliums verbundene, zum Teil tief in der Geschichte verwurzelte Bräuche zu erkennen, die heute nicht mehr in derselben Weise interpretiert werden und deren Botschaft gewöhnlich nicht entsprechend wahrgenommen wird. Sie mögen schön sein, leisten jedoch jetzt nicht denselben Dienst im Hinblick auf die Weitergabe des Evangeliums. Haben wir keine Angst, sie zu revidieren! In gleicher Weise gibt es kirchliche Normen oder Vorschriften, die zu anderen Zeiten sehr wirksam gewesen sein mögen, aber nicht mehr die gleiche erzieherische Kraft als Richtlinien des Lebens besitzen. Der heilige Thomas von Aquin betonte, dass die Vorschriften, die dem Volk Gottes von Christus und den Aposteln gegeben wurden, »ganz wenige« sind.[47] Indem er den heiligen Augustinus zitierte, schrieb er, dass die von der Kirche später hinzugefügten Vorschriften mit Maß einzufordern sind, »um den Gläubigen das Leben nicht schwer zu machen« und unsere Religion nicht in eine Sklaverei zu verwandeln, während »die Barmherzigkeit Gottes wollte, dass sie frei sei«.[48] Diese Warnung, die vor einigen Jahrhunderten gegeben wurde, besitzt eine erschre-

---

47 *Summa Theologiae* I–II, q. 107, a. 4.

48 *Ebd.*

ckende Aktualität. Sie müsste eines der Kriterien sein, die in Betracht zu ziehen sind, wenn über eine Reform der Kirche und ihrer Verkündigung nachgedacht wird, die wirklich erlaubt, alle zu erreichen.

44. Andererseits dürfen sowohl die Hirten als auch alle Gläubigen, die ihre Brüder im Glauben oder auf einem Weg der Öffnung auf Gott hin begleiten, nicht vergessen, was der *Katechismus der Katholischen Kirche* mit großer Klarheit lehrt: »Die Anrechenbarkeit einer Tat und die Verantwortung für sie können durch Unkenntnis, Unachtsamkeit, Gewalt, Furcht, Gewohnheiten, übermäßige Affekte sowie weitere psychische oder gesellschaftliche Faktoren vermindert, ja sogar aufgehoben sein.«[49]

Daher muss man, ohne den Wert des vom Evangelium vorgezeichneten Ideals zu mindern, die möglichen Wachstumsstufen der Menschen, die Tag für Tag aufgebaut werden, mit Barmherzigkeit und Geduld begleiten.[50] Die Priester erinnere ich daran, dass der Beichtstuhl keine Folterkammer sein darf, sondern ein Ort der Barmherzigkeit des Herrn, die uns anregt, das mögliche Gute zu tun. Ein kleiner Schritt inmitten gro-

---

49 Nr. 1735.

50 Vgl. Johannes Paul II., Nachsynodales Apostolisches Schreiben *Familiaris consortio* (22. November 1981), 34: *AAS* 74 (1982), 123–125.

ßer menschlicher Begrenzungen kann Gott wohlgefälliger sein als das äußerlich korrekte Leben dessen, der seine Tage verbringt, ohne auf nennenswerte Schwierigkeiten zu stoßen. Alle müssen von dem Trost und dem Ansporn der heilbringenden Liebe Gottes erreicht werden, der geheimnisvoll in jedem Menschen wirkt, jenseits seiner Mängel und Verfehlungen.

45. So sehen wir, dass der evangelisierende Einsatz sich innerhalb der Grenzen der Sprache und der Umstände bewegt. Er versucht immer, die Wahrheit des Evangeliums in einem bestimmten Kontext bestmöglich mitzuteilen, ohne auf die Wahrheit, das Gute und das Licht zu verzichten, die eingebracht werden können, wenn die Vollkommenheit nicht möglich ist. Ein missionarisches Herz weiß um diese Grenzen und wird »den Schwachen ein Schwacher […] allen alles« (vgl. *1 Kor* 9,22). Niemals verschließt es sich, niemals greift es auf die eigenen Sicherheiten zurück, niemals entscheidet es sich für die Starrheit der Selbstverteidigung. Es weiß, dass es selbst wachsen muss im Verständnis des Evangeliums und in der Unterscheidung der Wege des Geistes, und so verzichtet es nicht auf das mögliche Gute, obwohl es Gefahr läuft, sich mit dem Schlamm der Straße zu beschmutzen.

V. Eine Mutter mit offenem Herzen

46. Eine Kirche ›im Aufbruch‹ ist eine Kirche mit offenen Türen. Zu den anderen hinauszugehen, um an die menschlichen Randgebiete zu gelangen, bedeutet nicht, richtungs- und sinnlos auf die Welt zuzulaufen. Oftmals ist es besser, den Schritt zu verlangsamen, die Ängstlichkeit abzulegen, um dem anderen in die Augen zu sehen und zuzuhören, oder auf die Dringlichkeiten zu verzichten, um den zu begleiten, der am Straßenrand geblieben ist. Manchmal ist sie wie der Vater des verlorenen Sohns, der die Türen offen lässt, damit der Sohn, wenn er zurückkommt, ohne Schwierigkeit eintreten kann.

47. Die Kirche ist berufen, immer das offene Haus des Vaters zu sein. Eines der konkreten Zeichen dieser Öffnung ist es, überall Kirchen mit offenen Türen zu haben. So stößt einer, wenn er einer Eingebung des Geistes folgen will und näherkommt, weil er Gott sucht, nicht auf die Kälte einer verschlossenen Tür. Doch es gibt noch andere Türen, die ebenfalls nicht geschlossen werden dürfen. Alle können in irgendeiner Weise am kirchlichen Leben teilnehmen, alle können zur Gemeinschaft gehören, und auch die Türen der Sakramente dürften nicht aus irgendeinem beliebigen Grund geschlossen werden. Das gilt vor allem, wenn es sich um jenes Sakrament handelt, das ›die Tür‹ ist: die Taufe. Die Eucharistie ist, obwohl sie die Fülle des sakramentalen Lebens darstellt, nicht eine Belohnung für die Vollkommenen, sondern ein großzügiges Heilmittel und eine Nahrung für die Schwachen.[51] Diese Überzeugungen haben auch pastorale Konsequenzen, und wir sind berufen, sie mit Besonnenheit und Wagemut in Betracht zu ziehen. Häufig verhalten wir uns wie Kontrolleure der Gnade und nicht wie ihre Förderer. Doch die Kirche ist keine Zollstation, sie ist das Vaterhaus, wo Platz ist für jeden mit seinem mühevollen Leben.

48. Wenn die gesamte Kirche diese missionarische Dynamik annimmt, muss sie alle erreichen, ohne Ausnahmen. Doch wen müsste sie bevorzugen? Wenn einer das Evangelium liest, findet er eine ganz klare Ausrichtung: nicht so sehr die reichen Freunde und Nachbarn,

---

51 Vgl. Ambrosius, *De Sacramentis*, IV, 6, 28: *PL* 16, 464: »Ich muss ihn immer empfangen, damit er immer meine Sünden vergibt. Wenn ich ständig sündige, muss ich immer ein *Heilmittel* haben«; *ebd.*, IV, 5, 24: *PL* 16, 463: »Wer das Manna aß, starb; wer von diesem Leib isst, wird die Vergebung seiner Sünden erhalten.« Cyrill von Alexandrien, *In Joh. Evang.* IV, 2: *PG* 73, 584–585: »Ich habe mich geprüft und erkannt, dass ich unwürdig bin. Denen, die so reden, sage ich: Und wann werdet ihr würdig sein? Wann werdet ihr also vor Christus erscheinen? Und wenn eure Sünden euch hindern, näherzukommen, und wenn ihr niemals aufhört zu fallen – *wer bemerkt seine eigenen Fehler*, sagt der Psalm – werdet ihr schließlich nicht teilhaben an der Heiligung, die Leben schenkt für die Ewigkeit?«

sondern vor allem die Armen und die Kranken, diejenigen, die häufig verachtet und vergessen werden, die »es
dir nicht vergelten können« (*Lk* 14,14). Es dürfen
weder Zweifel bleiben, noch halten Erklärungen stand,
die diese so klare Botschaft schwächen könnten. Heute
und immer gilt: »Die Armen sind die ersten Adressaten
des Evangeliums«,[52] und die unentgeltlich an sie gerich-
tete Evangelisierung ist ein Zeichen des Reiches, das zu
bringen Jesus gekommen ist. Ohne Umschweife ist zu
sagen, dass – wie die Bischöfe Nordost-Indiens lehren –
ein untrennbares Band zwischen unserem Glauben und
den Armen besteht. Lassen wir die Armen nie allein!

49. Brechen wir auf, gehen wir hinaus, um allen das
Leben Jesu Christi anzubieten! Ich wiederhole hier für
die ganze Kirche, was ich viele Male den Priestern und
Laien von Buenos Aires gesagt habe: Mir ist eine ›verbeulte‹ Kirche, die verletzt und beschmutzt ist, weil sie
auf die Straßen hinausgegangen ist, lieber, als eine Kirche, die aufgrund ihrer Verschlossenheit und ihrer
Bequemlichkeit, sich an die eigenen Sicherheiten zu
klammern, krank ist. Ich will keine Kirche, die darum
besorgt ist, der Mittelpunkt zu sein, und schließlich in
einer Anhäufung von fixen Ideen und Streitigkeiten ver-

---

52 Benedikt XVI., *Ansprache anlässlich der Begegnung mit den brasilianischen
Bischöfen in der Kathedrale von São Paulo, Brasilien* (11. Mai 2007), 3: *AAS* 99
(2007), 428.

strickt ist. Wenn uns etwas in heilige Sorge versetzen und unser Gewissen beunruhigen soll, dann ist es die Tatsache, dass so viele unserer Brüder und Schwestern ohne die Kraft, das Licht und den Trost der Freundschaft mit Jesus Christus leben, ohne eine Glaubensgemeinschaft, die sie aufnimmt, ohne einen Horizont von Sinn und Leben. Ich hoffe, dass mehr als die Furcht, einen Fehler zu machen, unser Beweggrund die Furcht sei, uns einzuschließen in die Strukturen, die uns einen falschen Schutz geben, in die Normen, die uns in unnachsichtige Richter verwandeln, in die Gewohnheiten, in denen wir uns ruhig fühlen, während draußen eine hungrige Menschenmenge wartet und Jesus uns pausenlos wiederholt: »Gebt ihr ihnen zu essen!« (*Mk* 6,37).

Zweites Kapitel

In der Krise des gemeinschaftlichen Engagements

50. Bevor wir über einige grundlegende Fragen in Bezug auf das evangelisierende Handeln sprechen, sollte kurz erwähnt werden, welches der Rahmen ist, in dem wir zu leben und zu wirken haben. Heute wird gewöhnlich von einem ›diagnostischen Überhang‹ gesprochen, der nicht immer von wirklich anwendbaren Lösungsvorschlägen begleitet ist. Andererseits würde uns auch eine rein soziologische Sicht nicht nützen, die den Anspruch erhebt, die ganze Wirklichkeit mit ihrer Methodologie in einer nur hypothetisch neutralen und unpersönlichen Weise zu umfassen. Was ich vorzulegen gedenke, geht vielmehr in die Richtung einer *Unterscheidung anhand des Evangeliums*. Es ist die Sicht des missionarischen Jüngers, die »lebt vom Licht und von der Kraft des Heiligen Geistes«.[53]

51. Es ist nicht Aufgabe des Papstes, eine detaillierte und vollkommene Analyse der gegenwärtigen Wirklichkeit zu bieten, aber ich fordere alle Gemeinschaf-

---

53 Johannes Paul II., Nachsynodales Apostolisches Schreiben *Pastores dabo vobis* (25. März 1992), 10: *AAS* 84 (1992), 673.

ten auf, sich um »eine immer wachsame Fähigkeit, die Zeichen der Zeit zu erforschen«[54] zu bemühen. Wir stehen hier vor einer großen Verantwortung, weil einige gegenwärtige Situationen, falls sie keine guten Lösungen finden, Prozesse einer Entmenschlichung auslösen können, die dann nur schwer rückgängig zu machen sind. Es ist angebracht zu klären, was eine Frucht des Gottesreiches sein kann, und auch, was dem Plan Gottes schadet. Das schließt nicht nur ein, die Eingebungen des guten und des bösen Geistes zu erkennen und zu interpretieren, sondern – und hier liegt das Entscheidende – die des guten Geistes zu wählen und die des bösen Geistes zurückzuweisen. Ich setze die verschiedenen Analysen voraus, welche die anderen Dokumente des universalen Lehramtes dargeboten haben, wie auch die, welche die regionalen und nationalen Bischofskonferenzen vorgestellt haben. In diesem Schreiben will ich nur kurz und unter pastoralem Gesichtspunkt auf einige Aspekte der Wirklichkeit eingehen, welche die Dynamiken der missionarischen Erneuerung der Kirche anhalten oder schwächen können, sei es, weil sie das Leben und die Würde des Gottesvolkes betreffen, sei es, weil sie sich auch auf die Personen auswirken, die unmittelbarer zu

---

54 Paul VI., Enzyklika *Ecclesiam suam* (6. August 1964), 19: *AAS* 56 (1964), 632.

den kirchlichen Institutionen gehören und Evangelisierungsaufgaben erfüllen.

I. Einige Herausforderungen der Welt von heute

52. Die Menschheit erlebt im Moment eine historische Wende, die wir an den Fortschritten ablesen können, die auf verschiedenen Gebieten gemacht werden. Lobenswert sind die Erfolge, die zum Wohl der Menschen beitragen, zum Beispiel auf dem Gebiet der Gesundheit, der Erziehung und der Kommunikation. Wir dürfen jedoch nicht vergessen, dass der größte Teil der Männer und Frauen unserer Zeit in täglicher Unsicherheit lebt, mit unheilvollen Konsequenzen. Einige Pathologien nehmen zu. Angst und Verzweiflung ergreifen das Herz vieler Menschen, sogar in den sogenannten reichen Ländern. Häufig erlischt die Lebensfreude, nehmen Respektlosigkeit und Gewalt zu, die soziale Ungleichheit tritt immer klarer zutage. Man muss kämpfen, um zu leben – und oft wenig würdevoll zu leben. Dieser epochale Wandel ist verursacht worden durch die enormen Sprünge, die in Bezug auf Qualität, Quantität, Schnelligkeit und Häufung im wissenschaftlichen Fortschritt sowie in den technologischen Neuerungen und ihren prompten Anwendungen in verschiedenen Bereichen der Natur und des Lebens zu verzeichnen sind. Wir befinden uns im Zeitalter des Wissens und der Information, einer Quelle neuer Formen einer sehr oft anonymen Macht.

Nein zu einer Wirtschaft der Ausschließung

53. Ebenso wie das Gebot ›du sollst nicht töten‹ eine deutliche Grenze setzt, um den Wert des menschlichen Lebens zu sichern, müssen wir heute ein ›Nein zu einer Wirtschaft der Ausschließung und der Disparität der Einkommen‹ sagen. Diese Wirtschaft tötet. Es ist unglaublich, dass es kein Aufsehen erregt, wenn ein alter Mann, der gezwungen ist, auf der Straße zu leben, erfriert, während eine Baisse um zwei Punkte in der Börse Schlagzeilen macht. Das ist Ausschließung. Es ist nicht mehr zu tolerieren, dass Nahrungsmittel weggeworfen werden, während es Menschen gibt, die Hunger leiden. Das ist soziale Ungleichheit. Heute spielt sich alles nach den Kriterien der Konkurrenzfähigkeit und nach dem Gesetz des Stärkeren ab, wo der Mächtigere den Schwächeren zunichte macht. Als Folge dieser Situation sehen sich große Massen der Bevölkerung ausgeschlossen und an den Rand gedrängt: ohne Arbeit, ohne Aussichten, ohne Ausweg. Der Mensch an sich wird wie ein Konsumgut betrachtet, das man gebrauchen und dann wegwerfen kann. Wir haben die ›Wegwerfkultur‹ eingeführt, die sogar gefördert wird. Es geht nicht mehr einfach um das Phänomen der Ausbeutung und der Unterdrückung, sondern um etwas Neues: Mit der Ausschließung ist die Zugehörigkeit zu der Gesellschaft, in der man lebt, an ihrer Wurzel getroffen, denn durch sie befindet man sich nicht in der Unterschicht, am Rande oder gehört zu den Machtlosen, sondern man steht draußen. Die Ausgeschlossenen sind nicht ›Ausgebeutete‹, sondern Müll, ›Abfall‹.

54. In diesem Zusammenhang verteidigen einige noch die ›Überlauf‹-Theorien *(trickle-down-Theorie),* die davon ausgehen, dass jedes vom freien Markt begünstigte Wirtschaftswachstum von sich aus eine größere Gleichheit und soziale Einbindung in der Welt hervorzurufen vermag. Diese Ansicht, die nie von den Fakten bestätigt wurde, drückt ein undifferenziertes, naives Vertrauen auf die Güte derer aus, die die wirtschaftliche Macht in Händen halten, wie auch auf die sakralisierten Mechanismen des herrschenden Wirtschaftssystems. Inzwischen warten die Ausgeschlossenen weiter. Um einen Lebensstil vertreten zu können, der die anderen ausschließt, oder um sich für dieses egoistische Ideal begeistern zu können, hat sich eine Globalisierung der Gleichgültigkeit entwickelt. Fast ohne es zu merken, werden wir unfähig, Mitleid zu empfinden gegenüber dem schmerzvollen Aufschrei der anderen, wir weinen nicht mehr angesichts des Dramas der anderen, noch sind wir daran interessiert, uns um sie zu kümmern, als sei all das eine uns fern liegende Verantwortung, die uns nichts angeht. Die Kultur des Wohlstands betäubt uns, und wir verlieren die Ruhe, wenn der Markt etwas anbietet, was wir noch nicht gekauft haben, während alle diese wegen fehlender Möglichkeiten unterdrückten Leben uns wie ein bloßes Schauspiel erscheinen, das uns in keiner Weise erschüttert.

Nein zur neuen Vergötterung des Geldes

EdW 235 f.

55. Einer der Gründe dieser Situation liegt in der Beziehung, die wir zum Geld hergestellt haben, denn friedlich akzeptieren wir seine Vorherrschaft über uns und über unsere Gesellschaften. Die Finanzkrise, die wir durchmachen, lässt uns vergessen, dass an ihrem Ursprung eine tiefe anthropologische Krise steht: die Leugnung des Vorrangs des Menschen! Wir haben neue Götzen geschaffen. Die Anbetung des antiken goldenen Kalbs (vgl. *Ex* 32,1–35) hat eine neue und erbarmungslose Form gefunden im Fetischismus des Geldes und in der Diktatur einer Wirtschaft ohne Gesicht und ohne ein wirklich menschliches Ziel. Die weltweite Krise, die das Finanzwesen und die Wirtschaft erfasst, macht ihre Unausgeglichenheiten und vor allem den schweren Mangel an einer anthropologischen Orientierung deutlich – ein Mangel, der den

Menschen auf nur eines seiner Bedürfnisse reduziert: auf den Konsum.

56. Während die Einkommen einiger weniger exponentiell steigen, sind die der Mehrheit immer weiter entfernt vom Wohlstand dieser glücklichen Minderheit. Dieses Ungleichgewicht geht auf Ideologien zurück, die die absolute Autonomie der Märkte und die Finanzspekulation verteidigen. Darum bestreiten sie das Kontrollrecht der Staaten, die beauftragt sind, über den Schutz des Gemeinwohls zu wachen. Es entsteht eine neue, unsichtbare, manchmal virtuelle Tyrannei, die einseitig und unerbittlich ihre Gesetze und ihre Regeln aufzwingt. Außerdem entfernen die Schulden und ihre Zinsen die Länder von den praktikablen Möglichkeiten ihrer Wirtschaft und die Bürger von ihrer realen Kaufkraft. Zu all dem kommt eine verzweigte Korruption und eine egoistische Steuerhinterziehung hinzu, die weltweite Dimensionen angenommen haben. Die Gier nach Macht und Besitz kennt keine Grenzen. In diesem System, das dazu neigt, alles aufzusaugen, um den Nutzen zu steigern, ist alles Schwache wie die Umwelt wehrlos gegenüber den Interessen des vergötterten Marktes, die zur absoluten Regel werden.

57. Hinter dieser Haltung verbergen sich die Ablehnung der Ethik und die Ablehnung Gottes. Die Ethik wird gewöhnlich mit einer gewissen spöttischen Verachtung betrachtet. Sie wird als kontraproduktiv und zu menschlich angesehen, weil sie das Geld und die Macht relativiert. Man empfindet sie als eine Bedrohung, denn sie verurteilt die Manipulierung und die Degradierung der Person. Schließlich verweist die Ethik auf einen Gott, der eine verbindliche Antwort erwartet, die außerhalb der Kategorien des Marktes steht. Für diese, wenn sie absolut gesetzt werden, ist Gott unkontrollierbar, nicht manipulierbar und sogar gefährlich, da er den Menschen zu seiner vollen Verwirklichung ruft und zur Unabhängigkeit von jeder Art von Unterjochung. Die Ethik – eine nicht ideologisierte Ethik – erlaubt, ein Gleichgewicht und eine menschlichere Gesellschaftsordnung zu schaffen. In diesem Sinn rufe ich die Finanzexperten und die Regierenden der verschiedenen Länder auf, die Worte eines Weisen des Altertums zu bedenken: »Die eigenen Güter nicht mit den Armen zu teilen bedeutet, diese zu bestehlen und ihnen das Leben zu entziehen. Die Güter, die wir besitzen, gehören nicht uns, sondern ihnen.«[55]

---

55 Johannes Chrysostomus, *De Lazaro conciones* II,6: *PG* 48, 992 D.

58. Eine Finanzreform, welche die Ethik nicht ignoriert, würde einen energischen Wechsel der Grundeinstellung der politischen Führungskräfte erfordern, die ich aufrufe, diese Herausforderung mit Entschiedenheit und Weitblick anzunehmen, natürlich ohne die Besonderheit eines jeden Kontextes zu übersehen. Das Geld muss dienen und nicht regieren! Der Papst liebt alle, Reiche und Arme, doch im Namen Christi hat er die Pflicht daran zu erinnern, dass die Reichen den Armen helfen, sie achten und fördern müssen. Ich ermahne euch zur uneigennützigen Solidarität und zu einer Rückkehr von Wirtschaft und Finanzleben zu einer Ethik zugunsten des Menschen.

Nein zur sozialen Ungleichheit, die Gewalt hervorbringt

59. Heute wird von vielen Seiten eine größere Sicherheit gefordert. Doch solange die Ausschließung und die soziale Ungleichheit in der Gesellschaft und unter den verschiedenen Völkern nicht beseitigt werden, wird es unmöglich sein, die Gewalt auszumerzen. Die Armen und die ärmsten Bevölkerungen werden der Gewalt beschuldigt, aber ohne Chancengleichheit finden die verschiedenen Formen von Aggression und Krieg einen fruchtbaren Boden, der früher oder später die Explosion verursacht. Wenn die lokale, nationale oder weltweite

Gesellschaft einen Teil ihrer selbst in den Randgebieten seinem Schicksal überlässt, wird es keine politischen Programme, noch Ordnungskräfte oder *Intelligence* geben, die unbeschränkt die Ruhe gewährleisten können. Das geschieht nicht nur, weil die soziale Ungleichheit gewaltsame Reaktionen derer provoziert, die vom System ausgeschlossen sind, sondern weil das gesellschaftliche und wirtschaftliche System an der Wurzel ungerecht ist. Wie das Gute dazu neigt, sich auszubreiten, so neigt das Böse, dem man einwilligt, das heißt die Ungerechtigkeit, dazu, ihre schädigende Kraft auszudehnen und im Stillen die Grundlagen jeden politischen und sozialen Systems aus den Angeln zu heben, so gefestigt es auch erscheinen mag. Wenn jede Tat ihre Folgen hat, dann enthält ein in den Strukturen einer Gesellschaft eingenistetes Böses immer ein Potenzial der Auflösung und des Todes. Das in den ungerechten Gesellschaftsstrukturen kristallisierte Böse ist der Grund, warum man sich keine bessere Zukunft erwarten kann. Wir befinden uns weit entfernt vom sogenannten ›Ende der Geschichte‹, da die Bedingungen für eine vertretbare und friedliche Entwicklung noch nicht entsprechend in die Wege geleitet und verwirklicht sind.

60. Die Mechanismen der augenblicklichen Wirtschaft fördern eine Anheizung des Konsums, aber es stellt sich heraus, dass der zügellose Konsumismus, gepaart mit der sozialen Ungleichheit das soziale Gefüge doppelt schädigt. Auf diese Weise erzeugt die soziale Ungleichheit früher oder später eine Gewalt, die der Rüstungswettlauf nicht löst, noch jemals lösen wird. Er dient nur dem Versuch, diejenigen zu täuschen, die größere Sicherheit fordern, als wüssten wir nicht, dass Waffen und gewaltsame Unterdrückung, anstatt Lösungen herbeizuführen, neue und schlimmere Konflikte schaffen. Einige finden schlicht Gefallen daran, die Armen und die armen Länder mit ungebührlichen Verallgemeinerungen der eigenen Übel zu beschuldigen und sich einzubilden, die Lösung in einer ›Erziehung‹ zu finden, die sie beruhigt und in gezähmte, harmlose Wesen verwandelt. Das wird noch anstößiger, wenn die Ausgeschlossenen jenen gesellschaftlichen Krebs wachsen sehen, der die in vielen Ländern – in den Regierungen, im Unternehmertum und in den Institutionen – tief verwurzelte Korruption ist, unabhängig von der politischen Ideologie der Regierenden.

Einige kulturelle Herausforderungen

61. Wir evangelisieren auch dann, wenn wir versuchen, uns den verschiedenen Herausforderungen zu stellen, die auftauchen können.[56] Manchmal zeigen sie sich in

---

56 Vgl. *Propositio* 13.

echten Angriffen auf die Religionsfreiheit oder in neuen Situationen der Christenverfolgung, die in einigen Ländern alarmierende Stufen des Hasses und der Gewalt erreicht haben. An vielen Orten handelt es sich eher um eine verbreitete relativistische Gleichgültigkeit, verbunden mit der Ernüchterung und der Krise der Ideologien, die als Reaktion auf alles, was totalitär erscheint, eingetreten ist. Das schadet nicht nur der Kirche, sondern dem Gesellschaftsleben allgemein. Geben wir zu, dass in einer Kultur, in der jeder Träger einer eigenen subjektiven Wahrheit sein will, die Bürger schwerlich das Verlangen haben, sich an einem gemeinsamen Projekt zu beteiligen, das die persönlichen Interessen und Wünsche übersteigt.

62. In der herrschenden Kultur ist der erste Platz besetzt von dem, was äußerlich, unmittelbar, sichtbar, schnell, oberflächlich und provisorisch ist. Das Wirkliche macht dem Anschein Platz. In vielen Ländern hat die Globalisierung mit der Invasion von Tendenzen aus anderen, wirtschaftlich entwickelten, aber ethisch geschwächten Kulturen einen beschleunigten Verfall der kulturellen Wurzeln bedingt. Das haben in mehreren Synoden die Bischöfe verschiedener Kontinente zum Ausdruck gebracht. Die afrikanischen Bischöfe haben zum Beispiel in Anknüpfung an die Enzyklika *Sollicitudo rei socialis* vor einigen Jahren darauf hinge-

wiesen, dass man oftmals die Länder Afrikas zu bloßen »Rädern eines Mechanismus, zu Teilen einer gewaltigen Maschinerie« umfunktionieren will. »Das geschieht oft auch auf dem Gebiet der sozialen Kommunikationsmittel: Weil diese meistens von Zentren im Norden der Welt aus geleitet werden, berücksichtigen sie nicht immer in gebührender Weise die eigenen vorrangigen Anliegen und Probleme dieser Länder, noch achten sie deren kulturelle Eigenart.«[57] In gleicher Weise haben die Bischöfe Asiens »die von außen auf die asiatischen Kulturen einwirkenden Einflüsse« hervorgehoben. »Neue Verhaltensformen kommen auf, die auf den übertriebenen Gebrauch von Kommunikationsmitteln [...] zurückzuführen sind [...] In direkter Folge sind die negativen Aspekte der Medien- und Unterhaltungsindustrie eine Gefahr für die traditionellen Werte.«[58]

63. Der katholische Glaube vieler Völker steht heute vor der Herausforderung der Verbreitung neuer religiöser Bewegungen, von denen einige zum Fundamentalismus tendieren und andere eine Spiritualität ohne Gott anzubieten scheinen. Das ist einerseits das Ergebnis

---

57 Johannes Paul II., Nachsynodales Apostolisches Schreiben *Ecclesia in Africa* (14. September 1995), 52: *AAS* 88 (1996), 32–33; ders., Enzyklika *Sollicitudo rei socialis* (30. Dezember 1987), 22: *AAS* 80 (1988), 539.

58 Ders., Nachsynodales Apostolisches Schreiben *Ecclesia in Asia* (6. November 1999), 7: *AAS* 92 (2000), 458.

einer menschlichen Reaktion auf die materialistische, konsumorientierte und individualistische Gesellschaft und andererseits eine Ausnutzung der Notsituation der Bevölkerung, die an den Peripherien und in den verarmten Zonen lebt, die inmitten großer menschlicher Leiden überlebt und unmittelbare Lösungen für die eigenen Bedürfnisse sucht. Diese religiösen Bewegungen, die durch ihr subtiles Eindringen gekennzeichnet sind, füllen innerhalb des herrschenden Individualismus eine Leere aus, die der laizistische Rationalismus hinterlassen hat. Außerdem müssen wir zugeben, dass, wenn ein Teil unserer Getauften die eigene Zugehörigkeit zur Kirche nicht empfindet, das auch manchen Strukturen und einem wenig aufnahmebereiten Klima in einigen unserer Pfarreien und Gemeinden zuzuschreiben ist oder einem bürokratischen Verhalten, mit dem auf die einfachen oder auch komplexen Probleme des Lebens unserer Völker geantwortet wird. Vielerorts besteht eine Vorherrschaft des administrativen Aspekts vor dem seelsorglichen sowie eine Sakramentalisierung ohne andere Formen der Evangelisierung.

64. Der Säkularisierungsprozess neigt dazu, den Glauben und die Kirche auf den privaten, ganz persönlichen Bereich zu beschränken. Außerdem hat er mit der Leugnung jeglicher Transzendenz eine zunehmende ethische Deformation, eine Schwächung des Bewusstseins der persönlichen und sozialen Sünde und eine fortschreitende Zunahme des Relativismus verursacht, die Anlass geben zu einer allgemeinen Orientierungslosigkeit, besonders in der Phase des Heranwachsens und der Jugend, die gegenüber Veränderungen so anfällig ist. Während die Kirche auf der Existenz objektiver, für alle geltender moralischer Normen besteht, gibt es, wie die Bischöfe der Vereinigten Staaten von Amerika zu Recht festgestellt haben, »solche, die diese Lehre als ungerecht bzw. als mit den menschlichen Grundrechten unvereinbar darstellen. Diese Argumentationen entspringen gewöhnlich aus einer Form von moralischem Relativismus, der sich – nicht ohne inneren Widerspruch – mit einem Vertrauen auf die absoluten Rechte des Einzelnen verbindet. In dieser Sichtweise nimmt man die Kirche wahr, als fördere sie ein besonderes Vorurteil und als greife sie in die individuelle Freiheit ein.«[59] Wir leben in einer Informationsgesellschaft, die uns wahllos mit Daten überhäuft, alle auf derselben Ebene, und uns schließlich in eine erschreckende Oberflächlichkeit führt, wenn es darum geht, die moralischen Fragen anzugehen. Folglich wird eine Erziehung notwendig, die ein kritisches Denken lehrt und einen Weg der Reifung in den Werten bietet.

---

59 United States Conference of Catholic Bishops, *Ministry to Persons with a Homosexual Inclination: Guidelines for Pastoral Care.*(2006), 17.

65. Trotz der ganzen laizistischen Strömung, die die Gesellschaft überschwemmt, ist die Kirche in vielen Ländern – auch dort, wo das Christentum in der Minderheit ist – in der öffentlichen Meinung eine glaubwürdige Einrichtung, zuverlässig in Bezug auf den Bereich der Solidarität und der Sorge für die am meisten Bedürftigen. Bei vielen Gelegenheiten hat sie als Mittlerin gedient, um die Lösung von Problemen zu fördern, die den Frieden, die Eintracht, die Umwelt, den Schutz des Lebens, die Menschenrechte und die Zivilrechte usw. betreffen. Und wie groß ist der Beitrag der katholischen Schulen und Universitäten in der ganzen Welt! Es ist sehr positiv, dass das so ist. Doch wenn wir andere Fragen zur Sprache bringen, die weniger öffentliche Zustimmung hervorrufen, fällt es uns schwer zu zeigen, dass wir das aus Treue zu den gleichen Überzeugungen bezüglich der Würde der Person und des Gemeinwohls tun.

66. Die Familie macht eine tiefe kulturelle Krise durch wie alle Gemeinschaften und sozialen Bindungen. Im Fall der Familie wird die Brüchigkeit der Bindungen besonders ernst, denn es handelt sich um die grundlegende Zelle der Gesellschaft, um den Ort, wo man lernt, in der Verschiedenheit zusammenzuleben und anderen zu gehören, und wo die Eltern den Glauben an die Kinder weitergeben. Die Ehe wird tendenziell als eine bloße Form affektiver Befriedigung gesehen, die in beliebiger Weise gegründet und entsprechend der Sensibilität eines jeden verändert werden kann. Doch der unverzichtbare Beitrag der Ehe zur Gesellschaft geht über die Ebene der Emotivität und der zufälligen Bedürfnisse des Paares hinaus. Wie die französischen Bischöfe darlegen, geht sie nicht hervor »aus dem Gefühl der Liebe, das definitionsgemäß vergänglich ist, sondern aus der Tiefe der von den Brautleuten übernommen Verbindlichkeit, die zustimmen, eine umfassende Lebensgemeinschaft einzugehen.«[60]

67. Der postmoderne und globalisierte Individualismus begünstigt einen Lebensstil, der die Entwicklung und die Stabilität der Bindungen zwischen den Menschen schwächt und die Natur der Familienbande zerstört. Das seelsorgliche Tun muss noch besser zeigen, dass die Beziehung zu unserem himmlischen Vater eine *Communio* fordert und fördert, die die zwischenmenschlichen Bindungen heilt, begünstigt und stärkt. Während in der Welt, besonders in einigen Ländern, erneut verschiedene Formen von Kriegen und Auseinandersetzungen aufkommen, beharren wir Christen auf dem Vorschlag, den anderen anzuerkennen, die

---

60 Conférence des Évêques de France, Conseil Famille et Société, *Elargir le mariage aux personnes de même sexe? Ouvrons le débat!* (28. September 2012).

Wunden zu heilen, Brücken zu bauen, Beziehungen zu knüpfen und einander zu helfen, so dass »einer des anderen Last trage« (*Gal* 6,2). Andererseits entstehen heute viele Formen von Verbänden für den Rechtsschutz und zur Erreichung edler Ziele. Auf diese Weise zeigt sich deutlich das Verlangen zahlreicher Bürger nach Mitbestimmung – Bürger, die Erbauer des sozialen und kulturellen Fortschritts sein wollen.

Herausforderungen der Inkulturation des Glaubens

68. Die christliche Basis einiger Völker – besonders in der westlichen Welt – ist eine lebendige Wirklichkeit. Hier finden wir, vor allem unter den am meisten Notleidenden, eine moralische Reserve, die Werte eines authentischen christlichen Humanismus bewahrt. Ein Blick des Glaubens auf die Wirklichkeit kann nicht umhin, das anzuerkennen, was der Heilige Geist sät. Es würde bedeuten, kein Vertrauen auf sein freies und großzügiges Handeln zu haben, wenn man meinte, es gebe keine echten christlichen Werte dort, wo ein Großteil der Bevölkerung die Taufe empfangen hat und seinen Glauben und seine brüderliche Solidarität in vielerlei Weise zum Ausdruck bringt. Hier muss man viel mehr als ›Samen des Wortes‹ erkennen, angesichts der Tatsache, dass es sich um einen authentischen katholischen Glauben handelt mit eigenen Modalitäten des

Ausdrucks und der Zugehörigkeit zur Kirche. Es ist nicht gut, die entscheidende Bedeutung zu übersehen, welche eine vom Glauben gezeichnete Kultur hat, denn diese evangelisierte Kultur besitzt jenseits ihrer Grenzen viel mehr Möglichkeiten als eine einfache Summe von Gläubigen, die den Angriffen des heutigen Säkularismus ausgesetzt ist. Eine evangelisierte Volkskultur enthält Werte des Glaubens und der Solidarität, die die Entwicklung einer gerechteren und gläubigeren Gesellschaft auslösen können. Zudem besitzt sie eine besondere Weisheit, und man muss verstehen, diese mit einem Blick voller Dankbarkeit zu erkennen.

69. Es ist dringend notwendig, die Kulturen zu evangelisieren, um das Evangelium zu inkulturieren. In den Ländern katholischer Tradition wird es sich darum handeln, den bereits bestehenden Reichtum zu begleiten, zu pflegen und zu stärken, und in den Ländern anderer religiöser Traditionen oder tiefgreifender Säkularisierung wird es darum gehen, neue Prozesse der Evangelisierung der Kultur zu fördern, auch wenn sie sehr langfristige Planungen verlangen. Wir dürfen jedoch nicht übersehen, dass immer ein Aufruf zum Wachstum besteht. Jede Kultur und jede gesellschaftliche Gruppe bedarf der Läuterung und der Reifung. Im Fall von Volkskulturen katholischer Bevölkerungen können wir einige Schwächen erkennen, die noch vom Evangelium geheilt werden müssen: Chauvinismus, Alkoholismus, häusliche Gewalt, geringe Teilnahme an der Eucharistie, Schicksalsgläubigkeit oder Aberglaube, die auf Zauberei und Magie zurückgreifen lassen, und anderes. Doch gerade die Volksfrömmigkeit ist der beste Ausgangspunkt, um diese Schwächen zu heilen und von ihnen zu befreien.

70. Es stimmt auch, dass der Schwerpunkt manchmal mehr auf äußeren Formen von Traditionen einiger Gruppen oder auf hypothetischen Privatoffenbarungen liegt, die absolut gesetzt werden. Es gibt ein gewisses, aus Frömmigkeitsübungen bestehendes Christentum, dem eine individuelle und gefühlsbetonte Weise, den Glauben zu leben, zugrunde liegt, die in Wirklichkeit nicht einer echten ›Volksfrömmigkeit‹ entspricht. Manche fördern diese Ausdrucksformen, ohne sich um die soziale Förderung und die Bildung der Gläubigen zu kümmern, und in gewissen Fällen tun sie es, um wirtschaftliche Vorteile zu erlangen oder eine Macht über die anderen zu gewinnen. Wir dürfen auch nicht übersehen, dass in den letzten Jahrzehnten ein Bruch in der generationenlangen Weitergabe des christlichen Glaubens im katholischen Volk stattgefunden hat. Es ist unbestreitbar, dass viele sich enttäuscht fühlen und aufhören, sich mit der katholischen Tradition zu identifizieren; dass die Zahl der Eltern steigt, die ihre Kinder

nicht taufen lassen und sie nicht beten lehren und dass eine gewisse Auswanderung in andere Glaubensgemeinschaften zu verzeichnen ist. Einige Ursachen dieses Bruches sind: der Mangel an Raum für den Dialog in der Familie, der Einfluss der Kommunikationsmittel, der relativistische Subjektivismus, der ungehemmte Konsumismus, der den Markt anregt, das Fehlen einer pastoralen Begleitung für die Ärmsten, der Mangel an herzlicher Aufnahme in unseren Einrichtungen und unsere Schwierigkeit, in einer multireligiösen Umgebung den übernatürlichen Zugang zum Glauben neu zu schaffen.

Herausforderungen der Stadtkulturen

71. Das neue Jerusalem, die heilige Stadt (vgl. *Offb* 21,2–4) ist das Ziel, zu dem die gesamte Menschheit unterwegs ist. Es ist interessant, dass die Offenbarung uns sagt, dass die Erfüllung der Menschheit und der Geschichte sich in einer Stadt verwirklicht. Wir müssen die Stadt von einer kontemplativen Sicht her, das heißt mit einem Blick des Glaubens erkennen, der jenen Gott entdeckt, der in ihren Häusern, auf ihren Straßen und auf ihren Plätzen wohnt. Die Gegenwart Gottes begleitet die aufrichtige Suche, die Einzelne und Gruppen vollziehen, um Halt und Sinn für ihr Leben zu finden. Er lebt unter den Bürgern und fördert die Solidarität, die Brüderlichkeit und das Verlangen nach dem Guten, nach Wahrheit und Gerechtigkeit. Diese Gegenwart muss nicht hergestellt, sondern entdeckt, enthüllt werden. Gott verbirgt sich nicht vor denen, die ihn mit ehrlichem Herzen suchen, auch wenn sie das tastend, auf unsichere und weitschweifige Weise tun.

72. In der Stadt wird der religiöse Aspekt durch verschiedene Lebensstile und durch Gebräuche vermittelt, die mit einem Gefühl für die Zeit, das Territorium und die Beziehungen verbunden sind, das sich von dem Stil der Landbevölkerungen unterscheidet. Im Alltag kämpfen die Bürger oftmals ums Überleben, und in diesem Kampf verbirgt sich ein tiefes Empfinden für das Leben, das gewöhnlich auch ein tiefes religiöses Empfinden einschließt. Das müssen wir berücksichtigen, um einen Dialog zu erzielen wie den, welchen der Herr mit der Samariterin am Brunnen führte, wo sie ihren Durst zu stillen suchte (vgl. *Joh* 4,7–26).

73. Es entstehen fortwährend neue Kulturen in diesen riesigen menschlichen Geographien, wo der Christ gewöhnlich nicht mehr derjenige ist, der Sinn fördert oder stiftet, sondern derjenige, der von diesen Kulturen andere Sprachgebräuche, Symbole, Botschaften und Paradigmen empfängt, die neue Lebensorientierungen bieten, welche häufig im Gegensatz zum Evangelium

Jesu stehen. Eine neue Kultur pulsiert in der Stadt und wird in ihr konzipiert. Die Synode hat festgestellt, dass heute die Verwandlungen dieser großen Gebiete und die Kultur, in der sie ihren Ausdruck finden, ein vorzüglicher Ort für die neue Evangelisierung sind.[61] Das erfordert, neuartige Räume für Gebet und Gemeinschaft zu erfinden, die für die Stadtbevölkerungen anziehender und bedeutungsvoller sind. Aufgrund des Einflusses der Massenkommunikationsmittel sind die ländlichen Bereiche von diesen kulturellen Verwandlungen, die auch bedeutsame Veränderungen in ihrer Lebensweise bewirken, nicht ausgenommen.

74. Das macht eine Evangelisierung nötig, welche die neuen Formen, mit Gott, mit den anderen und mit der Umgebung in Beziehung zu treten, erleuchtet und die grundlegenden Werte wachruft. Es ist notwendig, dorthin zu gelangen, wo die neuen Geschichten und Paradigmen entstehen, und mit dem Wort Jesu den innersten Kern der Seele der Städte zu erreichen. Man darf nicht vergessen, dass die Stadt ein multikultureller Bereich ist. In den großen Städten kann man ein ›Bindegewebe‹ beobachten, in dem Gruppen von Personen die gleichen Lebensträume und ähnliche Vorstellungswelten miteinander teilen und sich zu neuen menschlichen Sek-

---

61 Vgl. *Propositio* 25.

toren, zu Kulturräumen und zu unsichtbaren Städten zusammenschließen. Unterschiedliche Kulturformen leben *de facto* zusammen, handeln aber häufig im Sinne der Trennung und wenden Gewalt an. Die Kirche ist berufen, sich in den Dienst eines schwierigen Dialogs zu stellen. Es gibt Bürger, die die angemessenen Mittel für die Entwicklung des persönlichen und familiären Lebens erhalten, andererseits gibt es aber sehr viele ›Nicht-Bürger‹, ›Halbbürger‹ oder ›Stadtstreicher‹. Die Stadt erzeugt eine Art ständiger Ambivalenz. Während sie nämlich ihren Bürgern unendlich viele Möglichkeiten bietet, erscheinen auch zahlreiche Schwierigkeiten für die volle Lebensentfaltung vieler. Dieser Widerspruch verursacht erschütterndes Leiden. In vielen Teilen der Welt sind die Städte Schauplatz von Massenprotesten, in denen Tausende von Bewohnern Freiheit, Beteiligung und Gerechtigkeit fordern sowie verschiedene Ansprüche geltend machen, die, wenn sie nicht auf ein angemessenes Verständnis stoßen, auch mit Gewalt nicht zum Schweigen gebracht werden können.

75. Wir dürfen nicht übersehen, dass sich in den Städten der Drogen- und Menschenhandel, der Missbrauch und die Ausbeutung Minderjähriger, die Preisgabe Alter und Kranker sowie verschiedene Formen von Korruption und Kriminalität leicht vermehren. Zugleich verwandelt sich das, was ein kostbarer Raum der Begegnung und der Solidarität sein könnte, häufig in einen Ort der Flucht und des gegenseitigen Misstrauens. Häuser und Quartiere werden mehr zur Absonderung und zum Schutz als zur Verbindung und zur Eingliederung gebaut. Die Verkündigung des Evangeliums wird eine Grundlage sein, um in diesen Zusammenhängen die Würde des menschlichen Lebens wiederherzustellen, denn Jesus möchte in den Städten Leben in Fülle verbreiten (vgl. *Joh* 10,10). Der einmalige und volle Sinn des menschlichen Lebens, den das Evangelium verkündet, ist das beste Heilmittel gegen die Übel der Stadt, auch wenn wir bedenken müssen, dass ein Evangelisierungsprogramm und ein einheitlicher, starrer Evangelisierungsstil für diese Wirklichkeit nicht angemessen sind. Doch das Menschliche bis zum Grunde zu leben und als ein Ferment des Zeugnisses ins Innerste der Herausforderungen einzudringen, in jeder beliebigen Kultur, in jeder beliebigen Stadt, lässt den Christen besser werden und befruchtet die Stadt.

II. Versuchungen der in der Seelsorge Tätigen

76. Ich bin unendlich dankbar für den Einsatz aller, die in der Kirche arbeiten. Ich möchte mich jetzt nicht dabei aufhalten, die Aktivitäten der verschiedenen in der Seelsorge Tätigen darzustellen, von den Bischöfen bis hin zum bescheidensten und am meisten verborgenen der kirchlichen Dienste. Stattdessen möchte ich gerne über die Herausforderungen nachdenken, denen sie alle sich im Kontext der augenblicklichen globalisierten Kultur stellen müssen. Doch zuallererst und der Gerechtigkeit halber muss ich sagen, dass der Beitrag der Kirche in der heutigen Welt enorm ist. Unser Schmerz und unsere Scham wegen der Sünden einiger Glieder der Kirche und wegen unserer eigenen Sünden dürfen nicht vergessen lassen, wie viele Christen ihr Leben aus Liebe hingeben. Sie helfen vielen Menschen, sich in unsicheren Krankenhäusern behandeln zu lassen oder dort in Frieden zu sterben; in den ärmsten Gegenden der Erde begleiten sie Menschen, die Sklaven verschiedener Abhängigkeiten geworden sind; sie opfern sich auf in der Erziehung von Kindern und Jugendlichen; sie kümmern sich um alte Menschen, die von allen verlassen sind; sie versuchen, in feindlicher Umgebung Werte zu vermitteln oder sie widmen sich auf viele andere Arten, die die grenzenlose Liebe zur Menschheit deutlich machen, die der Mensch gewordene Gott uns eingegeben hat. Ich danke für das schöne Beispiel, das viele Christen mir geben, die ihr Leben und ihre Zeit freudig hingeben. Dieses Zeugnis tut mir sehr gut und unterstützt mich in meinem persönlichen Streben, den Egoismus zu überwinden, um mich noch intensiver meiner Aufgabe widmen zu können.

77. Trotzdem sind wir als Kinder unserer Zeit alle irgendwie unter dem Einfluss der gegenwärtigen globalisierten Kultur, die, obwohl sie Werte und neue Möglichkeiten bietet, uns auch einschränken, beeinflussen und sogar krank machen kann. Ich gebe zu, dass wir Räume schaffen müssen, die geeignet sind, die in der Seelsorge Tätigen zu motivieren und zu heilen, »Orte, wo man den eigenen Glauben an den gekreuzigten und auferstandenen Christus erneuern kann, wo man die eigenen innersten Fragen und Alltagssorgen miteinander teilen kann, wo man sein Leben und seine Erfahrungen einer tiefgreifenden Überprüfung im Licht des Evangeliums unterziehen kann, mit dem Ziel, die eigenen individuellen und gesellschaftlichen Entscheidungen auf das Gute und das Schöne hin auszurichten«.[62] Zugleich möchte ich auf einige Versuchungen aufmerksam machen, die besonders heute die in der Seelsorge Tätigen befallen.

---

62 Azione Cattolica Italiana, *Messaggio della XIV Assemblea Nazoinale alla Chiesa ed al Paese* (8. Mai 2011).

Ja zur Herausforderung
einer missionarischen Spiritualität

78. Heute kann man bei vielen in der Seelsorge Tätigen, einschließlich der gottgeweihten Personen, eine übertriebene Sorge um die persönlichen Räume der Selbständigkeit und der Entspannung feststellen, die dazu führt, die eigenen Aufgaben wie ein bloßes Anhängsel des Lebens zu erleben, als gehörten sie nicht zur eigenen Identität. Zugleich wird das geistliche Leben mit einigen religiösen Momenten verwechselt, die einen gewissen Trost spenden, aber nicht die Begegnung mit den anderen, den Einsatz in der Welt und die Leidenschaft für die Evangelisierung nähren. So kann man bei vielen in der Verkündigung Tätigen, obwohl sie beten, eine Betonung des *Individualismus*, eine *Identitätskrise* und einen *Rückgang des Eifers* feststellen. Das sind drei Übel, die sich gegenseitig fördern.

79. Die Medienkultur und manche intellektuelle Kreise vermitteln gelegentlich ein ausgeprägtes Misstrauen gegenüber der Botschaft der Kirche und eine gewisse Ernüchterung. Daraufhin entwickeln viele in der Seelsorge Tätige, obwohl sie beten, eine Art Minderwertigkeitskomplex, der sie dazu führt, ihre christliche Identität und ihre Überzeugungen zu relativieren oder zu verbergen. Dann entsteht ein Teufelskreis, denn so sind sie nicht glücklich über das, was sie sind und was sie tun, identifizieren sich nicht mit dem Verkündigungsauftrag, und das schwächt ihren Einsatz. Schließlich ersticken sie die Missionsfreude in einer Art Besessenheit, so zu sein wie alle anderen und das zu haben, was alle anderen besitzen. Auf diese Weise wird die Aufgabe der Evangelisierung als Zwang empfunden, man widmet ihr wenig Mühe und eine sehr begrenzte Zeit.

80. Es entwickelt sich bei den in der Seelsorge Tätigen jenseits des geistlichen Stils oder der gedanklichen Linie, die sie haben mögen, ein Relativismus, der noch gefährlicher ist als der, welcher die Lehre betrifft. Es hat etwas mit den tiefsten und aufrichtigsten Entscheidungen zu tun, die eine Lebensform bestimmen. Dieser praktische Relativismus besteht darin, so zu handeln, als gäbe es Gott nicht, so zu entscheiden, als gäbe es die Armen nicht, so zu träumen, als gäbe es die anderen nicht, so zu arbeiten, als gäbe es die nicht, die die Verkündigung noch nicht empfangen haben. Es ist erwähnenswert, dass sogar, wer dem Anschein nach solide doktrinelle und spirituelle Überzeugungen hat, häufig in einen Lebensstil fällt, der dazu führt, sich an wirtschaftliche Sicherheiten oder an Räume der Macht und des menschlichen Ruhms zu klammern, die man sich auf jede beliebige Weise verschafft, anstatt das Leben für die anderen in der Mission hinzugeben. Lassen wir uns die missionarische Begeisterung nicht nehmen!

Nein zur egoistischen Trägheit

81. Wenn wir mehr missionarische Dynamik brauchen, die der Erde Salz und Licht bringt, fürchten viele Laien, jemand könne sie einladen, irgendeine apostolische Aufgabe zu erfüllen, und versuchen, jeder Verpflichtung auszuweichen, die ihnen ihre Freizeit nehmen könnte. Heute ist es zum Beispiel sehr schwierig geworden, qualifizierte Katechisten für die Pfarreien zu finden, die in ihrer Aufgabe über mehrere Jahre hin ausharren. Doch etwas Ähnliches geschieht bei den Priestern, die wie besessen um ihre persönliche Zeit besorgt sind. Das ist oft darauf zurückzuführen, dass sie das dringende Bedürfnis haben, ihre Freiräume zu bewahren, als sei ein Evangelisierungsauftrag ein gefährliches Gift anstatt eine freudige Antwort auf die Liebe Gottes, der uns zur Mission ruft und uns erfüllt und fruchtbar macht. Einige sträuben sich dagegen, die Freude an der Mission bis auf den Grund zu erfahren und bleiben in eine lähmende Trägheit eingehüllt.

82. Das Problem ist nicht immer das Übermaß an Aktivität, sondern es sind vor allem die schlecht gelebten Aktivitäten, ohne die entsprechenden Beweggründe, ohne eine Spiritualität, die die Tätigkeit prägt und wünschenswert macht. Daher kommt es, dass die Pflichten übermäßig ermüdend sind und manchmal krank machen. Es handelt sich nicht um eine friedvollheitere Anstrengung, sondern um eine angespannte, drückende, unbefriedigende und letztlich nicht akzeptierte Mühe. Diese pastorale Trägheit kann verschiedene Ursachen haben. Einige verfallen ihr, weil sie nicht realisierbaren Plänen nachgehen und sich nicht gerne dem widmen, was sie mit Gelassenheit tun könnten. Andere, weil sie die schwierige Entwicklung der Vorgänge nicht akzeptieren und wollen, dass alles vom Himmel fällt. Andere, weil sie sich an Projekte oder an Erfolgsträume klammern, die von ihrer Eitelkeit gehegt werden. Wieder andere, weil sie den wirklichen Kontakt zu den Menschen verloren haben, in einer Entpersönlichung der Seelsorge, die dazu führt, mehr auf die Organisation als auf die Menschen zu achten, so dass sie die ›Marschroute‹ mehr begeistert als die Wegstrecke selber. Andere fallen in die Trägheit, weil sie nicht warten können und den Rhythmus des Lebens beherrschen wollen. Das heutige Verlangen, unmittelbare Ergebnisse zu erzielen, bewirkt, dass die in der Seelsorge Tätigen das Empfinden irgendeines Widerspruchs, ein scheinbares Scheitern, eine Kritik, ein Kreuz nicht leicht ertragen.

83. So nimmt die größte Bedrohung Form an, der »graue Pragmatismus des kirchlichen Alltags, bei dem scheinbar alles mit rechten Dingen zugeht, in Wirklichkeit aber der Glaube verbraucht wird und ins Schäbige absinkt«.[63] Es entwickelt sich die Grabespsychologie, die die Christen allmählich in Mumien für das Museum verwandelt. Enttäuscht von der Wirklichkeit, von der Kirche oder von sich selbst, leben sie in der ständigen Versuchung, sich an eine hoffnungslose, süßliche, Traurigkeit zu klammern, die sich des Herzens bemächtigt wie »das kostbarste der Elixiere des Dämons«.[64] Berufen, um Licht und Leben zu vermitteln, lassen sie sich schließlich von Dingen faszinieren, die nur Dunkelheit und innere Müdigkeit erzeugen und die apostolische Dynamik schwächen. Aus diesen Gründen erlaube ich mir, darauf zu beharren: Lassen wir uns die Freude der Evangelisierung nicht nehmen!

---

63 Joseph Ratzinger, *Die augenblickliche Situation des Glaubens und der Theologie*. Vortrag während des Treffens zwischen der Glaubenskongregation und den Präsidenten der Glaubenskommissionen der Bischofskonferenzen Lateinamerikas, Guadalajara, Mexico, 1996. Veröffentlicht in: *L'Osservatore Romano* (dt.), Jg. 26 (1996), Nr. 47 (22. November 1996), S. 9; Vgl. V. Generalversammlung der Bischöfe von Lateinamerika und der Karibik, *Dokument von Aparecida* (29. Juni 2007), 12.

64 Georges Bernanos, *Journal d'un curé de campagne*, Paris 1936, Éditions Plon 1974, S. 135.

84. Die Freude aus dem Evangelium kann nichts und niemand uns je nehmen (vgl. *Joh* 16,22). Die Übel unserer Welt – und die der Kirche – dürften niemals Entschuldigungen sein, um unseren Einsatz und unseren Eifer zu verringern. Betrachten wir sie als Herausforderungen, um zu wachsen. Außerdem ist der Blick des Glaubens fähig, das Licht zu erkennen, das der Heilige Geist immer inmitten der Dunkelheit verbreitet. Er vergisst nicht, dass »wo die Sünde mächtig wurde, die Gnade übergroß geworden ist« (*Röm* 5,20). Unser Glaube ist herausgefordert, den Wein zu erahnen, in den das Wasser verwandelt werden kann, und den Weizen zu entdecken, der inmitten des Unkrauts wächst. Fünfzig Jahre nach dem Zweiten Vatikanischen Konzil darf der größte Realismus nicht weniger Vertrauen auf den Geist, noch weniger Großherzigkeit bedeuten, auch wenn die Schwächen unserer Zeit uns schmerzen und wir weit entfernt sind von naiven Optimismen. In diesem Sinn können wir die Worte des seligen Johannes XXIII. an jenem denkwürdigen Tag des 11. Oktober 1962 noch einmal hören: Es »dringen bisweilen betrübliche Stimmen an Unser Ohr, die zwar von großem Eifer zeugen, aber weder genügend Sinn für die rechte Beurteilung der Dinge noch ein kluges Urteil walten lassen. Sie sehen in den modernen Zeiten nur Unrecht und Niedergang. [...] Doch Wir können diesen Unglückspropheten nicht zustimmen, wenn sie nur unheilvolle Ereignisse vorhersagen, so, als ob das Ende der Welt bevorstünde. In der gegenwärtigen Weltordnung führt uns die göttliche Vorsehung vielmehr zu einer neuen Ordnung der Beziehungen unter den Menschen. Sie vollendet so durch das Werk der Menschen selbst und weit über ihre Erwartungen hinaus in immer größerem Maß ihre Pläne, die höher sind als menschliche Gedanken und sich nicht berechnen lassen – und alles, auch die Meinungsverschiedenheiten unter den Menschen, dienen so dem größeren Wohl der Kirche.«[65]

85. Eine der ernsthaftesten Versuchungen, die den Eifer und den Wagemut ersticken, ist das Gefühl der Niederlage, das uns in unzufriedene und ernüchterte Pessimisten mit düsterem Gesicht verwandelt. Niemand kann einen Kampf aufnehmen, wenn er im Voraus nicht voll auf den Sieg vertraut. Wer ohne Zuversicht beginnt, hat von vornherein die Schlacht zur Hälfte verloren und vergräbt die eigenen Talente. Auch wenn man sich schmerzlich der eigenen Schwäche bewusst ist, muss man vorangehen, ohne sich geschlagen zu geben, und

---

65 *Ansprache zur Eröffnung des Zweiten Vatikanischen Konzils* (11. Oktober 1962), 4, 2–4: *AAS* 54 (1962), 789.

an das denken, was der Herr dem heiligen Paulus sagte: »Meine Gnade genügt dir; denn sie erweist ihre Kraft in der Schwachheit« (*2 Kor* 12,9). Der christliche Sieg ist immer ein Kreuz, doch ein Kreuz, das zugleich ein Siegesbanner ist, das man mit einer kämpferischen Sanftmut gegen die Angriffe des Bösen trägt. Der böse Geist der Niederlage ist ein Bruder der Versuchung, den Weizen vorzeitig vom Unkraut zu trennen, und er ist das Produkt eines ängstlichen egozentrischen Misstrauens.

86. Es ist offenkundig, dass an einigen Orten eine geistliche ›Wüstenbildung‹ stattgefunden hat; sie ist das Ergebnis des Planes von Gesellschaften, die sich ohne Gott aufbauen wollen oder die ihre christlichen Wurzeln zerstören. Dort »wird die christliche Welt unfruchtbar und verbraucht wie ein völlig ausgelaugter Boden, der zu Sand geworden ist«.[66] In anderen Ländern zwingt der gewaltsame Widerstand gegen das Christentum die Christen, ihren Glauben gleichsam verborgen zu leben in dem Land, das sie lieben. Das ist eine andere, sehr schmerzliche Form von Wüste. Auch die eigene Familie oder der eigene Arbeitsplatz können diese trockene Umgebung sein, in der man den Glauben bewahren und versuchen muss, ihn auszustrahlen. »Doch gerade

---

66 John Henry Newman, *Letter of 26 January 1833*, in: *The Letters and Diaries of John Henry Newman*, Bd. III, Oxford 1979, S. 204.

von der Erfahrung der Wüste her, von dieser Leere her können wir erneut die Freude entdecken, die im Glauben liegt, seine lebensnotwendige Bedeutung für uns Menschen. In der Wüste entdeckt man wieder den Wert dessen, was zum Leben wesentlich ist; so gibt es in der heutigen Welt unzählige, oft implizit oder negativ zum Ausdruck gebrachte Zeichen des Durstes nach Gott, nach dem letzten Sinn des Lebens. Und in der Wüste braucht man vor allem glaubende Menschen, die mit ihrem eigenen Leben den Weg zum Land der Verheißung weisen und so die Hoffnung wach halten.«[67] In jedem Fall sind wir unter diesen Umständen berufen, wie große Amphoren zu sein, um den anderen zu trinken zu geben. Manchmal verwandelt sich das Amphoren-Dasein in ein schweres Kreuz, doch gerade am Kreuz hat der Herr, durchbohrt von der Lanze, sich uns als Quelle lebendigen Wassers übereignet. Lassen wir uns die Hoffnung nicht nehmen!

67 Benedikt XVI., *Homilie während der Eucharistiefeier zur Eröffnung des Jahrs des Glaubens* (11. Oktober 2012): *AAS* 104 (2012), 881.

Ja zu den neuen, von Jesus Christus
gebildeten Beziehungen

87. Heute, da die Netze und die Mittel menschlicher Kommunikation unglaubliche Entwicklungen erreicht haben, spüren wir die Herausforderung, die ›Mystik‹ zu entdecken und weiterzugeben, die darin liegt, zusammen zu leben, uns unter die anderen zu mischen, einander zu begegnen, uns in den Armen zu halten, uns anzulehnen, teilzuhaben an dieser etwas chaotischen Menge, die sich in eine wahre Erfahrung von Brüderlichkeit verwandeln kann, in eine solidarische Karawane, in eine heilige Wallfahrt. Auf diese Weise werden sich die größeren Möglichkeiten der Kommunikation als größere Möglichkeiten der Begegnung und der Solidarität zwischen allen erweisen. Wenn wir diesen Weg verfolgen könnten, wäre das etwas sehr Gutes, sehr Heilsames, sehr Befreiendes, eine große Quelle der Hoffnung! Aus sich selbst herausgehen, um sich mit den anderen zusammenzuschließen, tut gut. Sich in sich selbst zu verschließen bedeutet, das bittere Gift der Immanenz zu kosten, und in jeder egoistischen Wahl, die wir treffen, wird die Menschlichkeit den Kürzeren ziehen.

88. Das christliche Ideal wird immer dazu auffordern, den Verdacht, das ständige Misstrauen, die Angst überschwemmt zu werden, die defensiven Verhaltensweisen, die die heutige Welt uns auferlegt, zu überwinden. Viele versuchen, vor den anderen in ein bequemes Privatleben oder in den engen Kreis der Vertrautesten zu fliehen, und verzichten auf den Realismus der sozialen Dimension des Evangeliums. Ebenso wie nämlich einige einen rein geistlichen Christus ohne Leib und ohne Kreuz wollen, werden zwischenmenschliche Beziehungen angestrebt, die nur durch hoch entwickelte Apparate vermittelt werden, durch Bildschirme und Systeme, die man auf Kommando ein- und ausschalten kann. Unterdessen lädt das Evangelium uns immer ein, das Risiko der Begegnung mit dem Angesicht des anderen einzugehen, mit seiner physischen Gegenwart, die uns anfragt, mit seinem Schmerz und seinen Bitten, mit seiner ansteckenden Freude in einem ständigen unmittelbar physischen Kontakt. Der echte Glaube an den Mensch gewordenen Sohn Gottes ist untrennbar von der Selbsthingabe, von der Zugehörigkeit zur Gemeinschaft, vom Dienst, von der Versöhnung mit dem Leib der anderen. Der Sohn Gottes hat uns in seiner Inkarnation zur Revolution der zärtlichen Liebe eingeladen.

89. Die Isolierung, die eine Version des Immanentismus ist, kann sich in einer falschen Autonomie ausdrücken, die Gott ausschließt und die doch auch im Religiösen eine Art spirituellen Konsumismus finden kann, der ihrem krankhaften Individualismus entgegen-

kommt. Die Rückkehr zum Sakralen und die spirituelle Suche, die unsere Zeit kennzeichnen, sind doppeldeutige Erscheinungen. Mehr als im Atheismus besteht heute für uns die Herausforderung darin, in angemessener Weise auf den Durst vieler Menschen nach Gott zu antworten, damit sie nicht versuchen, ihn mit irreführenden Antworten oder mit einem Jesus Christus ohne Leib und ohne Einsatz für den anderen zu stillen. Wenn sie in der Kirche nicht eine Spiritualität finden, die sie heilt, sie befreit, sie mit Leben und Frieden erfüllt und die sie zugleich zum solidarischen Miteinander und zur missionarischen Fruchtbarkeit ruft, werden sie schließlich der Täuschung von Angeboten erliegen, die weder die Menschlichkeit fördern noch Gott die Ehre geben.

90. Die besonderen Formen der Volksfrömmigkeit sind inkarniert, denn sie sind aus der Inkarnation des christlichen Glaubens in eine Volkskultur hervorgegangen. Eben deshalb schließen sie eine persönliche Beziehung nicht etwa zu harmonisierenden Energien, sondern zu Gott, zu Jesus Christus, zu Maria oder zu einem Heiligen ein. Sie besitzen Leiblichkeit, haben Gesichter. Sie sind geeignet, Möglichkeiten der Beziehung zu fördern und nicht individualistische Flucht. In anderen Teilen unserer Gesellschaften steigt die Wertschätzung für Formen einer ›Spiritualität des Wohlbefindens‹ ohne Gemeinschaft, für eine ›Theologie des Wohlstands‹

ohne brüderlichen Einsatz oder für subjektive Erfahrungen ohne Gesicht, die sich auf eine immanentistische innere Suche beschränken.

91. Eine wichtige Herausforderung ist, zu zeigen, dass die Lösung niemals darin besteht, einer persönlichen und engagierten Beziehung zu Gott, die sich zugleich für die anderen einsetzt, auszuweichen. Das ist es, was heute geschieht, wenn die Gläubigen sich so verhalten, dass sie sich gleichsam verstecken und den anderen aus den Augen gehen, und wenn sie spitzfindig von einem Ort zum anderen oder von einer Aufgabe zur anderen flüchten, ohne tiefe und feste Bindungen zu schaffen: *»Imaginatio locorum et mutatio multos fefellit.«*[68] Es ist eine falsche Abhilfe, die das Herz und manchmal auch den Leib krank macht. Es ist nötig, zu der Einsicht zu verhelfen, dass der einzige Weg darin besteht zu lernen, den Mitmenschen in der rechten Haltung zu begegnen, indem man sie schätzt und als Weggefährten akzeptiert ohne innere Widerstände. Noch besser: Es geht darum zu lernen, Jesus im Gesicht der anderen, in ihrer Stimme, in ihren Bitten zu erkennen. Und auch zu lernen, in einer Umarmung mit dem gekreuzigten Jesus zu leiden, wenn wir ungerechte Aggressionen oder Undankbarkei-

---

68 Thomas von Kempen, *Die Nachfolge Christi*, Liber Primus, IX, 5: (»Die Einbildung, mit dem Wechsel des Ortes würde es besser, hat schon viele getäuscht«).

ten hinnehmen, ohne jemals müde zu werden, die Brüderlichkeit zu wählen.[69]

92. Dort liegt die wahre Heilung, da die wirklich gesund
und nicht krank machende Weise, mit anderen in Beziehung zu treten, eine *mystische,* kontemplative Brüderlichkeit ist, die die heilige Größe des Nächsten zu sehen
weiß; die in jedem Menschen Gott zu entdecken weiß;
die die Lästigkeiten des Zusammenlebens zu ertragen
weiß, indem sie sich an die Liebe Gottes klammert; die
das Herz für die göttliche Liebe zu öffnen versteht, um
das Glück der anderen zu suchen, wie es ihr guter himm-
lischer Vater sucht. Gerade in dieser Zeit und auch dort,
wo sie eine »kleine Herde« sind (*Lk* 12,32), sind die Jünger des Herrn berufen, als eine Gemeinschaft zu leben,
die Salz der Erde und Licht der Welt ist (vgl. *Mt*

---

69 Wertvoll ist das Zeugnis der heiligen Therese von Lisieux in Bezug auf
ihre Beziehung zu jener Mitschwester, die ihr besonders unangenehm war,
wobei eine innere Erfahrung eine entscheidende Wirkung hatte: *»Eines
Abends im Winter verrichtete ich wie gewöhnlich meinen kleinen Dienst, es war
kalt, es war dunkel … plötzlich hörte ich aus der Ferne den harmonischen Klang
eines Musikinstrumentes, das stellte ich mir einen wohlerleuchteten Salon vor,
glänzend in Goldschmuck, worin elegant gekleidete Mädchen Artigkeiten und
weltliche Höflichkeiten austauschten; dann fiel mein Blick auf die arme Kranke,
die ich stützte; statt einer Melodie vernahm ich von Zeit zu Zeit ihr klagendes
Stöhnen […] Ich vermag nicht in Worte zu fassen, was in meiner Seele vorging;
was ich weiß, ist, dass der Herr sie mit den Strahlen der Wahrheit erleuchtete, die
den trüben Glanz irdischer Feste derart übertreffen, dass ich mein Glück nicht zu
fassen vermochte«: Manuscrit C, 29v –30r°, in*: Œvres complètes,, Éditions du
Cerf et Desclée De Brouwer, Paris 1992, S. 274–275; (deutsche Ausgabe:
Selbstbiographie, Manuskript C, Johannes Verlag Einsiedeln [13]1996, S. 262).

5,13–16). Sie sind berufen, auf immer neue Weise Zeugnis für eine evangelisierende Zugehörigkeit zu geben.[70] Lassen wir uns die Gemeinschaft nicht nehmen!

Nein zur spirituellen Weltlichkeit

93. Die spirituelle Weltlichkeit, die sich hinter dem Anschein der Religiosität und sogar der Liebe zur Kirche verbirgt, besteht darin, anstatt die Ehre des Herrn die menschliche Ehre und das persönliche Wohlergehen zu suchen. Es ist das, was der Herr den Pharisäern vorwarf: »Wie könnt ihr zum Glauben kommen, wenn ihr eure Ehre voneinander empfangt, nicht aber die Ehre sucht, die von dem einen Gott kommt?« (*Joh* 5,44). Es handelt sich um eine subtile Art, »den eigenen Vorteil, nicht die Sache Jesu Christi« zu suchen (*Phil* 2,21). Sie nimmt viele Formen an, je nach dem Naturell des Menschen und der Lage, in die sie eindringt. Da sie an die Suche des Anscheins gebunden ist, geht sie nicht immer mit öffentlichen Sünden einher, und äußerlich erscheint alles korrekt. Doch wenn diese Mentalität auf die Kirche übergreifen würde, »wäre das unendlich viel verheerender als jede andere bloß moralische Weltlichkeit«.[71]

---

70 Vgl. *Propositio* 8.
71 Henri de Lubac, *Méditation sur l'Église*, Paris 1953. Éditions Montaigne, Lyon 1968, S. 321.

94. Diese Weltlichkeit kann besonders aus zwei zutiefst miteinander verbundenen Quellen gespeist werden. Die eine ist die Faszination des Gnostizismus, eines im Subjektivismus eingeschlossenen Glaubens, bei dem einzig eine bestimmte Erfahrung oder eine Reihe von Argumentationen und Kenntnissen interessiert, von denen man meint, sie könnten Trost und Licht bringen, wo aber das Subjekt letztlich in der Immanenz seiner eigenen Vernunft oder seiner Gefühle eingeschlossen bleibt. Die andere ist der selbstbezogene und prometheische Neu-Pelagianismus derer, die sich letztlich einzig auf die eigenen Kräfte verlassen und sich den anderen überlegen fühlen, weil sie bestimmte Normen einhalten oder weil sie einem gewissen katholischen Stil der Vergangenheit unerschütterlich treu sind. Es ist eine vermeintliche doktrinelle oder disziplinarische Sicherheit, die Anlass gibt zu einem narzisstischen und autoritären Elitebewusstsein, wo man, anstatt die anderen zu evangelisieren, sie analysiert und bewertet und, anstatt den Zugang zur Gnade zu erleichtern, die Energien im Kontrollieren verbraucht. In beiden Fällen existiert weder für Jesus Christus noch für die Menschen ein wirkliches Interesse. Es sind Erscheinungen eines anthropozentrischen Immanentismus. Es ist nicht vorstellbar, dass aus diesen schmälernden Formen von Christentum eine echte Evangelisierungsdynamik hervorgehen könnte.

95. Diese bedrohliche Weltlichkeit zeigt sich in vielen Verhaltensweisen, die scheinbar einander entgegengesetzt sind, aber denselben Anspruch erheben, ›den Raum der Kirche zu beherrschen‹. Bei einigen ist eine ostentative Pflege der Liturgie, der Lehre und des Ansehens der Kirche festzustellen, doch ohne dass ihnen die wirkliche Einsenkung des Evangeliums in das Gottesvolk und die konkreten Erfordernisse der Geschichte Sorgen bereiten. Auf diese Weise verwandelt sich das Leben der Kirche in ein Museumsstück oder in ein Eigentum einiger weniger. Bei anderen verbirgt sich dieselbe spirituelle Weltlichkeit hinter dem Reiz, gesellschaftliche oder politische Errungenschaften vorweisen zu können, oder in einer Ruhmsucht, die mit dem Management praktischer Angelegenheiten verbunden ist, oder darin, sich durch die Dynamiken der Selbstachtung und der Selbstverwirklichung angezogen zu fühlen. Sie kann auch ihren Ausdruck in verschiedenen Weisen finden, sich selbst davon zu überzeugen, dass man in ein intensives Gesellschaftsleben eingespannt ist, angefüllt mit Reisen, Versammlungen, Abendessen und Empfängen. Oder sie entfaltet sich in einem Manager-Funktionalismus, der mit Statistiken, Planungen und Bewertungen überladen ist und wo der hauptsächliche Nutznießer nicht das Volk Gottes ist, sondern eher die Kirche als Organisation. In allen Fällen fehlt dieser Mentalität das Siegel des Mensch gewordenen, gekreuzigten und auferstandenen Christus, sie schließt sich in Elitegruppen ein und macht sich nicht wirklich auf die Suche nach den Fernstehenden, noch nach den unermesslichen, nach Christus dürstenden Menschenmassen. Da ist kein Eifer mehr für das Evangelium, sondern der unechte Genuss einer egozentrischen Selbstgefälligkeit.

96. In diesem Kontext wird die Ruhmsucht derer gefördert, die sich damit zufrieden geben, eine gewisse Macht zu besitzen, und lieber Generäle von geschlagenen Heeren sein wollen, als einfache Soldaten einer Schwadron, die weiterkämpft. Wie oft erträumen wir peinlich genaue und gut entworfene apostolische Expansionsprojekte, typisch für besiegte Generäle! So verleugnen wir unsere Kirchengeschichte, die ruhmreich ist, insofern sie eine Geschichte der Opfer, der Hoffnung, des täglichen Ringens, des im Dienst aufgeriebenen Lebens, der Beständigkeit in mühevoller Arbeit ist, denn jede Arbeit geschieht ›im Schweiß unseres Angesichts‹. Stattdessen unterhalten wir uns eitel und sprechen über ›das, was man tun müsste‹ – die Sünde des ›man müsste tun‹ – wie spirituelle Lehrer und Experten der Seelsorge, die einen Weg weisen, ihn selber aber nicht gehen. Wir pflegen unsere grenzenlose Fantasie und verlieren den Kontakt zu der durchlittenen Wirklichkeit unseres gläubigen Volkes.

97. Wer in diese Weltlichkeit gefallen ist, schaut von oben herab und aus der Ferne, weist die Prophetie der Brüder ab, bringt den, der ihn in Frage stellt, in Misskredit, hebt ständig die Fehler der anderen hervor und ist besessen vom Anschein. Er hat den Bezugspunkt des Herzens verkrümmt auf den geschlossenen Horizont seiner Immanenz und seiner Interessen, mit der Konsequenz, dass er nicht aus seinen Sünden lernt, noch wirklich offen ist für Vergebung. Es ist eine schreckliche Korruption mit dem Anschein des Guten. Man muss sie vermeiden, indem man die Kirche in Bewegung setzt, dass sie aus sich herausgeht, in eine auf Jesus Christus ausgerichtete Mission, in den Einsatz für die Armen. Gott befreie uns von einer weltlichen Kirche unter spirituellen oder pastoralen Drapierungen! Diese erstickende Weltlichkeit erfährt Heilung, wenn man die reine Luft des Heiligen Geistes kostet, der uns davon befreit, um uns selbst zu kreisen, verborgen in einem religiösen Anschein über gottloser Leere. Lassen wir uns das Evangelium nicht nehmen!

Nein zum Krieg unter uns

98. Wie viele Kriege innerhalb des Gottesvolkes und in den verschiedenen Gemeinschaften! Im Wohnviertel, am Arbeitsplatz – wie viele Kriege aus Neid und Eifersucht, auch unter Christen! Die spirituelle Weltlichkeit führt einige Christen dazu, im Krieg mit anderen Christen zu sein, die sich ihrem Streben nach Macht, Ansehen, Vergnügen oder wirtschaftlicher Sicherheit in den Weg stellen. Außerdem hören einige auf, sich von Herzen zur Kirche gehörig zu fühlen, um einen Geist der Streitbarkeit zu nähren. Mehr als zur gesamten Kirche mit ihrer reichen Vielfalt, gehören sie zu dieser oder jener Gruppe, die sich als etwas Anderes oder etwas Besonderes empfindet.

99. Die Welt wird von Kriegen und von Gewalt heimgesucht oder ist durch einen verbreiteten Individualismus verletzt, der die Menschen trennt und sie gegeneinander stellt, indem jeder dem eigenen Wohlstand nachjagt. In verschiedenen Ländern leben Konflikte und alte Spaltungen wieder auf, die man teilweise für überwunden hielt. Die Christen aller Gemeinschaften der Welt möchte ich besonders um ein Zeugnis brüderlichen Miteinanders bitten, das anziehend und erhellend wird. Damit alle bewundern können, wie ihr euch umeinander kümmert, wie ihr euch gegenseitig ermutigt und wie ihr einander begleitet: »Daran werden alle erkennen, dass ihr meine Jünger seid: wenn ihr einander liebt« (*Joh* 13,35). Das ist es, was Jesus mit intensivem Gebet vom Vater erbeten hat: »Alle sollen eins sein … in uns … damit die Welt glaubt« (*Joh* 17,21). Achten wir auf die Versuchung des Neids! Wir sind im selben

Boot und steuern denselben Hafen an! Erbitten wir die Gnade, uns über die Früchte der anderen zu freuen, die allen gehören.

100. Für diejenigen, die durch alte Spaltungen verletzt sind, ist es schwierig zu akzeptieren, dass wir sie zur Vergebung und zur Versöhnung aufrufen, weil sie meinen, dass wir ihren Schmerz nicht beachten oder uns anmaßen, sie in den Verlust ihrer Erinnerung und ihrer Ideale zu führen. Wenn sie aber das Zeugnis von wirklich brüderlichen und versöhnten Gemeinschaften sehen, ist das immer ein Licht, das anzieht. Darum tut es mir so weh festzustellen, dass in einigen christlichen Gemeinschaften und sogar unter gottgeweihten Personen Platz ist für verschiedene Formen von Hass, Spaltung, Verleumdung, üble Nachrede, Rache, Eifersucht und den Wunsch, die eigenen Vorstellungen um jeden Preis durchzusetzen, bis hin zu Verfolgungen, die eine unversöhnliche Hexenjagd zu sein scheinen. Wen wollen wir mit diesem Verhalten evangelisieren?

101. Bitten wir den Herrn, dass er uns das Gesetz der Liebe verstehen lässt. Wie gut ist es, dieses Gesetz zu besitzen! Wie gut tut es uns, einander zu lieben, über alles hinweg! Ja, über alles hinweg! An jeden von uns ist die Mahnung des heiligen Paulus gerichtet: »Lass dich nicht vom Bösen besiegen, sondern besiege das Böse durch das Gute!« (*Röm* 12,21). Und weiter: »Lasst uns nicht müde werden, das Gute zu tun« (*Gal* 6,9). Alle haben wir Sympathien und Antipathien, und vielleicht sind wir gerade in diesem Moment zornig auf jemanden. Sagen wir wenigstens zum Herrn: ›Herr, ich bin zornig auf diesen, auf jene. Ich bitte dich für ihn und für sie.‹ Für den Menschen, über den wir ärgerlich sind, zu beten, ist ein schöner Schritt auf die Liebe zu, und es ist eine Tat der Evangelisierung. Tun wir es heute! Lassen wir uns nicht das Ideal der Bruderliebe nehmen!

Weitere kirchliche Herausforderungen

102. Die Laien sind schlicht die riesige Mehrheit des Gottesvolkes. In ihrem Dienst steht eine Minderheit: die geweihten Amtsträger. Das Bewusstsein der Identität und des Auftrags der Laien in der Kirche ist gewachsen. Wir verfügen über ein zahlenmäßig starkes, wenn auch nicht ausreichendes Laientum mit einem verwurzelten Gemeinschaftssinn und einer großen Treue zum Einsatz in der Nächstenliebe, der Katechese, der Feier des Glaubens. Doch die Bewusstwerdung der Verantwortung der Laien, die aus der Taufe und der Firmung hervorgeht, zeigt sich nicht überall in gleicher Weise. In einigen Fällen, weil sie nicht ausgebildet sind, um wichtige Verantwortungen zu übernehmen, in anderen Fällen, weil sie in ihren Teilkirchen aufgrund eines übertriebenen Klerikalismus, der sie nicht in die Entscheidungen einbezieht, keinen Raum gefunden haben, um sich ausdrücken und handeln zu können. Auch wenn eine größere Teilnahme vieler an den Laiendiensten zu beobachten ist, wirkt sich dieser Einsatz nicht im Eindringen christlicher Werte in die soziale, politische und wirtschaftliche Welt aus. Er beschränkt sich vielmals auf innerkirchliche Aufgaben ohne ein wirkliches Engagement für die Anwendung des Evangeliums zur Verwandlung der Gesellschaft. Die Bildung der Laien und die Evangelisierung der beruflichen und intellektuellen Klassen stellen eine bedeutende pastorale Herausforderung dar.

103. Die Kirche erkennt den unentbehrlichen Beitrag an, den die Frau in der Gesellschaft leistet, mit einem Feingefühl, einer Intuition und gewissen charakteristischen Fähigkeiten, die gewöhnlich typischer für die Frauen sind als für die Männer. Zum Beispiel die besondere weibliche Aufmerksamkeit gegenüber den anderen, die sich speziell, wenn auch nicht ausschließlich, in der Mutterschaft ausdrückt. Ich sehe mit Freude, wie viele Frauen pastorale Verantwortungen gemeinsam mit den Priestern ausüben, ihren Beitrag zur Begleitung von Einzelnen, von Familien oder Gruppen leisten und neue Anstöße zur theologischen Reflexion geben. Doch müssen die Räume für eine wirksamere weibliche Gegenwart in der Kirche noch erweitert werden. Denn »das weibliche Talent ist unentbehrlich in allen Ausdrucksformen des Gesellschaftslebens; aus diesem Grund muss die Gegenwart der Frauen auch im Bereich der Arbeit garantiert werden«[72] und an den verschiedenen Stellen, wo die wichtigen Entscheidungen getroffen werden, in der Kirche ebenso wie in den sozialen Strukturen.

104. Die Beanspruchung der legitimen Rechte der Frauen aufgrund der festen Überzeugung, dass Männer und Frauen die gleiche Würde besitzen, stellt die Kirche vor tiefe Fragen, die sie herausfordern und die nicht oberflächlich umgangen werden können. Das den Männern vorbehaltene Priestertum als Zeichen Christi, des Bräutigams, der sich in der Eucharistie hingibt, ist eine Frage, die nicht zur Diskussion steht, kann aber Anlass zu besonderen Konflikten geben, wenn die sakramentale Vollmacht zu sehr mit der Macht verwechselt wird. Man darf nicht vergessen, dass wir uns, wenn wir von priesterlicher Vollmacht reden, »auf der Ebene der *Funktion* und nicht auf der Ebene der *Würde* und der Heiligkeit«[73] befinden. Das Amtspriestertum ist eines der Mittel, das Jesus zum Dienst an seinem Volk ein-

---

72 Päpstlicher Rat für Gerechtigkeit und Frieden, *Kompendium der Soziallehre der Kirche*, 295.

73 Johannes Paul II., Nachsynodales Apostolisches Schreiben *Christifideles laici* (30. Dezember 1988), 51: *AAS* 81 (1989), 493.

setzt, doch die große Würde kommt von der Taufe, die allen zugänglich ist. Die Gleichgestaltung des Priesters mit Christus, dem Haupt – das heißt als Hauptquelle der Gnade – schließt nicht eine Erhebung ein, die ihn an die Spitze alles Übrigen setzt. In der Kirche begründen die Funktionen »keine Überlegenheit der einen über die anderen«.[74] Tatsächlich ist eine Frau, Maria, bedeutender als die Bischöfe. Auch wenn die Funktion des Amtspriestertums sich als ›hierarchisch‹ versteht, muss man berücksichtigen, dass sie »ganz für die Heiligkeit der Glieder Christi bestimmt« ist.[75] Ihr Dreh- und Angelpunkt ist nicht ihre als Herrschaft verstandene Macht, sondern ihre Vollmacht, das Sakrament der Eucharistie zu spenden; darauf beruht ihre Autorität, die immer ein Dienst am Volk ist. Hier erscheint eine große Herausforderung für die Hirten und für die Theologen, die helfen könnten, besser zu erkennen, was das dort, wo in den verschiedenen Bereichen der Kirche wichtige Entscheidungen getroffen werden, in Bezug auf die mögliche Rolle der Frau mit sich bringt.

---

74 Kongregation für die Glaubenslehre, Erklärung *Inter Insigniores* zur Frage der Zulassung der Frau zum Amtspriestertum (15. Oktober 1976), VI: *AAS* 69 (1977) 115. Zitiert in: Johannes Paul II., Nachsynodales Apostolisches Schreiben *Christifideles laici* (30. Dezember 1988), 51, Anm. 190: *AAS* 81 (1989), 493.

75 Johannes Paul II., Apostolisches Schreiben *Mulieris dignitatem* (15. August 1988), 27: *AAS* 80 (1988), 1718.

105. Die Jugendpastoral, wie wir sie gewohnheitsmäßig entwickelten, ist von der Welle der gesellschaftlichen Veränderungen getroffen worden. Die Jugendlichen finden in den üblichen Strukturen oft keine Antworten auf ihre Sorgen, Nöte, Probleme und Verletzungen. Uns Erwachsenen verlangt es etwas ab, ihnen geduldig zuzuhören, ihre Sorgen und ihre Forderungen zu verstehen und zu lernen, mit ihnen eine Sprache zu sprechen, die sie verstehen. Aus ebendiesem Grund bringen die Erziehungsvorschläge nicht die erhofften Ergebnisse. Die Vermehrung und das Wachsen von Verbänden und Bewegungen vornehmlich junger Menschen kann als ein Wirken des Heiligen Geistes interpretiert werden, der neue Wege öffnet, die mit ihren Erwartungen und ihrer Suche nach einer tiefen Spiritualität und nach dem Gefühl einer konkreteren Zugehörigkeit im Einklang stehen. Es ist jedoch notwendig, die Beteiligung dieser Gruppen innerhalb der Gesamtpastoral der Kirche zu festigen.[76]

106. Auch wenn es nicht immer einfach ist, die Jugendlichen heranzuführen, sind doch in zwei Bereichen Fortschritte erzielt worden: in dem Bewusstsein, dass die gesamte Gemeinschaft sie evangelisiert und erzieht, und in der Dringlichkeit, dass sie mehr zur Geltung

---

76 Vgl. *Propositio* 51.

kommen. Man muss anerkennen, dass es im gegenwärtigen Kontext der Krise des Engagements und der gemeinschaftlichen Bindungen doch viele Jugendliche gibt, die angesichts der Leiden in der Welt ihre solidarische Hilfe leisten und verschiedene Formen von Aktivität und Volontariat ergreifen. Einige beteiligen sich am Leben der Gemeinde und rufen in ihren Diözesen oder an anderen Orten Dienstleistungsgruppen und verschiedene missionarische Initiativen ins Leben. Wie schön, wenn die Jugendlichen ›Weggefährten des Glaubens‹ sind, glücklich, Jesus auf jede Straße, auf jeden Platz, in jeden Winkel der Erde zu bringen!

107. Vielerorts mangelt es an Berufungen zum Priestertum und zum geweihten Leben. Das ist häufig auf das Fehlen eines ansteckenden apostolischen Eifers in den Gemeinden zurückzuführen, so dass diese Berufungen nicht begeistern und keine Anziehungskraft ausüben. Wo es Leben, Eifer und den Willen gibt, Christus zu den anderen zu bringen, entstehen echte Berufungen. Sogar in Pfarreien, wo die Priester nicht sehr engagiert und fröhlich sind, ist es das geschwisterliche und eifrige Gemeinschaftsleben, das den Wunsch erweckt, sich ganz Gott und der Evangelisierung zu weihen, vor allem, wenn diese lebendige Gemeinde inständig um Berufungen betet und den Mut besitzt, ihren Jugendlichen einen Weg besonderer Weihe vorzuschlagen.

Andererseits sind wir uns heute trotz des Mangels an Berufungen deutlicher der Notwendigkeit einer besseren Auswahl der Priesteramtskandidaten bewusst. Man darf die Seminare nicht auf der Basis jeder beliebigen Art von Motivation füllen, erst recht nicht, wenn diese mit affektiver Unsicherheit oder mit der Suche nach Formen der Macht, der menschlichen Ehre oder des wirtschaftlichen Wohlstands verbunden ist.

108. Wie ich schon sagte, war es nicht meine Absicht, eine vollständige Analyse anzubieten, sondern ich lade die Gemeinschaften ein, diese Ausblicke, ausgehend vom Bewusstsein der Herausforderungen, die sie selbst und die ihnen Nahestehenden betreffen, zu vervollständigen und zu bereichern. Ich hoffe, dass sie bei diesem Tun berücksichtigen, dass es jedes Mal, wenn wir versuchen, in der jeweils gegenwärtigen Lage die Zeichen der Zeit zu erkennen, angebracht ist, die Jugendlichen und die Alten anzuhören. Beide sind die Hoffnung der Völker. Die Alten bringen das Gedächtnis und die Weisheit der Erfahrung ein, die dazu einlädt, nicht unsinnigerweise dieselben Fehler der Vergangenheit zu wiederholen. Die Jugendlichen rufen uns auf, die Hoffnung wieder zu erwecken und sie zu steigern, denn sie tragen die neuen Tendenzen in sich und öffnen uns für die Zukunft, so dass wir nicht in der Nostalgie von Strukturen und Gewohnheiten verhaftet bleiben, die in der heutigen Welt keine Überbringer von Leben mehr sind.

109. Die Herausforderungen existieren, um überwunden zu werden. Seien wir realistisch, doch ohne die Heiterkeit, den Wagemut und die hoffnungsvolle Hingabe zu verlieren! Lassen wir uns die missionarische Kraft nicht nehmen!

Drittes Kapitel
Die Verkündigung des Evangeliums

110. Nachdem ich einigen Herausforderungen der gegenwärtigen Situation Beachtung geschenkt habe, möchte ich nun an die Aufgabe erinnern, die uns in jeder Epoche und an jedem Ort drängt; denn »es kann keine wahre Evangelisierung geben ohne *eindeutige Verkündigung*, dass Jesus der Herr ist«, und ohne »den Primat der Verkündigung Jesu Christi [...] wie auch immer die Evangelisierung geschehen mag«.[77] Johannes Paul II. hat die Sorgen der asiatischen Bischöfe aufgegriffen und bekräftigt: »Wenn die Kirche in Asien die ihr von der Vorsehung zugedachte Aufgabe erfüllen soll, dann muss die Evangelisierung als freudige, geduldige und fortgesetzte Verkündigung des Erlösungswerks des Todes und der Auferstehung Jesu Christi eure absolute Priorität sein.«[78] Das gilt für alle.

---

77 Johannes Paul II., Nachsynodales Apostolisches Schreiben *Ecclesia in Asia* (6. November 1999), 19: *AAS* 92 (2000), 478.

78 *Ebd.*, 2: *AAS* 92 (2000), 451.

I. Das ganze Volk Gottes verkündet das Evangelium

111. Die Evangelisierung ist Aufgabe der Kirche. Aber dieses Subjekt der Evangelisierung ist weit mehr als eine organische und hierarchische Institution, da es vor allem ein Volk auf dem Weg zu Gott ist. Gewiss handelt es sich um ein *Geheimnis*, das in der Heiligsten Dreifaltigkeit verwurzelt ist, dessen historisch konkrete Gestalt aber ein pilgerndes und evangelisierendes Volk ist, das immer jeden, wenn auch notwendigen institutionellen Ausdruck übersteigt. Ich schlage vor, dass wir ein wenig bei dieser Weise, die Kirche zu verstehen, verweilen, die ihr letztes Fundament in der freien und ungeschuldeten Initiative Gottes hat.

Ein Volk für alle

112. Das Heil, das Gott uns anbietet, ist ein Werk seiner Barmherzigkeit. Es gibt kein menschliches Tun, so gut es auch sein mag, das uns ein so großes Geschenk verdienen ließe. Aus reiner Gnade zieht Gott uns an, um uns mit sich zu vereinen.[79] Er sendet seinen Geist in unsere Herzen, um uns zu seinen Kindern zu machen, um uns zu verwandeln und uns fähig zu

---

79 Vgl. *Propositio* 4.

machen, mit unserem Leben auf seine Liebe zu antworten. Die Kirche ist von Jesus Christus gesandt als das von Gott angebotene Sakrament des Heiles.[80] Durch ihr evangelisierendes Tun arbeitet sie mit als Werkzeug der göttlichen Gnade, die unaufhörlich und jenseits jeder möglichen Kontrolle wirkt. Benedikt XVI. hat dies treffend zum Ausdruck gebracht, als er die Überlegungen der Synode eröffnete: »Daher ist es wichtig, immer zu wissen, dass das erste Wort, die wahre Initiative, das wahre Tun von Gott kommt, und nur indem wir uns in diese göttliche Initiative einfügen, nur indem wir diese göttliche Initiative erbitten, können auch wir – mit ihm und in ihm – zu Evangelisierern werden.«[81] Das Prinzip des *Primats der Gnade* muss ein Leuchtfeuer sein, das unsere Überlegungen zur Evangelisierung ständig erhellt.

113. Dieses Heil, das Gott verwirklicht und das die Kirche freudig verkündet, gilt allen,[82] und Gott hat einen Weg geschaffen, um sich mit jedem einzelnen Menschen aus allen Zeiten zu vereinen. Er hat die

---

80 Vgl. Zweites Vatikanisches Konzil, Dogm. Konst. *Lumen gentium* über die Kirche, 1.

81 *Meditation bei der ersten Generalkongregation der XIII. Ordentlichen Generalversammlung der Bischofssynode* (8. Oktober 2012): *AAS* 104 (2012), 897.

82 Vgl. *Propositio* 6; Zweites Vatikanisches Konzil, Past. Konst. *Gaudium et spes* über die Kirche in der Welt von heute, 22.

Wahl getroffen, sie als Volk und nicht als isolierte Wesen zusammenzurufen.[83] Niemand erlangt das Heil allein, das heißt weder als isoliertes Individuum, noch aus eigener Kraft. Gott zieht uns an, indem er den vielschichtigen Verlauf der zwischenmenschlichen Beziehungen berücksichtigt, den das Leben in einer menschlichen Gemeinschaft mit sich bringt. Dieses Volk, das Gott sich erwählt und zusammengerufen hat, ist die Kirche. Jesus sagt den Aposteln nicht, eine exklusive Gruppe, eine Elitetruppe zu bilden. Jesus sagt: »Geht zu allen Völkern und macht alle Menschen zu meinen Jüngern« (*Mt* 28,19). Der heilige Paulus bekräftigt, dass es im Volk Gottes »nicht mehr Juden und Griechen [gibt] … denn ihr alle seid ›einer‹ in Christus Jesus« (*Gal* 3,28). Zu denen, die sich fern von Gott und von der Kirche fühlen, würde ich gerne sagen: Der Herr ruft auch dich, Teil seines Volkes zu sein, und er tut es mit großem Respekt und großer Liebe!

114. Kirche sein bedeutet Volk Gottes sein, in Übereinstimmung mit dem großen Plan der Liebe des Vaters. Das schließt ein, das Ferment Gottes inmitten der Menschheit zu sein. Es bedeutet, das Heil Gottes

---

83 Vgl. Zweites Vatikanisches Konzil, Dogm. Konst. *Lumen gentium* über die Kirche, 9.

in dieser unserer Welt zu verkünden und es hineinzutra-
gen in diese unsere Welt, die sich oft verliert, die es
nötig hat, Antworten zu bekommen, die ermutigen,
die Hoffnung geben, die auf dem Weg neue Kraft verleihen. Die Kirche muss der Ort der ungeschuldeten
Barmherzigkeit sein, wo alle sich aufgenommen und
geliebt fühlen können, wo sie Verzeihung erfahren und
sich ermutigt fühlen können, gemäß dem guten Leben
des Evangeliums zu leben.

Ein Volk der vielen Gesichter

115. Dieses Volk Gottes nimmt in den Völkern der
Erde Gestalt an, und jedes dieser Völker besitzt seine
eigene Kultur. Der Begriff der Kultur ist ein wertvolles
Instrument, um die verschiedenen Ausdrucksformen
des christlichen Lebens zu verstehen, die es im Volk
Gottes gibt. Es handelt sich um den Lebensstil einer
bestimmten Gesellschaft, um die charakteristische
Weise ihrer Glieder, miteinander, mit den anderen
Geschöpfen und mit Gott in Beziehung zu treten. So
verstanden, umfasst die Kultur die Gesamtheit des
Lebens eines Volkes.[84] Jedes Volk entwickelt in seinem
geschichtlichen Werdegang die eigene Kultur in legiti-

---

84 Vgl. III. Generalversammlung der Bischöfe von Lateinamerika und der
Karibik, *Dokument von Puebla* (23. März 1979), 386–387.

mer Autonomie.[85] Das ist darauf zurückzuführen, dass die menschliche Person »von ihrem Wesen selbst her des gesellschaftlichen Lebens durchaus bedarf«[86] und immer auf die Gesellschaft bezogen ist, wo sie eine konkrete Weise lebt, mit der Wirklichkeit in Beziehung zu treten. Der Mensch ist immer kulturell beheimatet: »Natur und Kultur hängen engstens zusammen.«[87] Die Gnade setzt die Kultur voraus, und die Gabe Gottes nimmt Gestalt an in der Kultur dessen, der sie empfängt.

116. In diesen zwei Jahrtausenden des Christentums haben unzählige Völker die Gnade des Glaubens empfangen, haben sie in ihrem täglichen Leben erblühen lassen und sie entsprechend ihrer eigenen kulturellen Beschaffenheit weitergegeben. Wenn eine Gemeinschaft die Verkündigung des Heils aufnimmt, befruchtet der Heilige Geist ihre Kultur mit der verwandelnden Kraft des Evangeliums. So verfügt das Christentum, wie wir in der Geschichte der Kirche sehen können, nicht über ein einziges kulturelles Modell, sondern »es bewahrt voll seine eigene Identität in totaler Treue zur Verkündigung des Evangeliums und zur Tradition der Kirche und trägt

---

85 Zweites Vatikanisches Konzil, Past. Konst. *Gaudium et spes* der Welt von heute, 36.
86 *Ebd.*, 25.
87 *Ebd.*, 53.

auch das Angesicht der vielen Kulturen und Völker, in die es hineingegeben und verwurzelt wird«.[88] In den verschiedenen Völkern, die die Gabe Gottes entsprechend ihrer eigenen Kultur erfahren, drückt die Kirche ihre authentische Katholizität aus und zeigt die »Schönheit dieses vielseitigen Gesichtes«.[89] In den christlichen Ausdrucksformen eines evangelisierten Volkes verschönert der Heilige Geist die Kirche, indem er ihr neue Aspekte der Offenbarung zeigt und ihr ein neues Gesicht schenkt. In der Inkulturation führt die Kirche »die Völker mit ihren Kulturen in die Gemeinschaft mit ihr ein«,[90] denn »jede Kultur bietet Werte und positive Formen, welche die Weise, das Evangelium zu verkünden, zu verstehen und zu leben, bereichern können«.[91] Auf diese Weise wird die Kirche »zur *sponsa ornata monilibus suis*, ›Braut, die ihr Geschmeide anlegt‹ (vgl. *Jes* 61,10)«.[92]

---

88 Johannes Paul II., Apostolisches Schreiben *Novo Millennio ineunte* (6. Januar 2001), 40: *AAS* 93 (2001), 294–295.

89 *Ebd.*, 40: *AAS* 93 (2001), 295.

90 Johannes Paul II., Enzyklika *Redemptoris missio* (7. Dezember 1990), 52: *AAS* 83 (1991), 300; vgl. Apostolisches Schreiben *Catechesi Tradendae* (16. Oktober 1979), 53: *AAS* 71 (1979), 1321.

91 Johannes Paul II., Nachsynodales Apostolisches Schreiben *Ecclesia in Oceania* (22. November 2001), 16: *AAS* 94 (2002), 384.

92 Ders., Nachsynodales Apostolisches Schreiben *Ecclesia in Africa* (14. September 1995), 61: *AAS* 88 (1996), 39.

117. Wenn sie richtig verstanden wird, bedroht die kulturelle Verschiedenheit die Einheit der Kirche nicht. Der vom Vater und vom Sohn gesandte Heilige Geist ist es, der unsere Herzen verwandelt und uns fähig macht, in die vollkommene Gemeinschaft der Heiligsten Dreifaltigkeit einzutreten, wo alles zur Einheit findet. Er schafft die Gemeinschaft und die Harmonie des Gottesvolkes. Der Heilige Geist ist selbst die Harmonie, so wie er das Band der Liebe zwischen dem Vater und dem Sohn ist.[93] Er ist derjenige, der einen vielfältigen und verschiedenartigen Reichtum der Gaben hervorruft und zugleich eine Einheit aufbaut, die niemals Einförmigkeit ist, sondern vielgestaltige Harmonie, die anzieht. Die Evangelisierung erkennt freudig diesen vielfältigen Reichtum, den der Heilige Geist in der Kirche erzeugt. Es würde der Logik der Inkarnation nicht gerecht, an ein monokulturelles und eintöniges Christentum zu denken. Obwohl es zutrifft, dass einige Kulturen eng mit der Verkündigung des Evangeliums und mit der Entwicklung des christlichen Denkens verbunden waren, identifiziert sich die offenbarte Botschaft mit keiner von ihnen und besitzt einen transkulturellen Inhalt. Darum kann man bei der Evan-

---

93 Vgl. Thomas von Aquin, *S. Th.* I, q. 39, a. 8 cons. 2: »Wenn man den Heiligen Geist ausschließt, der die Verbindung zwischen dem Vater und dem Sohn ist, kann man die Einigkeit beider nicht verstehen«; vgl. auch I, q. 37, a. 1, ad 3.

gelisierung neuer Kulturen oder solcher, die die christliche Verkündigung noch nicht aufgenommen haben, darauf verzichten, zusammen mit dem Angebot des Evangeliums eine bestimmte Kulturform durchsetzen zu wollen, so schön und alt sie auch sein mag. Die Botschaft, die wir verkünden, weist immer irgendeine kulturelle Einkleidung vor, doch manchmal verfallen wir in der Kirche der selbstgefälligen Sakralisierung der eigenen Kultur, und damit können wir mehr Fanatismus als echten Missionseifer erkennen lassen.

118. Die Bischöfe Ozeaniens haben gefordert, dass die Kirche dort »ein Verständnis und eine Darstellung der Wahrheit Christi entwickelt, welche die Traditionen und Kulturen der Region einbezieht«. Sie haben alle Missionare ermahnt, »in Harmonie mit den einheimischen Christen zu wirken, um sicherzustellen, dass der Glaube und das Leben der Kirche sich in legitimen, jeder einzelnen Kultur angemessenen Formen ausdrücken«.[94] Wir können nicht verlangen, dass alle Völker aller Kontinente in ihrem Ausdruck des christlichen Glaubens die Modalitäten nachahmen, die die europäischen Völker zu einem bestimmten Zeitpunkt der Geschichte angenommen haben, denn der Glaube

---

94 Johannes Paul II., Nachsynodales Apostolisches Schreiben *Ecclesia in Oceania* (22. November 2001), 17: *AAS* 94 (2002), 385.

kann nicht in die Grenzen des Verständnisses und der Ausdrucksweise einer besonderen Kultur eingeschlossen werden.[95] Es ist unbestreitbar, dass eine einzige Kultur das Erlösungsgeheimnis Christi nicht erschöpfend darstellt.

Alle sind wir missionarische Jünger

119. In allen Getauften, vom ersten bis zum letzten, wirkt die heiligende Kraft des Geistes, die zur Evangelisierung drängt. Das Volk Gottes ist heilig in Entsprechung zu dieser Salbung, die es ›in credendo‹ unfehlbar macht. Das bedeutet, dass es, wenn es glaubt, sich nicht irrt, auch wenn es keine Worte findet, um seinen Glauben auszudrücken. Der Geist leitet es in der Wahrheit und führt es zum Heil.[96] Als Teil seines Geheimnisses der Liebe zur Menschheit begabt Gott die Gesamtheit der Gläubigen mit einem *Instinkt des Glaubens* – dem *sensus fidei* –, der ihnen hilft, das zu unterscheiden, was wirklich von Gott kommt. Die Gegenwart des Geistes gewährt den Christen eine gewisse Wesensgleichheit mit den göttlichen Wirklichkeiten und eine Weisheit, die ihnen erlaubt, diese intuitiv zu erfassen,

---

95 Vgl. ders., Nachsynodales Apostolisches Schreiben *Ecclesia in Asia* (6. November 1999), 20: *AAS* 92 (2000), 478–482.

96 Vgl. Zweites Vatikanisches Konzil, Dogm. Konst. *Lumen gentium* über die Kirche, 12.

obwohl sie nicht über die geeigneten Mittel verfügen, sie genau auszudrücken.

120. Kraft der empfangenen Taufe ist jedes Mitglied des Gottesvolkes ein missionarischer Jünger geworden (vgl. *Mt* 28,19). Jeder Getaufte ist, unabhängig von seiner Funktion in der Kirche und dem Bildungsniveau seines Glaubens, aktiver Träger der Evangelisierung, und es wäre unangemessen, an einen Evangelisierungsplan zu denken, der von qualifizierten Mitarbeitern umgesetzt würde, wobei der Rest des gläubigen Volkes nur Empfänger ihres Handelns wäre. Die neue Evangelisierung muss ein neues Verständnis der tragenden Rolle eines jeden Getauften einschließen. Diese Überzeugung wird zu einem unmittelbaren Aufruf an jeden Christen, dass niemand von seinem Einsatz in der Evangelisierung ablasse; wenn einer nämlich wirklich die ihn rettende Liebe Gottes erfahren hat, braucht er nicht viel Vorbereitungszeit, um sich aufzumachen und sie zu verkündigen; er kann nicht darauf warten, dass ihm viele Lektionen erteilt oder lange Anweisungen gegeben werden. Jeder Christ ist in dem Maß Missionar, in dem er der Liebe Gottes in Jesus Christus begegnet ist; wir sagen nicht mehr, dass wir ›Jünger‹ und ›Missionare‹ sind, sondern immer, dass wir ›missionarische Jünger‹ sind. Wenn wir nicht überzeugt sind, schauen wir auf die ersten Jünger, die sich unmittelbar, nachdem sie den Blick Jesu kennen gelernt hatten, aufmachten, um ihn voll Freude zu verkünden: »Wir haben den Messias gefunden« (*Joh* 1,41). Kaum hatte die Samariterin ihr Gespräch mit Jesus beendet, wurde sie Missionarin, und viele Samariter kamen zum Glauben an Jesus »auf das Wort der Frau hin« (*Joh* 4,39). Nach seiner Begegnung mit Jesus Christus machte sich auch der heilige Paulus auf, »und sogleich verkündete er Jesus ... und sagte: Er ist der Sohn Gottes« (*Apg* 9,20). Und wir, worauf warten wir?

121. Gewiss sind wir alle gerufen, als Verkünder des Evangeliums zu wachsen. Zugleich bemühen wir uns um eine bessere Ausbildung, eine Vertiefung unserer Liebe und ein deutlicheres Zeugnis für das Evangelium. Daher müssen wir uns alle gefallen lassen, dass die anderen uns ständig evangelisieren. Das bedeutet jedoch nicht, dass wir unterdessen von unserer Aufgabe zu evangelisieren absehen müssen, sondern wir sollen die Weise finden, die der Situation angemessen ist, in der wir uns befinden. In jedem Fall sind wir alle gerufen, den anderen ein klares Zeugnis der heilbringenden Liebe des Herrn zu geben, der uns jenseits unserer Unvollkommenheiten seine Nähe, sein Wort und seine Kraft schenkt und unserem Leben Sinn verleiht. Dein Herz weiß, dass das Leben ohne ihn nicht

dasselbe ist. Was du entdeckt hast, was dir zu leben
hilft und dir Hoffnung gibt, das sollst du den anderen
mitteilen. Unsere Unvollkommenheit darf keine Entschuldigung sein; im Gegenteil, die Aufgabe ist ein
ständiger Anreiz, sich nicht der Mittelmäßigkeit hinzugeben, sondern weiter zu wachsen. Das Glaubens-
zeugnis, das jeder Christ zu geben berufen ist, schließt
ein, wie der heilige Paulus zu bekräftigen: »Nicht dass
ich es schon erreicht hätte oder dass ich schon vollendet wäre. Aber ich strebe danach, es zu ergreifen ...
und strecke mich nach dem aus, was vor mir ist« (*Phil*
3,12–13).

Die evangelisierende Kraft der Volksfrömmigkeit

122. In gleicher Weise können wir uns vorstellen, dass
die verschiedenen Völker, in die das Evangelium inkulturiert worden ist, aktive kollektive Träger und Vermitt-
ler der Evangelisierung sind. Das ist tatsächlich so, weil
jedes Volk der Schöpfer der eigenen Kultur und der
Protagonist der eigenen Geschichte ist. Die Kultur ist
etwas Dynamisches, das von einem Volk ständig neu
erschaffen wird; und jede Generation gibt an die fol-
gende eine Gesamtheit von auf die verschiedenen
Lebenssituationen bezogenen Einstellungen weiter, die
diese angesichts ihrer eigenen Herausforderungen über-
arbeiten muss. Der Mensch »ist zugleich Kind und

Vater der Kultur, in der er eingebunden ist«.[97] Wenn in einem Volk das Evangelium inkulturiert worden ist, gibt es in seinem Prozess der Übermittlung der Kultur auch den Glauben auf immer neue Weise weiter; daher die Wichtigkeit der als Inkulturation verstandenen Evangelisierung. Jeder Teil des Gottesvolkes gibt, indem er die Gabe Gottes dem eigenen Geist entsprechend in sein Leben überträgt, Zeugnis für den empfangenen Glauben und bereichert ihn mit neuen, aussagekräftigen Ausdrucksformen. Man kann sagen: »Das Volk evangelisiert fortwährend sich selbst.«[98] Hier ist die Volksfrömmigkeit von Bedeutung, die ein authentischer Ausdruck des spontanen missionarischen Handelns des Gottesvolkes ist. Es handelt sich um eine in fortwährender Entwicklung begriffene Wirklichkeit, in der der Heilige Geist der Protagonist ist.[99]

123. In der Volksfrömmigkeit kann man die Weise erfassen, in der der empfangene Glaube in einer Kultur Gestalt angenommen hat und ständig weiterge-

---

97 Johannes Paul II., Enzyklika *Fides et ratio* (14. September 1998), 71: *AAS* 91 (1999), 60.

98 III. Generalversammlung der Bischöfe von Lateinamerika und der Karibik, *Dokument von Puebla* (23. März 1979), 450; vgl. V. Generalversammlung der Bischöfe von Lateinamerika und der Karibik, *Dokument von Aparecida* (29. Juni 2007), 264.

99 Vgl. Johannes Paul II., Nachsynodales Apostolisches Schreiben *Ecclesia in Asia* (6. November 1999), 21: *AAS* 92 (2000), 482–484.

geben wird. Während sie zeitweise mit Misstrauen betrachtet wurde, war sie in den Jahrzehnten nach dem Konzil Gegenstand einer Neubewertung. Paul VI. hat in seinem Apostolischen Schreiben *Evangelii nuntiandi* einen entscheidenden Impuls in diesem Sinn gegeben. Dort erklärt er, dass in der Volksfrömmigkeit »ein Hunger nach Gott zum Ausdruck [kommt], wie ihn nur die Einfachen und Armen kennen«,[100] und fährt fort: »Sie befähigt zur Großmut und zum Opfer, ja zum Heroismus, wenn es gilt, den Glauben zu bekunden«.[101] Näher an unseren Tagen hat Benedikt XVI. in Lateinamerika darauf hingewiesen, dass sie »ein kostbarer Schatz der katholischen Kirche« ist und dass in ihr »die Seele der lateinamerikanischen Völker zum Vorschein kommt«.[102]

124. Im *Dokument von Aparecida* werden die Reichtümer beschrieben, die der Heilige Geist in der Volksfrömmigkeit mit seiner unentgeltlichen Initiative entfaltet. In jenem geliebten Kontinent, wo viele Christen ihren Glauben durch die Volksfrömmigkeit zum Ausdruck bringen, nennen die Bischöfe sie auch »Volks-

---

100 Nr. 48: *AAS* 68 (1976), 38.

101 *Ebd.*

102 *Ansprache während der Eröffnungssitzung der V. Generalversammlung der Bischöfe von Lateinamerika und der Karibik* (13. Mai 2007), 1: *AAS* 99 (2007), 446–447.

spiritualität« oder »Volksmystik«.[103] Es handelt sich um eine wahre »in der Kultur der Einfachen verkörperte Spiritualität«.[104] Sie ist nicht etwa ohne Inhalte, sondern sie entdeckt und drückt diese mehr auf symbolischem Wege als durch den Gebrauch des funktionellen Verstandes aus, und im Glaubensakt betont sie mehr das *credere in Deum* als das *credere Deum*.[105] Es ist »eine legitime Weise, den Glauben zu leben, eine Weise, sich als Teil der Kirche zu fühlen und Missionar zu sein«;[106] sie bringt die Gnade des Missionsgeistes, des Aus-sich-Herausgehens und des Pilgerseins mit sich: »Das gemeinsame Gehen zu den Wallfahrtsorten und die Teilnahme an anderen Ausdrucksformen der Volksfrömmigkeit, wobei man auch die Kinder mitnimmt oder andere Menschen dazu einlädt, ist in sich selbst ein Akt der Evangelisierung.«[107] Tun wir dieser missionarischen Kraft keinen Zwang an und maßen wir uns nicht an, sie zu kontrollieren!

---

103 V. Generalversammlung der Bischöfe von Lateinamerika und der Karibik, *Dokument von Aparecida* (29. Juni 2007), 262.

104 *Ebd.*, 263.

105 Vgl. Thomas von Aquin, *Summa Theologiae* II–II, q. 2, a. 2.

106 V. Generalversammlung der Bischöfe von Lateinamerika und der Karibik, *Dokument von Aparecida* (29. Juni 2007), 264.

107 *Ebd.*

125. Um diese Wirklichkeit zu verstehen, muss man sich ihr mit dem Blick des Guten Hirten nähern, der nicht darauf aus ist, zu urteilen, sondern zu lieben. Allein von der natürlichen Hinneigung her, die die Liebe schenkt, können wir das gottgefällige Leben würdigen, das in der Frömmigkeit der christlichen Völker, besonders bei den Armen, vorhanden ist. Ich denke an den festen Glauben jener Mütter am Krankenbett des Sohnes, die sich an einen Rosenkranz klammern, auch wenn sie die Sätze des *Credo* nicht zusammenbringen; oder an den enormen Gehalt an Hoffnung, der sich mit einer Kerze verbreitet, die in einer bescheidenen Wohnung angezündet wird, um Maria um Hilfe zu bitten; oder an jene von tiefer Liebe erfüllten Blicke auf den gekreuzigten Christus. Wer das heilige gläubige Volk Gottes liebt, kann diese Handlungen nicht einzig als eine natürliche Suche des Göttlichen ansehen. Sie sind der Ausdruck eines gottgefälligen Lebens, beseelt vom Wirken des Heiligen Geistes, der in unsere Herzen eingegossen ist (vgl. *Röm* 5,5).

126. Da die Volksfrömmigkeit Frucht des inkulturierten Evangeliums ist, ist in ihr eine aktiv evangelisierende Kraft eingeschlossen, die wir nicht unterschätzen dürfen; anderenfalls würden wir die Wirkung des Heiligen Geistes verkennen. Wir sind vielmehr aufgerufen, sie zu fördern und zu verstärken, um den Prozess der

Inkulturation zu vertiefen, der niemals abgeschlossen ist. Die Ausdrucksformen der Volksfrömmigkeit haben vieles, das sie uns lehren können, und für den, der imstande ist, sie zu deuten, sind sie ein *theologischer Ort*. Diesem sollen wir Aufmerksamkeit schenken, besonders im Hinblick auf die neue Evangelisierung.

Von Mensch zu Mensch

127. Nun, da die Kirche eine tiefe missionarische Erneuerung vollziehen möchte, gibt es eine Form der Verkündigung, die uns allen als tägliche Pflicht zukommt. Es geht darum, das Evangelium zu den Menschen zu bringen, mit denen jeder zu tun hat, zu den Nächsten wie zu den Unbekannten. Es ist die informelle Verkündigung, die man in einem Gespräch verwirklichen kann, und es ist auch die, welche ein Missionar handhabt, wenn er ein Haus besucht. Jünger sein bedeutet, ständig bereit zu sein, den anderen die Liebe Jesu zu bringen, und das geschieht spontan an jedem beliebigen Ort, am Weg, auf dem Platz, bei der Arbeit, auf einer Straße.

128. Der erste Schritt dieser stets respektvollen und freundlichen Verkündigung besteht aus einem persönlichen Gespräch, in dem der andere Mensch sich ausdrückt und seine Freuden, seine Hoffnungen, die Sorgen um seine Lieben und viele Dinge, von denen sein Herz voll ist, mitteilt. Erst nach diesem Gespräch ist es möglich, das Wort Gottes vorzustellen, sei es mit der Lesung irgendeiner Schriftstelle oder erzählenderweise, aber immer im Gedanken an die grundlegende Verkündigung: die persönliche Liebe Gottes, der Mensch geworden ist, sich für uns hingegeben hat und als Lebender sein Heil und seine Freundschaft anbietet. Es ist die Verkündigung, die man in einer demütigen, bezeugenden Haltung mitteilt wie einer, der stets zu lernen weiß, im Bewusstsein, dass die Botschaft so reich und so tiefgründig ist, dass sie uns immer überragt. Manchmal drückt man sie auf direktere Weise aus, andere Male durch ein persönliches Zeugnis, eine Erzählung, eine Geste oder die Form, die der Heilige Geist selbst in einem konkreten Umstand hervorrufen kann. Wenn es vernünftig erscheint und die entsprechenden Bedingungen gegeben sind, ist es gut, wenn diese brüderliche und missionarische Begegnung mit einem kurzen Gebet abgeschlossen wird, das die Sorgen aufnimmt, die der Gesprächspartner zum Ausdruck gebracht hat. Er wird dann deutlicher spüren, dass er angehört und verstanden wurde, dass seine Situation in Gottes Hand gelegt wurde, und er wird erkennen, dass das Wort Gottes wirklich sein Leben anspricht.

129. Man darf nicht meinen, die Verkündigung des Evangeliums müsse immer mit bestimmten festen Formeln oder mit genauen Worten übermittelt werden, die einen absolut unveränderlichen Inhalt ausdrücken. Sie wird in so verschiedenen Formen weitergegeben, dass es unmöglich wäre, sie zu beschreiben oder aufzulisten; in ihnen ist das Volk Gottes mit seinen unzähligen Gesten und Zeichen ein kollektives Subjekt. Folglich wird das Evangelium, wenn es in einer Kultur Gestalt angenommen hat, nicht mehr nur durch die Verkündigung von Mensch zu Mensch bekannt gemacht. Das muss uns daran denken lassen, dass die Teilkirchen in jenen Ländern, wo das Christentum eine Minderheit ist, nicht nur jeden Getauften zur Verkündigung des Evangeliums ermutigen, sondern darüber hinaus aktiv zumindest anfängliche Formen der Inkulturation fördern müssen. Letztlich ist eine Verkündigung des Evangeliums anzustreben, welche eine neue Synthese des Evangeliums mit der Kultur, in der es mit deren Kategorien verkündet wird, hervorruft. Obwohl diese Prozesse immer langwierig sind, lähmt uns manchmal zu sehr die Angst. Wenn wir den Zweifeln und Befürchtungen erlauben, jeden Wagemut zu ersticken, kann es geschehen, dass wir, anstatt kreativ zu sein, einfach in unserer Bequemlichkeit verharren, ohne irgendeinen Fortschritt zu bewirken. Und in dem Fall werden wir nicht mit unserer Mitarbeit an historischen Prozessen teilhaben, sondern schlicht Beobachter einer sterilen Stagnation der Kirche sein.

Charismen im Dienst der evangelisierenden Gemeinschaft

130. Der Heilige Geist bereichert die ganze evangelisierende Kirche auch mit verschiedenen Charismen. Diese Gaben erneuern die Kirche und bauen sie auf.[108] Sie sind kein verschlossener Schatz, der einer Gruppe anvertraut wird, damit sie ihn hütet; es handelt sich vielmehr um Geschenke des Geistes, die in den Leib der Kirche eingegliedert und zur Mitte, die Christus ist, hingezogen werden, von wo aus sie in einen Evangelisierungsimpuls einfließen. Ein deutliches Zeichen für die Echtheit eines Charismas ist seine Kirchlichkeit, seine Fähigkeit, sich harmonisch in das Leben des heiligen Gottesvolkes einzufügen zum Wohl aller. Eine authentische vom Geist erweckte Neuheit hat es nicht nötig, einen Schatten auf andere Spiritualitäten und Gaben zu werfen, um sich durchzusetzen. Je mehr ein Charisma seinen Blick auf den Kern des Evangeliums richtet, umso kirchlicher wird seine Ausübung sein. Auch wenn es Mühe kostet: Die Gemeinschaft ist der

---

108 Vgl. Zweites Vatikanisches Konzil, Dogm. Konst. *Lumen gentium* über die Kirche, 12.

Ort, wo ein Charisma sich als echt und geheimnisvoll fruchtbar erweist. Wenn die Kirche sich dieser Herausforderung stellt, kann sie ein Vorbild für den Frieden in der Welt sein.

131. Die Unterschiede zwischen den Menschen und den Gemeinschaften sind manchmal lästig, doch der Heilige Geist, der diese Verschiedenheiten hervorruft, kann aus allem etwas Gutes ziehen und es in eine Dynamik der Evangelisierung verwandeln, die durch Anziehung wirkt. Die Verschiedenheit muss mit Hilfe des Heiligen Geistes immer versöhnt sein; nur er kann die Verschiedenheit, die Pluralität, die Vielfalt hervorbringen und zugleich die Einheit verwirklichen. Wenn hingegen wir es sind, die auf der Verschiedenheit beharren, und uns in unsere Partikularismen, in unsere Ausschließlichkeiten zurückziehen, verursachen wir die Spaltung, und wenn andererseits wir mit unseren menschlichen Plänen die Einheit schaffen wollen, zwingen wir schließlich die Eintönigkeit, die Vereinheitlichung auf. Das hilft der Mission der Kirche nicht.

Die Welt der Kultur, des Denkens und der Erziehung

132. Die Verkündigung an die Welt der Kultur schließt auch eine Verkündigung an die beruflichen, wissenschaftlichen und akademischen Kulturen ein. Es geht um die Begegnung zwischen dem Glauben, der Vernunft und den Wissenschaften, die anstrebt, ein neues Gespräch über die Glaubwürdigkeit zu entwickeln, eine ursprüngliche Apologetik,[109] die helfen soll, die Voraussetzungen zu schaffen, damit das Evangelium von allen gehört wird. Wenn einige Kategorien der Vernunft und der Wissenschaften in die Verkündigung der Botschaft aufgenommen werden, dann werden ebendiese Kategorien Werkzeuge der Evangelisierung; es ist das in Wein verwandelte Wasser. Wenn dies einmal aufgenommen ist, wird es nicht nur erlöst, sondern bildet ein Werkzeug des Geistes, um die Welt zu erleuchten und zu erneuern.

133. Da die Sorge des Evangelisierenden, jeden Menschen zu erreichen, nicht genügt und das Evangelium auch an die Kulturen im Ganzen verkündet wird, kommt der Theologie – und nicht nur der Pastoraltheologie –, die mit anderen Wissenschaften und menschlichen Erfahrungen im Dialog steht, eine wichtige Bedeutung bei der Überlegung zu, wie man das Angebot des Evangeliums der Vielfalt der kulturellen Kontexte und der Empfänger nahebringen kann.[110] Die in der Evangelisierung engagierte Kirche würdigt

---

109 Vgl. *Propositio* 17.
110 Vgl. *Propositio* 30.

und ermutigt das Charisma der Theologen und ihr
Bemühen in der theologischen Forschung, die den Dialog mit der Welt der Kultur und der Wissenschaft fördert. Ich rufe die Theologen auf, diesen Dienst als Teil
der Heilssendung der Kirche zu vollbringen. Doch ist es
für diese Aufgabe nötig, dass ihnen die missionarische
Bestimmung der Kirche und der Theologie selbst am
Herzen liegt und sie sich nicht mit einer Schreibtisch-
Theologie zufrieden geben.

134. Die Universitäten sind ein bevorzugter Bereich,
um dieses Engagement der Evangelisierung auf interdis-
ziplinäre Weise und in wechselseitiger Ergänzung zu
entfalten. Die katholischen Schulen, die immer versuchen, ihre erzieherische Aufgabe mit der ausdrück-
lichen Verkündigung des Evangeliums zu verbinden,
stellen einen sehr wertvollen Beitrag zur Evangelisierung der Kultur dar, auch in den Ländern und in den
Städten, wo eine ungünstige Situation uns anregt,
unsere Kreativität einzusetzen, um die geeigneten Wege
zu finden.[111]

---

111 Vgl. *Propositio* 27.

II. Die Homilie

135. Wenden wir uns jetzt der Verkündigung innerhalb der Liturgie zu, die von den Hirten sehr ernst genommen werden muss. Ich werde besonders – und sogar mit einer gewissen Akribie – bei der Homilie und ihrer Vorbereitung verweilen, denn in Bezug auf diesen wichtigen Dienst gibt es viele Beschwerden, und wir dürfen unsere Ohren nicht verschließen. Die Homilie ist der Prüfstein, um die Nähe und die Kontaktfähigkeit eines Hirten zu seinem Volk zu beurteilen. In der Tat wissen wir, dass die Gläubigen ihr große Bedeutung beimessen; und sie, wie die geweihten Amtsträger selbst, leiden oft, die einen beim Zuhören, die anderen beim Predigen. Es ist traurig, dass das so ist. Dabei kann die Homilie wirklich eine intensive und glückliche Erfahrung des Heiligen Geistes sein, eine stärkende Begegnung mit dem Wort Gottes, eine ständige Quelle der Erneuerung und des Wachstums.

136. Erneuern wir unser Vertrauen in die Verkündigung, das sich auf die Überzeugung gründet, dass Gott es ist, der die anderen durch den Prediger erreichen möchte, und dass er seine Macht durch das menschliche Wort entfaltet. Der heilige Paulus spricht mit Nachdruck über die Notwendigkeit zu predigen, weil der Herr die anderen auch mit unserem Wort erreichen wollte (vgl. *Röm* 10,14–17). Mit dem Wort hat unser Herr das Herz der Menschen gewonnen. Von überallher kamen sie, um ihn zu hören (vgl. *Mk* 1,45). Sie staunten, indem sie seine Lehren gleichsam ›aufsogen‹ (vgl. *Mk* 6,2). Sie spürten, dass er zu ihnen sprach wie einer, der Vollmacht hat (vgl. *Mk* 1,27). Mit dem Wort zogen die Apostel, die er eingesetzt hatte, »die er bei sich haben und die er dann aussenden wollte, damit sie predigten« (*Mk* 3,14), alle Völker in den Schoß der Kirche (vgl. *Mk* 16,15.20).

Der liturgische Kontext

137. Es muss nun daran erinnert werden, dass »die liturgische Verkündigung des Wortes Gottes, vor allem im Rahmen der Eucharistiefeier, nicht nur ein Augenblick der Erbauung und Katechese, sondern das Gespräch Gottes mit seinem Volk ist, ein Gespräch, in dem diesem die Heilswunder verkündet und immer wieder die Ansprüche des Bundes vor Augen gestellt werden«.[112] Es gibt eine besondere Wertschätzung für die Homilie, die aus ihrem eucharistischen Zusammenhang herrührt und sie jede Katechese überragen lässt, da sie den Höhepunkt des Gesprächs zwischen Gott und

---

112 Johannes Paul II., Apostolisches Schreiben *Dies Domini* (31. Mai 1998), 41: *AAS* 90 (1998), 738–739.

seinem Volk vor der sakramentalen Kommunion darstellt. Die Homilie nimmt den Dialog auf, der zwischen
dem Herrn und seinem Volk bereits eröffnet wurde.
Wer predigt, muss das Herz seiner Gemeinde kennen,
um zu suchen, wo die Sehnsucht nach Gott lebendig
und brennend ist und auch wo dieser ursprünglich liebevolle Dialog erstickt worden ist oder keine Frucht
bringen konnte.

138. Die Homilie darf keine Unterhaltungs-Show sein,
sie entspricht nicht der Logik medialer Möglichkeiten,
muss aber dem Gottesdienst Eifer und Sinn geben. Sie
ist eine besondere Gattung, da es sich um eine Verkündigung im Rahmen einer *liturgischen* Feier handelt;
folglich muss sie kurz sein und vermeiden, wie ein Vortrag oder eine Vorlesung zu erscheinen. Der Prediger
mag fähig sein, das Interesse der Leute eine Stunde
lang wach zu halten, aber auf diese Weise wird sein
Wort wichtiger als die Feier des Glaubens. Wenn die
Homilie sich zu sehr in die Länge zieht, schadet sie
zwei Merkmalen der liturgischen Feier: der Harmonie
zwischen ihren Teilen und ihrem Rhythmus. Wenn die
Verkündigung im Kontext der Liturgie geschieht, wird
sie eingefügt als Teil der Opfergabe, die dem Vater dargebracht wird, und als Vermittlung der Gnade, die
Christus in der Feier ausgießt. Ebendieser Kontext verlangt, dass die Verkündigung die Gemeinde und auch

den Prediger auf eine Gemeinschaft mit Christus in der Eucharistie hin ausrichtet, die das Leben verwandelt. Das erfordert, dass das Wort des Predigers nicht einen übertriebenen Raum einnimmt, damit der Herr mehr erstrahlt als der Diener.

Das Gespräch einer Mutter

139. Wir haben gesagt, dass das Volk Gottes durch das ständige Wirken des Geistes in ihm fortwährend sich selber evangelisiert. Was bringt diese Überzeugung für den Prediger mit sich? Sie erinnert uns daran, dass die Kirche Mutter ist und zum Volk so predigt wie eine Mutter, die zu ihrem Kind spricht im Bewusstsein, dass das Kind darauf vertraut, dass alles, was sie es lehrt, zu seinem Besten ist, denn es weiß sich geliebt. Außerdem weiß die gute Mutter alles anzuerkennen, was Gott in ihr Kind hineingelegt hat, hört seine Sorgen an und lernt von ihm. Der Geist der Liebe, der in einer Familie herrscht, leitet die Mutter ebenso wie das Kind in ihren Gesprächen, wo gelehrt und gelernt wird, wo man korrigiert und das Gute würdigt; und so geschieht es auch in der Homilie. Der Heilige Geist, der die Evangelien inspiriert hat und der im Volk Gottes wirkt, inspiriert auch die rechte Art, wie man auf den Glauben des Volkes hören muss und wie man in jeder Eucharistie predigen muss. Die christliche Predigt findet daher im Herzen der Kultur des Volkes eine Quelle lebendigen Wassers, sei es, um zu wissen, was sie sagen soll, sei es, um die angemessene Weise zu finden, es zu sagen. Wie es uns allen gefällt, wenn man in unserer Muttersprache mit uns spricht, so ist es auch im Glauben: Es gefällt uns, wenn man im Schlüssel der ›mütterlichen Kultur‹, im Dialekt der Mutter zu uns spricht (vgl. *2 Makk* 7,21.27), und das Herz macht sich bereit, besser zuzuhören. Diese Sprache ist eine Tonart, die Mut, Ruhe, Kraft und Impuls vermittelt.

140. Dieser mütterlich-kirchliche Bereich, in dem sich der Dialog des Herrn mit seinem Volk abspielt, muss durch die herzliche Nähe des Predigers, die Wärme des Tons seiner Stimme, die Milde des Stils seiner Sätze und die Freude seiner Gesten gefördert und gepflegt werden. Auch in den Fällen, wo die Predigt sich als etwas langweilig herausstellt, wird sie, wenn dieser mütterlich-kirchliche Geist gegeben ist, immer fruchtbar sein, so wie die langweiligen Ratschläge einer Mutter mit der Zeit im Herzen der Kinder Frucht bringen.

141. Voll Bewunderung steht man vor den Möglichkeiten, die der Herr eingesetzt hat, um mit seinem Volk ins Gespräch zu kommen, um sein Geheimnis allen zu offenbaren, um die Leute mit so erhabenen und so anspruchsvollen Lehren zu faszinieren. Ich glaube, dass sich das Geheimnis in jenem Blick Jesu auf das Volk verbirgt, der über dessen Schwächen und Sünden hinausgeht: »Fürchte dich nicht, du kleine Herde! Denn euer Vater hat beschlossen, euch das Reich zu geben« (*Lk* 12,32); in diesem Geist predigt Jesus. Voller Freude im Heiligen Geist preist er den Vater, der die Kleinen anzieht: »Ich preise dich, Vater, Herr des Himmels und der Erde, weil du all das den Weisen und Klugen verborgen, den Unmündigen aber offenbart hast« (*Lk* 10,21). Der Herr findet wirklich Gefallen daran, sich mit seinem Volk zu unterhalten, und dem Prediger kommt die Aufgabe zu, seine Leute diese Freude des Herrn erfahren zu lassen.

Worte, die die Herzen entfachen

142. Ein Dialog ist weit mehr als die Mitteilung einer Wahrheit. Er kommt zustande aus Freude am Reden und um des konkreten Gutes willen, das unter denen, die einander lieben, mit Hilfe von Worten mitgeteilt wird. Es ist ein Gut, das nicht in Dingen besteht, sondern in den Personen selbst, die sich im Dialog einander schenken. Eine rein moralistische oder unterweisende Verkündigung und auch jene, die zu einer Exegese-Vorlesung wird, schränkt diese Kommunikation zwischen den Herzen ein, die in der Homilie gegeben ist und die einen geradezu sakramentalen Charakter haben muss: »So gründet der Glaube in der Botschaft, die Botschaft im Wort Christi« (*Röm* 10,17). In der Homilie geht die Wahrheit mit der Schönheit und dem Guten einher. Es handelt sich nicht um abstrakte Wahrheiten oder kalte Syllogismen, denn es wird auch die Schönheit der Bilder mitgeteilt, die der Herr gebrauchte, um anzuregen, das Gute zu tun. Das Gedächtnis des gläubigen Volkes muss wie das von Maria von den wunderbaren Taten Gottes überfließen. In der Hoffnung auf eine freudige und mögliche Übung der ihm verkündeten Liebe spürt sein Herz, dass jedes Wort der Schrift vor allem Geschenk und erst in zweiter Linie Anspruch ist.

143. Die Herausforderung einer inkulturierten Predigt besteht darin, die ›Synthese‹ der Botschaft des Evangeliums und nicht zusammenhanglose Ideen oder Werte zu übermitteln. Wo deine ›Synthese‹ liegt, da ist dein Herz. Der Unterschied zwischen dem Erklären von Ideen ohne inneren Zusammenhang und dem Erklären einer ›Synthese‹ ist derselbe wie der zwischen der Langeweile und dem Brennen des Herzens. Der Prediger hat die sehr schöne und schwierige Aufgabe, die Herzen, die sich lieben, zu vereinen: das des Herrn und die seines Volkes. Das Gespräch zwischen Gott und seinem Volk stärkt weiter den Bund zwischen ihnen und festigt das Band der Liebe. Während der Zeit der Homilie schweigen die Herzen der Gläubigen und lassen ihn sprechen. Der Herr und sein Volk reden in tausendfacher Weise direkt miteinander, ohne Mittler. In der Homilie aber wollen sie, dass jemand sich zum Werkzeug macht und die Empfindungen zum Ausdruck bringt, so dass in der Folge jeder entscheiden kann, wie er das Gespräch fortsetzen will. Das Wort ist wesentlicher Mittler und erfordert nicht nur die beiden Gesprächspartner, sondern auch einen Prediger, der es als solches darstellt in der Überzeugung, dass »wir nämlich nicht uns selbst verkündigen, sondern Jesus Christus als den Herrn, uns aber als eure Knechte um Jesu willen« (*2 Kor* 4,5).

144. Mit Herz sprechen schließt ein, dass man ihm nicht nur das innere Feuer bewahren muss, sondern auch das Licht, das ihm aus der Offenbarung in ihrer Gesamtheit zufließt und aus dem Weg, den das Wort Gottes im Herzen der Kirche und unseres gläubigen Volkes im Laufe der Geschichte zurückgelegt hat. Die christliche Identität, die jene Umarmung in der Taufe darstellt, die der himmlische Vater uns geschenkt hat, als wir noch klein waren, lässt uns wie ›verlorene Söhne‹ – die in Maria sein besonderes Wohlgefallen genießen – sehnlich die andere Umarmung des barmherzigen Vaters begehren, der uns in der Herrlichkeit erwartet. Dafür zu sorgen, dass unser Volk sich wie inmitten dieser beiden Umarmungen fühlt, ist die schwere, aber schöne Aufgabe dessen, der das Evangelium verkündet.

III. Die Vorbereitung auf die Predigt

145. Die Vorbereitung auf die Predigt ist eine so wichtige Aufgabe, dass es nötig ist, ihr eine längere Zeit des Studiums, des Gebetes, der Reflexion und der pastoralen Kreativität zu widmen. In aller Freundlichkeit möchte ich hier nun einen Weg der Vorbereitung auf die Homilie vorschlagen. Es sind Hinweise, die einigen als selbstverständlich erscheinen mögen, aber ich halte es für angebracht, sie zu empfehlen, um an die Notwendigkeit zu erinnern, diesem wertvollen Dienst eine bevorzugte Zeit zu widmen. Manche Pfarrer pflegen dagegen einzuwenden, das sei aufgrund der vielen Obliegenheiten, die sie erledigen müssen, nicht möglich. Dennoch wage ich zu bitten, dass dieser Aufgabe jede Woche persönlich wie gemeinschaftlich eine ausreichend lange Zeit gewidmet wird, selbst wenn dann für andere, ebenfalls wichtige Aufgaben weniger Zeit übrig bleibt. Das Vertrauen auf den Heiligen Geist, der in der Verkündigung wirkt, ist nicht rein passiv, sondern aktiv und *kreativ*. Es schließt ein, sich mit allen eigenen Fähigkeiten als Werkzeug darzubieten (vgl. *Röm* 12,1), damit sie von Gott genutzt werden können. Ein Prediger, der sich nicht vorbereitet, ist nicht ›geistlich‹, er ist unredlich und verantwortungslos gegenüber den Gaben, die er empfangen hat.

Der Dienst der Wahrheit

146. Nachdem man den Heiligen Geist angerufen hat, ist der erste Schritt, die ganze Aufmerksamkeit dem biblischen Text zu widmen, der die Grundlage der Predigt sein muss. Wenn jemand innehält und zu verstehen versucht, was die Botschaft eines Textes ist, übt er den »Dienst der Wahrheit«[113] aus. Es ist die Demut des Herzens, die anerkennt, dass das Wort Gottes uns immer übersteigt, dass wir »weder ihre Besitzer noch ihre Herren sind, sondern nur ihre Hüter, ihre Herolde, ihre Diener«.[114] Diese Haltung einer demütigen und staunenden Verehrung des Wortes Gottes äußert sich darin, dabei zu verweilen, es sehr sorgfältig zu studieren, in heiliger Furcht davor, es zu manipulieren. Um einen biblischen Text auslegen zu können, braucht es Geduld, muss man alle Unruhe ablegen und Zeit, Interesse und *unentgeltliche* Hingabe einsetzen. Man muss jegliche Besorgnis, die einen bedrängt, beiseiteschieben, um in

---

113 Paul VI., Apostolisches Schreiben *Evangelii nuntiandi* (8. Dezember 1975), 78: *AAS* 68 (1976), 71.

114 *Ebd.*

ein anderes Umfeld gelassener Aufmerksamkeit ein-zutreten. Es ist nicht der Mühe wert, einen biblischen Text zu lesen, wenn man schnelle, einfache oder unmit-telbare Ergebnisse erzielen will. Deshalb erfordert die Vorbereitung auf die Predigt Liebe. Einzig den Dingen oder Personen, die man liebt, widmet man eine Zeit, ohne Gegenleistung zu erwarten und ohne Eile; und hier geht es darum, Gott zu lieben, der *sprechen* wollte. Von dieser Liebe her kann man die ganze Zeit, die nötig ist, in der Haltung des Jüngers verweilen: »Rede, Herr; denn dein Diener hört« (*1 Sam* 3,9).

147. Vor allem muss man sicher sein, die Bedeutung der *Worte*, die wir lesen, entsprechend zu verstehen. Ich möchte etwas betonen, das offenkundig scheint, aber nicht immer berücksichtigt wird: Der biblische Text, den wir studieren, ist zwei- oder dreitausend Jahre alt, seine Sprache ist ganz verschieden von der, die wir heute benutzen. So sehr es uns auch scheinen mag, die Worte zu verstehen, die in unsere Sprache übersetzt sind, bedeutet das nicht, dass wir auch richtig verstehen, was der heilige Verfasser ausdrücken wollte. Die verschiedenen Mittel, die die literarische Analyse bietet, sind bekannt: auf die Worte achten, die sich wie-derholen oder die hervorstechen, die Struktur und die eigene Dynamik eines Textes erkennen, den Platz bedenken, den die Personen einnehmen usw. Aber das

Ziel ist nicht, alle kleinen Details eines Textes zu verstehen. Das Wichtigste ist zu entdecken, was die *Hauptbotschaft* ist, die dem Text Struktur und Einheit verleiht. Wenn der Prediger diese Anstrengung nicht unternimmt, dann ist es möglich, dass auch seine Predigt keine Einheit und Ordnung hat; seine Rede wird nur eine Summe verschiedener unzusammenhängender Ideen sein, die nicht imstande sind, die anderen zu bewegen. Die zentrale Botschaft ist die, welche der Autor an erster Stelle übermitteln wollte, was einschließt, nicht nur den Gedanken zu erkennen, sondern auch die Wirkung, die jener Autor erzielen wollte. Wenn ein Text geschrieben wurde, um zu trösten, sollte er nicht verwendet werden, um Fehler zu korrigieren; wenn er geschrieben wurde, um zu ermahnen, sollte er nicht verwendet werden, um zu unterweisen; wenn er geschrieben wurde, um etwas über Gott zu lehren, sollte er nicht verwendet werden, um verschiedene theologische Meinungen zu erklären; wenn er geschrieben wurde, um zum Lobpreis oder zur Missionsarbeit anzuregen, lasst ihn uns nicht verwenden, um über die letzten Neuigkeiten zu informieren.

148. Gewiss, um den Sinn der zentralen Botschaft eines Textes entsprechend zu verstehen, ist es notwendig, ihn mit der von der Kirche überlieferten Lehre der gesamten Bibel in Zusammenhang zu bringen. Das ist ein wichtiges Prinzip der Bibelauslegung, das die Tatsache berücksichtigt, dass der Heilige Geist nicht nur einen Teil, sondern die ganze Bibel inspiriert hat und dass das Volk in einigen Fragen aufgrund der gemachten Erfahrung in seinem Verständnis des Willens Gottes gewachsen ist. Auf diese Weise werden falsche oder parteiische Auslegungen vermieden, die anderen Lehren derselben Schrift widersprechen. Doch das bedeutet nicht, den eigenen und besonderen Akzent des Textes, über den man predigen muss, abzuschwächen. Einer der Fehler einer öden und wirkungslosen Predigt ist genau der, nicht imstande zu sein, die eigene Kraft des verkündeten Textes zu übermitteln.

Der persönliche Umgang mit dem Wort

149. Der Prediger muss »zuallererst selber eine große persönliche Vertrautheit mit dem Wort Gottes entwickeln: Für ihn genügt es nicht, dessen sprachlichen oder exegetischen Aspekt zu kennen, der sicher auch notwendig ist; er muss sich dem Wort mit bereitem und betendem Herzen nähern, damit es tief in seine Gedanken und Gefühle eindringt und in ihm eine neue Gesinnung erzeugt«.[115] Es tut uns gut, jeden Tag,

---

115 Johannes Paul II., Nachsynodales Apostolisches Schreiben *Pastores dabo vobis* (15. März 1992), 26: *AAS* 84 (1992), 698.

jeden Sonntag unseren Eifer in der Vorbereitung der Homilie zu erneuern und zu prüfen, ob in uns die Liebe zu dem Wort, das wir predigen, wächst. Man sollte nicht vergessen, dass »im Besonderen die größere oder geringere Heiligkeit des Dieners tatsächlich die Verkündigung des Wortes beeinflusst«.[116] Der heilige Paulus sagt: »Wir predigen nicht […] um den Menschen, sondern um Gott zu gefallen, der unsere Herzen prüft« (*1 Thess* 2,3 – 4). Wenn in uns der Wunsch lebendig ist, als Erste auf das Wort zu hören, das wir predigen sollen, wird sich dieses auf die eine oder andere Weise auf das Volk Gottes übertragen: »Wovon das Herz voll ist, davon spricht der Mund« (*Mt* 12,34). Die Sonntagslesungen werden in ihrem ganzen Glanz im Herzen des Volkes widerhallen, wenn sie zuallererst so im Herzen des Hirten erklungen sind.

150. Jesus wurde ärgerlich angesichts dieser vorgeblichen, den anderen gegenüber sehr anspruchsvollen Meister, die das Wort Gottes lehrten, sich aber nicht von ihm erleuchten ließen: »Sie schnüren schwere Lasten zusammen und legen sie den Menschen auf die Schultern, wollen selber aber keinen Finger rühren, um die Lasten zu tragen« (*Mt* 23,4). Der Apostel Jakobus mahnte: »Nicht so viele von euch sollen Lehrer werden,

---

116 *Ebd.*, 25: *AAS* 84 (1992), 696.

meine Brüder. Ihr wisst, dass wir im Gericht strenger beurteilt werden« (*Jak* 3,1). Wer predigen will, der muss zuerst bereit sein, sich vom Wort ergreifen zu lassen und es in seinem konkreten Leben Gestalt werden zu lassen. In dem Fall besteht das Predigen in der so intensiven und fruchtbaren Tätigkeit, »den anderen das mitzuteilen, was man selber betrachtet hat«.[117] Aus all diesen Gründen muss man, bevor man konkret vorbereitet, was man sagen wird, akzeptieren, zuerst von jenem Wort getroffen zu werden, das die anderen treffen soll, denn es ist *lebendig und kraftvoll*, und wie ein Schwert »dringt es durch bis zur Scheidung von Seele und Geist, von Gelenk und Mark; es richtet über die Regungen und Gedanken des Herzens« (*Hebr* 4,12). Das hat eine pastorale Bedeutung. Auch in dieser Zeit ziehen die Menschen vor, die Zeugen zu hören: Man »verlangt geradezu nach Echtheit« und »fordert Verkünder, die von einem Gott sprechen, den sie selber kennen und der ihnen so vertraut ist, als sähen sie den Unsichtbaren«.[118]

151. Es wird von uns nicht verlangt, dass wir makellos sind, sondern vielmehr, dass wir immer im Wachsen begriffen sind, dass wir in dem tiefen Wunsch leben,

---

117 Thomas von Aquin, *Summa Theologiae* II–II, q. 188, a. 6.

118 Paul VI., Apostolisches Schreiben *Evangelii nuntiandi* (8. Dezember 1975), 76: *AAS* 68 (1976), 68.

auf dem Weg des Evangeliums voranzuschreiten, und den Mut nicht verlieren. Unerlässlich ist für den Prediger, die Gewissheit zu haben, dass Gott ihn liebt, dass Jesus Christus ihn gerettet hat und dass seine Liebe immer das letzte Wort hat. Angesichts solcher Schönheit wird er oft spüren, dass sein Leben ihr nicht vollkommen die Ehre gibt, und wird sich aufrichtig wünschen, auf eine so große Liebe besser zu antworten. Doch wenn er nicht innehält, um das Wort Gottes mit echter Offenheit zu hören, wenn er nicht zulässt, dass es sein Leben anrührt, ihn in Frage stellt, ihn ermahnt, ihn aufrüttelt, wenn er sich nicht Zeit nimmt, um mit dem Wort Gottes zu beten, dann ist er tatsächlich ein falscher Prophet, ein Betrüger oder ein eitler Scharlatan. Auf jeden Fall kann er, wenn er seine Dürftigkeit erkennt und den Wunsch hat, sich mehr zu engagieren, sich immer Jesus Christus schenken und dabei mit Petrus sagen: »Silber und Gold besitze ich nicht. Doch was ich habe, das gebe ich dir« (*Apg* 3,6). Der Herr möchte uns einsetzen als lebendige, freie und kreative Menschen, die sich von seinem Wort durchdringen lassen, bevor sie es weitergeben. Seine Botschaft muss wirklich den Weg über den Prediger nehmen, aber nicht nur über seine Vernunft, sondern indem es von seinem ganzen Sein Besitz ergreift. Der Heilige Geist, der das Wort der Schrift inspiriert hat, ist derjenige, »der heute wie in den Anfängen der Kirche in all jenen am Werk ist, die das Evangelium verkünden und sich von ihm ergreifen und führen lassen; er legt ihnen Worte in den Mund, die sie allein niemals finden könnten«.[119]

Die geistliche Lesung

152. Es gibt eine konkrete Weise, das zu hören, was der Herr uns in seinem Wort sagen will, und uns von seinem Heiligen Geist verwandeln zu lassen. Es ist das, was wir ›lectio divina‹ nennen. Sie besteht im Lesen des Wortes Gottes innerhalb einer Zeit des Gebetes, um ihm zu erlauben, uns zu erleuchten und zu erneuern. Dieses betende Lesen der Bibel ist nicht von dem Studium getrennt, das der Prediger unternimmt, um die zentrale Botschaft des Textes zu finden; im Gegenteil, es muss von hier ausgehen in dem Versuch, zu entdecken, was *ebendiese Botschaft* seinem Leben sagen will. Die geistliche Lesung eines Textes muss von seiner wörtlichen Bedeutung ausgehen. Andernfalls geschieht es leicht, dass man den Text das sagen lässt, was angenehm ist, was dazu dient, die eigenen Entscheidungen zu bestätigen, was zu den eigenen geistigen Schablonen passt. Das hieße letztlich, etwas Heiliges zum eigenen Vorteil zu nutzen und diese Verwirrung auf das Volk

---

119 *Ebd.*, 75: *AAS* 68 (1976), 65.

Gottes zu übertragen. Man darf nie vergessen, dass manchmal »auch der Satan sich als Engel des Lichts tarnt« (*2 Kor* 11,14).

153. Es ist gut, sich in der Gegenwart Gottes bei einer ruhigen Lektüre des Textes zum Beispiel zu fragen: Herr, was sagt *mir* dieser Text? Was möchtest du mit dieser Botschaft an meinem Leben ändern? Was stört mich in diesem Text? Warum interessiert mich das nicht? – oder: Was gefällt mir, was spornt mich an in diesem Wort? Was zieht mich an? Warum zieht es mich an? – Wenn man versucht, auf den Herrn zu hören, ist es normal, Versuchungen zu haben. Eine von ihnen besteht einfach darin, sich gestört oder beklommen zu fühlen und sich zu verschließen; eine andere sehr verbreitete Versuchung ist, daran zu denken, was der Text den anderen sagt, um zu vermeiden, ihn auf das eigene Leben anzuwenden. Es kommt auch vor, dass man beginnt, Ausreden zu suchen, die einem erlauben, die spezifische Botschaft eines Textes zu verwässern. Andere Male meinen wir, Gott verlange eine zu große Entscheidung von uns, die zu fällen wir noch nicht in der Lage sind. Das führt bei vielen Menschen dazu, die Freude an der Begegnung mit dem Wort Gottes zu verlieren, doch das würde bedeuten zu vergessen, dass niemand geduldiger ist als Gottvater, dass niemand versteht und hofft wie er. Er lädt immer ein, einen

Schritt mehr zu tun, verlangt aber nicht eine vollständige Antwort, wenn wir noch nicht den Weg zurückgelegt haben, der ihn ermöglicht. Er möchte einfach, dass wir ehrlich auf unser Leben schauen und es ohne Täuschungen vor seine Augen führen; dass wir bereit sind, weiter zu wachsen, und dass wir ihn um das bitten, was wir noch nicht zu erlangen vermögen.

Ein Ohr beim Volk

154. Der Prediger muss auch ein Ohr *beim Volk* haben, um herauszufinden, was für die Gläubigen zu hören notwendig ist. Ein Prediger ist ein Kontemplativer, der seine Betrachtung auf das Wort Gottes und auch auf das Volk richtet. Auf diese Weise macht er sich vertraut, »mit den Wünschen, Reichtümern und Grenzen, mit der Art zu beten, zu lieben, Leben und Welt zu betrachten, wie sie für eine bestimmte Menschengruppe charakteristisch sind«,[120] achtet dabei auf das *konkrete Volk* mit seinen Zeichen und Symbolen und antwortet auf seine besonderen Fragen. Es geht darum, die Botschaft des biblischen Textes mit einer menschlichen Situation zu verbinden, mit etwas aus ihrem Leben, mit einer Erfahrung, die das Licht des Wortes Gottes braucht. Diese Sorge entspricht nicht einer opportunistischen

---

120 *Ebd.*, 63: *AAS* 68 (1976), 53.

oder diplomatischen Haltung, sondern ist zutiefst religiös und pastoral. Es ist im Grunde eine »innere Wachsamkeit, um die Botschaft Gottes aus den Ereignissen herauszulesen«,[121] und das ist viel mehr, als etwas Interessantes zu finden, um darüber zu sprechen. Das, was man zu entdecken sucht, ist, »*was der Herr* uns in der jeweiligen konkreten Situation *zu sagen hat*«.[122] So wird also die Vorbereitung auf die Predigt zu einer Übung *evangeliumsgemäßer Unterscheidung*, bei der man – im Licht des Heiligen Geistes – jenen »Anruf« zu erkennen sucht, »den Gott gerade in dieser geschichtlichen Situation vernehmen lässt. Auch in ihr und durch sie ruft Gott den Glaubenden«.[123]

155. Bei dieser Suche ist es möglich, einfach auf irgendeine häufige menschliche Erfahrung zurückzugreifen wie die Freude über ein Wiedersehen, die Enttäuschungen, die Angst vor der Einsamkeit, das Mitleid mit dem Schmerz anderer, die Unsicherheit angesichts der Zukunft, die Sorge um einen lieben Menschen usw. Es ist jedoch nötig, die Sensibilität zu steigern, um das zu erkennen, was wirklich mit ihrem Leben zu tun hat. Erinnern wir uns daran, dass man *niemals auf Fragen ant-*

---

121 *Ebd.*, 43: *AAS* 68 (1976), 33.

122 *Ebd.*

123 Johannes Paul II., Nachsynodales Apostolisches Schreiben *Pastores dabo vobis* (25. März 1992), 10: *AAS* 84 (1992), 672.

worten soll, *die sich keiner stellt;* und es ist auch nicht angebracht, Berichte über aktuelle Ereignisse zu bieten, um Interesse zu wecken – dafür gibt es bereits die Fernsehprogramme. Auf jeden Fall ist es möglich, von irgendeinem Geschehnis auszugehen, damit das Wort Gottes in seiner Einladung zur Umkehr, zur Anbetung, zu konkreten Haltungen der Brüderlichkeit und des Dienstes usw. mit Nachdruck erklingen kann. Manche Menschen hören nämlich ab und zu gerne in der Predigt Kommentare zur Wirklichkeit, lassen sich dadurch aber nicht persönlich ansprechen.

Pädagogische Mittel

156. Einige meinen, gute Prediger sein zu können, weil sie wissen, was sie sagen müssen, vernachlässigen aber das *Wie*, die konkrete Weise, eine Predigt zu entwickeln. Sie klagen, wenn die anderen ihnen nicht zuhören oder sie nicht schätzen, aber vielleicht haben sie sich nicht bemüht, die geeignete Weise zu finden, die Botschaft zu präsentieren. Erinnern wir uns daran: »Die offenkundige Bedeutung des Inhalts [...] darf jedoch nicht die Bedeutung ihrer Wege und Mittel verdecken.«[124] Auch die Sorge um die Art und Weise des

---

124 Paul VI., Apostolisches Schreiben *Evangelii nuntiandi* (8. Dezember 1975), 40: *AAS* 68 (1976), 31.

Predigens ist eine zutiefst geistliche Haltung. Es bedeutet, auf die Liebe Gottes zu antworten, indem wir uns mit all unseren Fähigkeiten und unserer Kreativität der Aufgabe widmen, die er uns anvertraut; doch es ist auch eine hervorragende Übung der Nächstenliebe, denn wir wollen den anderen nicht etwas Minderwertiges anbieten. In der Bibel finden wir zum Beispiel den Rat, die Predigt ordentlich vorzubereiten, um einen geeigneten Umfang einzuhalten: »Dräng die Worte zusammen, fasse dich kurz« (*Sir* 32,8).

157. Nur um durch Beispiele zu erläutern, erwähnen wir einige praktische Mittel, die eine Predigt bereichern und anziehender machen können. Eine der nötigsten Anstrengungen ist zu lernen, in der Predigt Bilder zu verwenden, das heißt, in Bildern zu sprechen. Manchmal gebraucht man Beispiele, um etwas, das man erklären will, verständlicher zu machen, aber oft zielen diese Beispiele allein auf die Vernunft. Die Bilder hingegen helfen, die Botschaft, die man überbringen will, zu schätzen und anzunehmen. Ein anziehendes Bild lässt die Botschaft als etwas empfinden, das vertraut, nahe, möglich ist und mit dem eigenen Leben in Verbindung gebracht wird. Ein gelungenes Bild kann dazu führen, dass die Botschaft, die man vermitteln will, ausgekostet wird; es weckt einen Wunsch und motiviert den Willen im Sinne des Evangeliums. Eine gute Homilie muss, wie mir ein alter Lehrer sagte, ›eine Idee, ein Gefühl und ein Bild‹ enthalten.

158. Schon Paul VI. sagte: »Die versammelte Gemeinde der Gläubigen [...] erwartet und empfängt [...] sehr viel von dieser Predigt; sie soll einfach sein, klar, direkt, auf die Menschen bezogen.«[125] Die Einfachheit hat etwas mit der verwendeten Sprache zu tun. Um nicht Gefahr zu laufen, umsonst zu sprechen, muss es die Sprache sein, die die Adressaten verstehen. Es kommt oft vor, dass die Prediger Wörter benutzen, die sie während ihrer Studien und in bestimmten Kreisen gelernt haben, die aber nicht zur gewöhnlichen Sprache ihrer Zuhörer gehören. Es gibt Wörter, die eigene Begriffe der Theologie oder der Katechese sind und deren Bedeutung der Mehrheit der Christen nicht verständlich ist. Die größte Gefahr für einen Prediger besteht darin, sich an die eigene Sprache zu gewöhnen und zu meinen, dass alle anderen sie gebrauchen und von selbst verstehen. Wenn man sich an die Sprache der anderen anpassen will, um sie mit dem Wort Gottes zu erreichen, muss man viel zuhören, das Leben der Leute teilen und ihm gerne Aufmerksamkeit widmen. Einfachheit und Klarheit sind zwei verschiedene Dinge. Die Sprache kann ganz einfach sein, die Predigt jedoch

---

125 *Ebd.*, 43: *AAS* 68 (1976), 33.

wenig klar. Sie kann sich als unverständlich erweisen wegen ihrer Unordnung, wegen mangelnder Logik oder weil sie verschiedene Themen gleichzeitig behandelt. Daher ist eine andere notwendige Aufgabe, dafür zu sorgen, dass die Predigt thematisch eine Einheit bildet, eine klare Ordnung und Verbindung zwischen den Sätzen besitzt, so dass die Menschen dem Prediger leicht folgen und die Logik dessen, was er sagt, erfassen können.

159. Ein anderes Merkmal ist die positive Sprache. Sie sagt nicht so sehr, was man nicht tun darf, sondern zeigt vielmehr, was wir besser machen können. Wenn sie einmal auf etwas Negatives hinweist, dann versucht sie immer, auch einen positiven Wert aufzuzeigen, der anzieht, um nicht bei der Klage, beim Gejammer, bei der Kritik oder bei Gewissensbissen stehen zu bleiben. Außerdem gibt eine positive Verkündigung immer Hoffnung, orientiert auf die Zukunft hin und lässt uns nicht eingeschlossen im Negativen zurück. Wie gut ist es, wenn sich Priester, Diakone und Laien regelmäßig treffen, um gemeinsam Mittel und Wege zu finden, um die Verkündigung attraktiver zu gestalten!

IV. Eine Evangelisierung
zur Vertiefung des *Kerygmas*

160. Die missionarische Sendung des Herrn schließt die Aufforderung zum Wachstum im Glauben ein, wenn es heißt: »Und lehrt sie, alles zu befolgen, was ich euch geboten habe« (*Mt* 28,20). Damit wird klar, dass die Erstverkündigung auch einen Weg der Bildung und Reifung in Gang setzen muss. Die Evangelisierung sucht auch das Wachstum, und deshalb gilt es, jede einzelne Person und den Plan, den Gott für sie hat, sehr ernst zu nehmen. Jedes menschliche Wesen braucht Christus mehr und mehr, und die Evangelisierung dürfte nicht zulassen, dass sich jemand mit Wenigem begnügt. Er sollte vielmehr im Vollsinn sagen können: »Nicht mehr ich lebe, sondern Christus lebt in mir« (*Gal* 2,20).

161. Es wäre nicht richtig, diesen Aufruf zum Wachstum ausschließlich oder vorrangig als Bildung in der Glaubenslehre zu verstehen. Es geht darum, das, was der Herr uns geboten hat, als Antwort auf seine Liebe zu »befolgen«, womit zusammen mit allen Tugenden jenes neue Gebot hervorgehoben wird, das das erste und größte ist und das uns am meisten als Jünger erkennbar macht: »Das ist mein Gebot: Liebt einander, so wie ich euch geliebt habe« (*Joh* 15,12). Es ist offensichtlich: Wenn die Verfasser des Neuen Testaments die sittliche Botschaft des Christentums in einer letzten Synthese auf seinen Wesenskern reduzieren wollen, dann verweisen sie uns auf die unausweichliche Forderung der Liebe zum Nächsten: »Wer den *anderen* liebt, hat das Gesetz erfüllt […] Also ist die Liebe die Erfüllung des Gesetzes« (*Röm* 13,8.10). So sagt der heilige Paulus, für den das Liebesgebot nicht nur das Gesetz zusammenfasst, sondern auch sein Herz und seine Daseinsberechtigung ausmacht: »Denn das ganze Gesetz ist in dem einen Wort zusammengefasst: Du sollst *deinen Nächsten* lieben wie dich selbst!« (*Gal* 5,14). Und er stellt seinen Gemeinden das Leben der Christen als einen Weg des Wachstums in der Liebe vor: »Euch aber lasse der Herr wachsen und reich werden in der Liebe zueinander und zu allen, wie auch wir euch lieben« (*1 Thess* 3,12). Auch der heilige Jakobus ermahnt die Christen, »nach dem Wort der Schrift: *Du sollst deinen Nächsten lieben wie dich selbst!* das königliche Gesetz« (2,8) zu erfüllen, um nicht in irgendeinem der Gebote zu versagen.

162. Diesem Weg der Antwort und des Wachstums geht andererseits immer die Gabe voraus, denn vorher ist jene andere Aufforderung des Herrn erfolgt: »Tauft sie auf den Namen …« (*Mt* 28,19). Die Kindschaft, die der Vater unentgeltlich schenkt, und die Initiative der Gabe seiner Gnade (vgl. *Eph* 2,8–9; *1 Kor* 4,7) sind die Bedingung für die Möglichkeit dieser fortlaufenden Heiligung, die Gott wohlgefällig ist und ihn verherrlicht. Es geht darum, dass wir uns in Christus umgestalten lassen durch ein fortschreitendes Leben »nach dem Geist« (*Röm* 8,5).

Eine kerygmatische und mystagogische Katechese

163. Die Erziehung und die Katechese stehen im Dienst dieses Wachstums. Wir verfügen schon über eine Reihe lehramtlicher Texte und Arbeitshilfen für die Katechese, die vom Heiligen Stuhl und einigen Episkopaten angeboten werden. Ich erinnere an das Apostolische Schreiben *Catechesi Tradendae* (1979), das *Allgemeine Direktorium für die Katechese* (1997) und andere Dokumente, deren aktueller Inhalt hier nicht wiederholt werden muss. Ich möchte mich nur bei einigen Erwägungen aufhalten, die hervorzuheben ich für angebracht halte.

164. Wir haben von Neuem entdeckt, dass auch in der Katechese die Erstverkündigung bzw. das ›*Kerygma*‹ eine wesentliche Rolle spielt. Es muss die Mitte der Evangelisierungstätigkeit und jedes Bemühens um kirchliche Erneuerung bilden. Das *Kerygma* hat trinitarischen Charakter. Es ist das Feuer des Geistes, der sich in der Gestalt von Zungen schenkt und uns an Christus glauben lässt, der uns durch seinen Tod und seine Auferstehung die unendliche Barmherzigkeit des Vaters offenbart und mitteilt. Im Mund des Katechisten erklingt immer wieder die erste Verkündigung: ›Jesus Christus liebt dich, er hat sein Leben hingegeben, um dich zu retten, und jetzt ist er jeden Tag lebendig an deiner Seite, um dich zu erleuchten, zu stärken und zu befreien.‹ Wenn diese Verkündigung die ›erste‹ genannt wird, dann nicht, weil sie am Anfang steht und dann vergessen oder durch andere Inhalte, die sie übertreffen, ersetzt wird. Sie ist die ›erste‹ im qualitativen Sinn, denn sie ist die *hauptsächliche* Verkündigung, die man immer wieder auf verschiedene Weisen neu hören muss und die man in der einen oder anderen Form im Lauf der Katechese auf allen ihren Etappen und in allen ihren Momenten immer wieder verkünden muss.[126] Deshalb muss auch »der Priester wie die Kirche in dem Bewusstsein wachsen, dass er es nötig hat, selbst ständig evangelisiert zu werden«.[127]

165. Man darf nicht meinen, dass das *Kerygma* in der Katechese später zugunsten einer angeblich ›solideren‹

---

126 Vgl. *Propositio* 9.

127 Johannes Paul II., Nachsynodales Apostolisches Schreiben *Pastores dabo vobis* (25. März 1992), 26: *AAS* 84 (1992), 698.

Bildung aufgegeben wird. Es gibt nichts Solideres, nichts Tieferes, nichts Sichereres, nichts Dichteres und nichts Weiseres als diese Verkündigung. Die ganze christliche Bildung ist in erster Linie Vertiefung des *Kerygmas,* das immer mehr und besser assimiliert wird, das nie aufhört, das katechetische Wirken zu erhellen, und das hilft, jedes Thema, das in der Katechese entfaltet wird, angemessen zu begreifen. Diese Verkündigung entspricht dem Verlangen nach dem Unendlichen, das es in jedem menschlichen Herzen gibt. Die zentrale Stellung des *Kerygmas* fordert für die Verkündigung Merkmale, die heute überall notwendig sind: Sie muss die erlösende Liebe Gottes zum Ausdruck bringen, die jeder moralischen und religiösen Pflicht vorausgeht, sie darf die Wahrheit nicht aufzwingen und muss an die Freiheit appellieren, sie muss freudig, anspornend und lebendig sein und eine harmonische Gesamtsicht bieten, in der die Predigt nicht auf ein paar Lehren manchmal mehr philosophischen als evangeliumsgemäßen Charakters verkürzt wird. Von dem, der evangelisiert, werden demnach bestimmte Haltungen verlangt, die die Annahme der Verkündigung erleichtern: Nähe, Bereitschaft zum Dialog, Geduld, herzliches Entgegenkommen, das nicht verurteilt.

166. Ein weiteres Merkmal der Katechese, das sich in den letzten Jahrzehnten entfaltet hat, ist das der *mystago-*

gischen Einführung,[128] was im Wesentlichen zweierlei bedeutet: die notwendige stufenweise Entwicklung des Bildungsgeschehens, an dem die ganze Gemeinde beteiligt ist, und eine erneuerte Wertschätzung der liturgischen Zeichen für die christliche Initiation. Viele Handbücher und Planungen haben die Notwendigkeit einer solchen mystagogischen Erneuerung noch nicht aufgegriffen, die je nach dem Urteil der einzelnen Erziehungseinheiten sehr verschiedene Formen annehmen könnte. Die katechetische Begegnung ist eine Verkündigung des Wortes und demnach auf das Wort konzentriert, braucht aber immer eine angemessene Einbettung und attraktive Motivierung, sie braucht sprechende Symbole, muss in einen breiten Prozess des Wachstums eingebunden sein und verlangt die Integration aller Dimensionen der Person auf einem gemeinsamen Weg des Hörens und des Antwortens.

167. Es ist gut, dass jede Katechese dem ›Weg der Schönheit‹ *(via pulchritudinis)* besondere Aufmerksamkeit schenkt.[129] Christus zu verkündigen, bedeutet zu zeigen, dass an ihn glauben und ihm nachfolgen nicht nur etwas Wahres und Gerechtes, sondern etwas Schönes ist, das sogar inmitten von Prüfungen das Leben mit

---

128 Vgl. *Propositio* 38.
129 Vgl. *Propositio* 20.

neuem Glanz und tiefem Glück erfüllen kann. In diesem Sinn können alle Ausdrucksformen wahrer Schönheit als Weg anerkannt werden, der hilft, dem Herrn Jesus zu begegnen. Es geht nicht darum, einen ästhetischen Relativismus zu fördern,[130] der das unlösbare Band verdunkeln könnte, das zwischen Wahrheit, Güte und Schönheit besteht, sondern darum, die Wertschätzung der Schönheit wiederzugewinnen, um das menschliche Herz zu erreichen und in ihm die Wahrheit und Güte des Auferstandenen erstrahlen zu lassen. Wenn wir, wie Augustinus sagt, nur das lieben, was schön ist,[131] dann ist der Mensch gewordene Sohn, die Offenbarung der unendlichen Schönheit, in höchstem Maß liebenswert und zieht uns mit Banden der Liebe an sich. Dann wird es notwendig, dass die Bildung in der *via pulchritudinis* sich in die Weitergabe des Glaubens einfügt. Es ist wünschenswert, dass jede Teilkirche in ihrem Evangelisierungswirken den Gebrauch der Künste fördert, den Reichtum der Vergangenheit fortführend, aber auch die Fülle der Ausdrucksformen der Gegenwart aufgreifend, um den Glauben in einer neuen ›Rede in Gleichnissen‹[132] weiterzugeben. Man

---

130 Vgl. Zweites Vatikanisches Konzil, Dekret *Inter mirifica* über die sozialen Kommunikationsmittel, 6.

131 Vgl. *De musica*, VI, XIII, 38: *PL* 32, 1183–1184; *Confessiones*, IV, XIII, 20: *PL* 32, 701.

132 Benedikt XVI., *Ansprache anlässlich der Ausstrahlung des Dokumentar-*

muss wagen, die neuen Zeichen zu finden, die neuen Symbole, ein neues Fleisch für die Weitergabe des Wortes, die verschiedenen Formen der Schönheit, die in den einzelnen kulturellen Bereichen geschätzt werden, sogar jene unkonventionellen Weisen der Schönheit, die für die Evangelisierenden vielleicht wenig bedeuten, für andere aber besonders attraktiv geworden sind.

168. Was die Darlegung der Moral in der Katechese betrifft, die zum Wachsen in der Treue gegenüber dem Lebensstil des Evangeliums einlädt, ist es angebracht, immer das erstrebenswerte Gute aufzuzeigen, den Entwurf des Lebens, der Reife, der Erfüllung, der Fruchtbarkeit, in dessen Licht unsere Anklage der Übel, die ihn verdunkeln können, nachvollzogen werden kann. Es ist gut, dass man in uns nicht so sehr Experten für apokalyptische Diagnosen sieht bzw. finstere Richter, die sich damit brüsten, jede Gefahr und jede Verirrung aufzuspüren, sondern frohe Boten, die befreiende Lösungen vorschlagen, und Hüter des Guten und der Schönheit, die in einem Leben, das dem Evangelium treu ist, erstrahlen.

---

films ›Kunst und Glauben – via pulchritudinis‹ (25. Oktober 2012): *L'Osservatore Romano* (27. Oktober 2012), 7.

169. In einer Zivilisation, die an der Anonymität leidet und paradoxerweise zugleich, schamlos krank an einer ungesunden Neugier, darauf versessen ist, Details aus dem Leben der anderen zu erfahren, braucht die Kirche den Blick der Nähe, um den anderen anzuschauen, gerührt zu werden und vor ihm Halt zu machen, so oft es nötig ist. In dieser Welt können die geweihten Diener und die übrigen in der Seelsorge Tätigen den Wohlgeruch der Nähe und Gegenwart Jesu und seines persönlichen Blicks wahrnehmbar machen. Die Kirche wird ihre Glieder – Priester, Ordensleute und Laien – in diese ›Kunst der Begleitung‹ einführen müssen, damit alle stets lernen, vor dem heiligen Boden des anderen sich die Sandalen von den Füßen zu streifen (vgl. *Ex* 3,5). Wir müssen unserem Wandel den heilsamen Rhythmus der Zuwendung geben, mit einem achtungsvollen Blick voll des Mitleids, der aber zugleich heilt, befreit und zum Reifen im christlichen Leben ermuntert.

170. Auch wenn das offensichtlich scheint, muss die geistliche Begleitung mehr und mehr zu Gott hinführen, denn in ihm können wir die wahre Freiheit erlangen. Einige halten sich für frei, wenn sie abseits von Gott eigene Wege gehen. Aber sie merken nicht, dass sie dabei existentiell verwaisen, dass sie ohne Schutz sind, ohne ein Heim, in das sie immer zurückkehren können. Sie hören auf, Pilger zu sein, und werden zu Umherirrenden, die immer um sich selbst kreisen, ohne je an ein Ziel zu gelangen. Die Begleitung wäre allerdings kontraproduktiv, wenn sie zu einer Art Therapie würde, die diese Verschlossenheit der Personen in sich selbst fördert, und aufhörte, Wanderschaft mit Christus zum Vater zu sein.

171. Mehr denn je brauchen wir Männer und Frauen, die aus ihrer Erfahrung als Begleiter die Vorgehensweise kennen, die sich durch Klugheit auszeichnet sowie durch die Fähigkeit zum Verstehen, durch die Kunst des Wartens sowie durch die Fügsamkeit dem Geist gegenüber, damit wir alle zusammen die Schafe, die sich uns anvertrauen, vor den Wölfen, die die Herde zu zerstreuen trachten, beschützen. Wir müssen uns in der Kunst des Zuhörens üben, die mehr ist als Hören. In der Verständigung mit dem anderen steht an erster Stelle die Fähigkeit des Herzens, welche die Nähe möglich macht, ohne die es keine wahre geistliche Begegnung geben kann. Zuhören hilft uns, die passende Geste und das passende Wort zu finden, die uns aus der bequemen Position des Zuschauers herausholen. Nur auf der Grundlage dieses achtungsvollen, mitfühlenden Zuhörens ist es möglich, die Wege für ein echtes

Wachstum zu finden, das Verlangen nach dem christlichen Ideal und die Sehnsucht zu wecken, voll auf die Liebe Gottes zu antworten und das Beste, das Gott im eigenen Leben ausgesät hat, zu entfalten. Immer aber mit der Geduld dessen, der weiß, was der heilige Thomas von Aquin gelehrt hat: Es kann jemand die Gnade und die Liebe haben, trotzdem aber die eine oder andere Tugend »aufgrund einiger entgegengesetzter Neigungen«,[133] die weiter bestehen, nicht gut leben. Mit anderen Worten: Der organische Zusammenhang der Tugenden besteht zwar *in habitu* immer und notwendig, es kann aber Umstände geben, die die *Verwirklichung* dieser tugendhaften Anlagen erschweren. Deshalb bedarf es einer »Pädagogik, welche die Personen schrittweise zur vollen Aneignung des Mysteriums hinführt«.[134] Damit eine gewisse Reife erlangt wird, so dass die Personen fähig werden, wirklich freie und verantwortliche Entscheidungen zu treffen, muss man mit der Zeit rechnen und unermessliche Geduld haben. Der selige Petrus Faber sagte: »Die Zeit ist der Bote Gottes.«

---

133 *Summa Theologiae* I–II q. 65, a. 3, ad 2: *»propter aliquas dispositiones contrarias«.*

134 Johannes Paul II., Nachsynodales Apostolisches Schreiben *Ecclesia in Asia* (6. November 1999), 20: *AAS* 92 (2000), 481.

172. Der Begleiter versteht es, die Situation jedes Einzelnen vor Gott anzuerkennen. Sein Leben in der Gnade ist ein Geheimnis, das niemand von außen ganz verstehen kann. Das Evangelium schlägt uns vor, einen Menschen zurechtzuweisen und ihm aufgrund der Kenntnis der objektiven Bosheit seiner Handlungen wachsen zu helfen (vgl. *Mt* 18,15), ohne jedoch über seine Verantwortung und seine Schuld zu urteilen (vgl. *Mt* 7,1; *Lk* 6,37). Ein guter Begleiter lässt freilich fatalistische Haltungen und Kleinmut nicht zu. Immer lädt er ein, sich heilen zu lassen, seine Bahre zu nehmen (vgl. *Joh* 5,8), das Kreuz zu umarmen, alles hinter sich zu lassen, immer neu aufzubrechen, um das Evangelium zu verkünden. Die eigene Erfahrung, uns begleiten und heilen zu lassen, indem es uns gelingt, unser Leben mit vollkommener Aufrichtigkeit vor unserem Begleiter auszubreiten, lehrt uns, mit den anderen Geduld zu haben und verständnisvoll zu sein, und ermöglicht uns, die Wege zu finden, um ihr Vertrauen zu wecken, so dass sie sich öffnen und bereit sind zu wachsen.

173. Die wahre geistliche Begleitung beginnt und entfaltet sich immer im Bereich des Dienstes am Evangelisierungsauftrag. Die Beziehung des Paulus zu Timotheus und Titus ist ein Beispiel dieser Begleitung und Bildung im Zuge des apostolischen Wirkens. Während er ihnen den Auftrag erteilt, in der Stadt zu bleiben,

»damit du das, was noch zu tun ist, zu Ende führst« (*Tit* 1,5; vgl. *1 Tim* 1,3–5), gibt er ihnen Hinweise für ihr persönliches Leben und die pastorale Arbeit. Hier liegt ein klarer Unterschied zu jeder Form von intimistischer, auf isolierte Selbstverwirklichung bedachter Begleitung. Missionarische Jünger begleiten missionarische Jünger.

Am Wort Gottes orientiert

174. Nicht nur die Homilie muss aus dem Wort Gottes ihre Nahrung schöpfen. Die gesamte Evangelisierung beruht auf dem Wort, das vernommen, betrachtet, gelebt, gefeiert und bezeugt wird. Die Heilige Schrift ist Quelle der Evangelisierung. Es ist daher notwendig, sich unentwegt durch das Hören des Wortes zu bilden. Die Kirche evangelisiert nicht, wenn sie sich nicht ständig evangelisieren lässt. Es ist unerlässlich, dass das Wort Gottes ›immer mehr zum Mittelpunkt allen kirchlichen Handelns werde‹.[135] Das vernommene und – vor allem in der Eucharistie – gefeierte Wort Gottes nährt und kräftigt die Christen innerlich und befähigt sie zu einem echten Zeugnis des Evangeliums im Alltag. Wir haben den alten Gegensatz zwischen Wort und Sakrament bereits überwunden. Das leben-

---

135 Benedikt XVI., Nachsynodales Apostolisches Schreiben *Verbum Domini* (30. September 2010), 1: *AAS* 102 (2010), 682.

dige und wirksame verkündete Wort bereitet auf den Empfang des Sakramentes vor, und im Sakrament erreicht dieses Wort seine größte Wirksamkeit.

175. Das Studium der Heiligen Schrift muss ein Tor sein, das allen Gläubigen offensteht.[136] Es ist grundlegend, dass das offenbarte Wort die Katechese und alle Bemühungen zur Weitergabe des Glaubens tiefgreifend befruchtet.[137] Die Evangelisierung braucht die Vertrautheit mit dem Wort Gottes. Das verlangt von den Diözesen, den Pfarreien und allen katholischen Gruppierungen das Angebot eines ernsten und beharrlichen Studiums der Bibel sowie die Förderung ihrer persönlichen und gemeinschaftlichen Lektüre im Gebet.[138] Wir tappen nicht in der Finsternis und müssen nicht darauf warten, dass Gott sein Wort an uns richtet, denn »Gott hat gesprochen, er ist nicht mehr der große Unbekannte, sondern er hat sich gezeigt«.[139] Nehmen wir den erhabenen Schatz des offenbarten Wortes in uns auf.

---

136 Vgl. *Propositio* 11.

137 Vgl. Zweites Vatikanisches Konzil, Dogm. Konst. *Dei Verbum* über die göttliche Offenbarung, 21–22.

138 Vgl. Benedikt XVI., Nachsynodales Apostolisches Schreiben *Verbum Domini* (30. September 2010), 86–87: *AAS* 102 (2010), 757–760.

139 Ders., *Ansprache bei der ersten Generalkongregation der XIII. Ordentlichen Generalversammlung der Bischofssynode* (8. Oktober 2012): *AAS* 104 (2012), 896.

Viertes Kapitel

Die soziale Dimension der Evangelisierung

176. Evangelisieren bedeutet, das Reich Gottes in der Welt gegenwärtig zu machen. »Keine partielle und fragmentarische Definition entspricht jedoch der reichen, vielschichtigen und dynamischen Wirklichkeit, die die Evangelisierung darstellt; es besteht immer die Gefahr, sie zu verarmen und sogar zu verstümmeln.«[140] Nun möchte ich meine Besorgnisse im Zusammenhang mit der sozialen Dimension der Evangelisierung mitteilen, und zwar deshalb, weil man, wenn diese Dimension nicht gebührend deutlich dargestellt wird, immer Gefahr läuft, die echte und vollständige Bedeutung des Evangelisierungsauftrags zu entstellen.

---

140 Paul VI., Apostolisches Schreiben *Evangelii nuntiandi* (8. Dezember 1975), 17: *AAS* 68 (1976), 17.

I. Die gemeinschaftlichen und sozialen Auswirkungen des *Kerygmas*

177. Das *Kerygma* besitzt einen unausweichlich sozialen Inhalt: Im Mittelpunkt des Evangeliums selbst stehen das Gemeinschaftsleben und die Verpflichtung gegenüber den anderen. Der Inhalt der Erstverkündigung hat eine unmittelbare sittliche Auswirkung, deren Kern die Liebe ist.

Bekenntnis des Glaubens und soziale Verpflichtung

178. Einen himmlischen Vater zu bekennen, der jeden einzelnen Menschen unendlich liebt, schließt die Entdeckung ein, dass er »ihm dadurch unendliche Würde verleiht«.[141] Bekennen, dass der Sohn Gottes unser menschliches Fleisch angenommen hat, bedeutet, dass jeder Mensch bis zum Herzen Gottes erhöht worden ist. Bekennen, dass Jesus sein Blut für uns vergossen hat, hindert uns, auch nur den kleinsten Zweifel an der grenzenlosen Liebe zu bewahren, die jeden Menschen adelt. Seine Erlösung hat eine soziale Bedeutung, denn »Gott erlöst in Christus nicht nur die Einzelperson, sondern auch die sozialen Beziehungen

---

141 Johannes Paul II., *Botschaft an Menschen mit Behinderungen, Angelus* (16. November 1980): *Insegnamenti* 3/2 (1980), 1232.

zwischen den Menschen«.[142] Bekennen, dass der Heilige Geist in allen wirkt, schließt die Erkenntnis ein, dass er in jede menschliche Situation und in alle sozialen Bindungen einzudringen sucht: »Der Heilige Geist verfügt über einen für den göttlichen Geist typischen unendlichen Erfindungsreichtum und findet die Mittel, um die Knoten der menschlichen Angelegenheiten zu lösen, einschließlich der kompliziertesten und undurchdringlichsten.«[143] Die Evangelisierung versucht, auch mit diesem befreienden Wirken des Geistes zusammenzuarbeiten. Das Geheimnis der Trinität selbst erinnert uns daran, dass wir nach dem Bild der göttlichen Gemeinschaft erschaffen sind, weshalb wir uns nicht selber verwirklichen, noch von uns aus retten. Vom Kern des Evangeliums her erkennen wir die enge Verbindung zwischen Evangelisierung und menschlicher Förderung, die sich notwendig in allem missionarischen Handeln ausdrücken und entfalten muss. Die Annahme der Erstverkündigung, die dazu einlädt, sich von Gott lieben zu lassen und ihn mit der Liebe zu lieben, die er selbst uns mitteilt, verursacht im Leben des Menschen und in seinem Tun eine erste und grundlegende Reaktion: dass er das

---

142 Päpstlicher Rat für Gerechtigkeit und Frieden, *Kompendium der Soziallehre der Kirche*, 52.

143 Johannes Paul II., *Katechese* (24. April 1991): *Insegnamenti* 14/1 (1991), 856.

Wohl der anderen wünscht und anstrebt als etwas, das ihm am Herzen liegt.

179. Diese unlösbare Verbindung zwischen der Aufnahme der heilbringenden Verkündigung und einer wirklichen Bruderliebe kommt in einigen Texten der Schrift zum Ausdruck, und es ist gut, sie zu bedenken und aufmerksam zu verinnerlichen, um alle Konsequenzen daraus zu ziehen. Es handelt sich um eine Botschaft, an die wir uns oft gewöhnen, sie fast mechanisch wiederholen, ohne uns jedoch klar zu machen, dass sie sich in unserem Leben und in unseren Gemeinschaften real auswirken muss. Wie gefährlich und schädlich ist diese Gewöhnung, die uns dazu führt, das Staunen, die Faszination und die Begeisterung zu verlieren, das Evangelium der Brüderlichkeit und der Gerechtigkeit zu leben! Das Wort Gottes lehrt uns, dass sich im Mitmenschen die kontinuierliche Fortführung der Inkarnation für jeden von uns findet: »Was ihr für einen meiner geringsten Brüder getan habt, das habt ihr mir getan« (*Mt* 25,40). Was wir für die anderen tun, hat eine transzendente Dimension: »Nach dem Maß, mit dem ihr messt und zuteilt, wird euch zugeteilt werden« (*Mt* 7,2), und es ist eine Antwort auf die göttliche Barmherzigkeit uns gegenüber: »Seid barmherzig, wie es auch euer Vater ist! Richtet nicht, dann werdet auch ihr nicht gerichtet werden. Verurteilt nicht, dann werdet auch ihr nicht verurteilt werden. Erlasst einander die Schuld, dann wird auch euch die Schuld erlassen werden. Gebt, dann wird auch euch gegeben werden […] nach dem Maß, mit dem ihr messt und zuteilt, wird auch euch zugeteilt werden« (*Lk* 6,36–38). Was diese Texte ausdrücken, ist die absolute Vorrangigkeit des ›Aus-sich-Herausgehens auf den Mitmenschen zu‹ als eines der beiden Hauptgebote, die jede sittliche Norm begründen, und als deutlichstes Zeichen, anhand dessen man den Weg geistlichen Wachstums als Antwort auf das völlig ungeschuldete Geschenk Gottes überprüfen kann. Aus diesem Grund »ist auch der Dienst der Liebe ein konstitutives Element der kirchlichen Sendung und unverzichtbarer Ausdruck ihres eigenen Wesens«.[144] Wie die Kirche von Natur aus missionarisch ist, so entspringt aus dieser Natur zwangsläufig die wirkliche Nächstenliebe, das Mitgefühl, das versteht, beisteht und fördert.

Das Reich, das uns ruft

180. Aus einer Lektüre der Schrift geht außerdem klar hervor, dass das Angebot des Evangeliums nicht nur in einer persönlichen Beziehung zu Gott besteht. Und unsere Antwort der Liebe dürfte auch nicht als eine

---

144 Benedikt XVI., Motu proprio *Intima Ecclesiae natura* (11. November 2012): *AAS* 104 (2012), 996.

bloße Summe kleiner persönlicher Gesten gegenüber irgendeinem Notleidenden verstanden werden; das könnte eine Art ›Nächstenliebe *à la carte*‹ sein, eine Reihe von Taten, die nur darauf ausgerichtet sind, das eigene Gewissen zu beruhigen. Das Angebot *ist das Reich Gottes* (vgl. *Lk* 4,43); es geht darum, Gott zu lieben, der in der Welt herrscht. In dem Maß, in dem er unter uns herrschen kann, wird das Gesellschaftsleben für alle ein Raum der Brüderlichkeit, der Gerechtigkeit, des Friedens und der Würde sein. Sowohl die Verkündigung als auch die christliche Erfahrung neigen dazu, soziale Konsequenzen auszulösen. Suchen wir sein Reich: »Euch aber muss es zuerst um sein Reich und um seine Gerechtigkeit gehen; dann wird euch alles andere dazugegeben« (*Mt* 6,33). Der Plan Jesu besteht darin, das Reich seines Vaters zu errichten; er verlangt von seinen Jüngern: »Geht und verkündet: Das Himmelreich ist nahe« (*Mt* 10,7).

181. Das Reich, das unter uns vorweggenommen wird und wächst, betrifft alles und erinnert uns an jenes Unterscheidungsprinzip, das Paul VI. in Bezug auf die wahre Entwicklung aufstellte: »jeden Menschen und den ganzen Menschen«[145] im Auge zu haben. Wir wis-

---

145 Enzyklika *Populorum progressio* (26. März 1967), 14: *AAS* 59 (1967), 264.

sen, dass »die Evangelisierung nicht vollkommen [wäre], würde sie nicht dem Umstand Rechnung tragen, dass Evangelium und konkretes Leben des Menschen als Einzelperson und als Mitglied einer Gemeinschaft einander ständig beeinflussen«.[146] Es handelt sich um das der Dynamik des Evangeliums eigene Kriterium der Universalität, da der himmlische Vater will, dass alle Menschen gerettet werden, und sein Heilsplan darin besteht, alles, was im Himmel und auf Erden ist, unter einem einzigen Herrn, nämlich Christus, zu vereinen (vgl. *Eph* 1,10). Der Auftrag lautet: »Geht hinaus in die ganze Welt, und verkündet das Evangelium allen Geschöpfen!« (*Mk* 16,15), denn »die ganze Schöpfung wartet sehnsüchtig auf das Offenbarwerden der Söhne Gottes« (*Röm* 8,19). Die ganze Schöpfung – das heißt auch alle Aspekte der menschlichen Natur: »Der Missionsauftrag, die Gute Nachricht von Jesus Christus zu verkünden, bezieht sich auf die ganze Welt. Jesu Liebesgebot schließt alle Dimensionen des Daseins ein, alle Menschen, alle Milieus und alle Völker. Nichts Menschliches ist ihm fremd.«[147] Die wahre christliche Hoffnung, die das eschatologische Reich sucht, erzeugt immer Geschichte.

---

146 Paul VI., Apostolisches Schreiben *Evangelii nuntiandi* (8. Dezember 1975), 29: *AAS* 68 (1976), 25.

147 V. Generalversammlung der Bischöfe von Lateinamerika und der Karibik, *Dokument von Aparecida* (29. Juni 2007), 380.

182. Die Lehren der Kirche zu den säkularen Angelegenheiten sind größeren und neuen Entwicklungen unterworfen und mögen Diskussionsgegenstand sein; wir können jedoch nicht vermeiden, konkret zu sein – ohne zu beanspruchen, in die Details zu gehen –, damit die großen sozialen Grundsätze nicht bloße allgemeine Hinweise bleiben, die niemanden unmittelbar angehen. Man muss die praktischen Konsequenzen aus ihnen ziehen, damit sie »auch die komplexen aktuellen Situationen wirksam beeinflussen können«.[148] Die Hirten haben unter Berücksichtigung der Beiträge der verschiedenen Wissenschaften das Recht, Meinungen über all das zu äußern, was das Leben der Menschen betrifft, da die Evangelisierungsaufgabe eine ganzheitliche Förderung jedes Menschen einschließt und verlangt. Man kann nicht mehr behaupten, die Religion müsse sich auf den Privatbereich beschränken und sie existiere nur, um die Seelen auf den Himmel vorzubereiten. Wir wissen, dass Gott das Glück seiner Kinder, obwohl sie zur ewigen Fülle berufen sind, auch auf dieser Erde wünscht, denn er hat alles erschaffen, »damit sie sich daran freuen können« (*1 Tim* 6,17), damit *alle* sich

---

148 Päpstlicher Rat für Gerechtigkeit und Frieden, *Kompendium der Soziallehre der Kirche*, 9.

daran freuen können. Daraus folgt, dass die christliche Umkehr verlangt, »besonders [...] all das zu überprüfen, was das Sozialwesen ausmacht und zur Erlangung des Allgemeinwohls beiträgt«.[149]

183. Folglich kann niemand von uns verlangen, dass wir die Religion in das vertrauliche Innenleben der Menschen verbannen, ohne jeglichen Einfluss auf das soziale und nationale Geschehen, ohne uns um das Wohl der Institutionen der menschlichen Gemeinschaft zu kümmern, ohne uns zu den Ereignissen zu äußern, die die Bürger angehen. Wer würde es wagen, die Botschaft des heiligen Franz von Assisi und der seligen Teresa von Kalkutta in ein Gotteshaus einzuschließen und zum Schweigen zu bringen? Sie könnten es nicht hinnehmen. Ein authentischer Glaube – der niemals bequem und individualistisch ist – schließt immer den tiefen Wunsch ein, die Welt zu verändern, Werte zu übermitteln, nach unserer Erdenwanderung etwas Besseres zu hinterlassen. Wir lieben diesen herrlichen Planeten, auf den Gott uns gesetzt hat, und wir lieben die Menschheit, die ihn bewohnt, mit all ihren Dramen und ihren Mühen, mit ihrem Streben und ihren Hoffnungen, mit ihren Werten und ihren Schwächen. Die

149 Johannes Paul II., Nachsynodales Apostolisches Schreiben *Ecclesia in America* (22. Januar 1999), 27: *AAS* 91 (1999), 762.

Erde ist unser gemeinsames Haus, und wir sind alle Brüder. Obwohl »die gerechte Ordnung der Gesellschaft und des Staates […] zentraler Auftrag der Politik« ist, »kann und darf [die Kirche] im Ringen um Gerechtigkeit […] nicht abseits bleiben«.[150] Alle Christen, auch die Hirten, sind berufen, sich um den Aufbau einer besseren Welt zu kümmern. Darum geht es, denn die Soziallehre der Kirche ist in erster Linie positiv und konstruktiv, sie bietet Orientierung für ein verwandelndes Handeln, und in diesem Sinn hört sie nicht auf, ein Zeichen der Hoffnung zu sein, das aus dem liebevollen Herzen Jesu Christi kommt. Zugleich vereint die Kirche »ihre eigenen Bemühungen insbesondere mit dem, was die anderen Kirchen und kirchlichen Gemeinschaften in theoretisch-reflexiver ebenso wie in praktischer Hinsicht im sozialen Bereich leisten«.[151]

184. Es ist hier nicht der Moment, auf all die schwerwiegenden sozialen Probleme einzugehen, von denen die heutige Welt betroffen ist – einige von ihnen habe ich im zweiten Kapitel kommentiert. Dies ist kein Dokument über soziale Fragen, und um über jene verschiedenen Themenkreise nachzudenken, verfügen wir

---

150 Benedikt XVI., Enzyklika *Deus caritas est* (25. Dezember 2005), 28: *AAS* 98 (2006), 239–240.

151 Päpstlicher Rat für Gerechtigkeit und Frieden, *Kompendium der Soziallehre der Kirche*, 12.

mit dem *Kompendium der Soziallehre der Kirche* über ein sehr geeignetes Instrument, dessen Gebrauch und Studium ich nachdrücklich empfehle. Außerdem besitzen weder der Papst noch die Kirche das Monopol für die Interpretation der sozialen Wirklichkeit oder für einen Vorschlag zur Lösung der gegenwärtigen Probleme. Ich kann hier wiederholen, was Paul VI. in aller Klarheit betonte: »Angesichts so verschiedener Situationen ist es für uns schwierig, uns mit einem einzigen Wort zu äußern bzw. eine Lösung von universaler Geltung vorzuschlagen. Das ist nicht unsere Absicht und auch nicht unsere Aufgabe. Es obliegt den christlichen Gemeinden, die Situation eines jeden Landes objektiv zu analysieren.«[152]

185. In der Folge möchte ich versuchen, mich auf zwei große Fragen zu konzentrieren, die in diesem Augenblick der Geschichte grundlegend erscheinen. Ich werde sie mit einer gewissen Ausführlichkeit entwickeln, weil ich meine, dass sie die Zukunft der Menschheit bestimmen werden. Es handelt sich an erster Stelle um die gesellschaftliche Eingliederung der Armen und außerdem um den Frieden und den sozialen Dialog.

---

152 Apostolisches Schreiben *Octogesima adveniens* zum 80. Jahrestag der Enzyklika *Rerum novarum* (14. Mai 1971), 4: *AAS* 63 (1971), 403.

II. Die gesellschaftliche Eingliederung der Armen

186. Aus unserem Glauben an Christus, der arm geworden und den Armen und Ausgeschlossenen immer nahe ist, ergibt sich die Sorge um die ganzheitliche Entwicklung der am stärksten vernachlässigten Mitglieder der Gesellschaft.

Gemeinsam mit Gott hören wir einen Schrei

187. Jeder Christ und jede Gemeinschaft ist berufen, Werkzeug Gottes für die Befreiung und die Förderung der Armen zu sein, so dass sie sich vollkommen in die Gesellschaft einfügen können; das setzt voraus, dass wir gefügig sind und aufmerksam, um den Schrei des Armen zu hören und ihm zu Hilfe zu kommen. Es genügt, in der Heiligen Schrift zu blättern, um zu entdecken, wie der gute himmlische Vater auf den Schrei der Armen hören möchte – »Ich habe das Elend meines Volkes in Ägypten gesehen und ihre laute Klage über ihre Antreiber habe ich gehört. Ich kenne ihr Leid. Ich bin herabgestiegen, um sie zu befreien [...] Und jetzt geh! Ich sende dich« (*Ex* 3,7–8.10) – und wie zuvorkommend er ihren Nöten gegenüber ist: »Als aber die Israeliten zum Herrn schrien, gab ihnen der Herr einen Retter« (*Ri* 3,15). Diesem Schrei gegenüber taub zu bleiben, wenn wir doch die Werkzeuge Gottes sind, um den Armen zu hören, entfernt uns dem Willen des himmlischen Vaters und seinem Plan, zumal dieser Arme »den Herrn gegen dich anruft und Strafe für diese Sünde über dich kommt« (*Dtn* 15,9). Und der Mangel an Solidarität gegenüber seinen Nöten beeinflusst unmittelbar unsere Beziehung zu Gott: »Verbirg dich nicht vor dem Verzweifelten und gib ihm keinen Anlass, dich zu verfluchen. Schreit der Betrübte im Schmerz seiner Seele, so wird Gott, sein Fels, auf sein Wehgeschrei hören« (*Sir* 4,5–6). Immer kehrt die alte Frage wieder: »Wenn jemand Vermögen hat und sein Herz vor dem Bruder verschließt, den er in Not sieht, wie kann die Gottesliebe in ihm bleiben?« (*1 Joh* 3,17). Erinnern wir uns auch, mit welcher Überzeugung der Apostel Jakobus das Bild des Schreis der Unterdrückten aufnahm: »Der Lohn der Arbeiter, die eure Felder abgemäht haben, der Lohn, den ihr ihnen vorenthalten habt, schreit zum Himmel; die Klagerufe derer, die eure Ernte eingebracht haben, dringen zu den Ohren des Herrn der himmlischen Heere« (5,4).

188. Die Kirche hat erkannt, dass die Forderung, auf diesen Ruf zu hören, aus der Befreiung selbst folgt, die die Gnade in jedem von uns wirkt, und deshalb handelt es sich nicht um einen Auftrag, der nur einigen vorbehalten ist: »Die Kirche, die dem Evangelium von der Barmherzigkeit und der Liebe zum Menschen folgt, hört den Ruf nach Gerechtigkeit und möchte mit allen ihren Kräften darauf antworten.«[153] In diesem Rahmen versteht man die Aufforderung Jesu an seine Jünger: »Gebt ihr ihnen zu essen!« (*Mk* 6,37), und das beinhaltet sowohl die Mitarbeit, um die strukturellen Ursachen der Armut zu beheben und die ganzheitliche Entwicklung der Armen zu fördern, als auch die einfachsten und täglichen Gesten der Solidarität angesichts des ganz konkreten Elends, dem wir begegnen. Das Wort ›Solidarität‹ hat sich ein wenig abgenutzt und wird manchmal falsch interpretiert, doch es bezeichnet viel mehr als einige gelegentliche großherzige Taten. Es erfordert, eine neue Mentalität zu schaffen, die in den Begriffen der Gemeinschaft und des Vorrangs des Lebens aller gegenüber der Aneignung der Güter durch einige wenige denkt.

189. Die Solidarität ist eine spontane Reaktion dessen, der die soziale Funktion des Eigentums und die universale Bestimmung der Güter als Wirklichkeiten erkennt, die älter sind als der Privatbesitz. Der private Besitz von Gütern rechtfertigt sich dadurch, dass man sie so hütet und mehrt, dass sie dem Gemeinwohl besser dienen; deshalb muss die Solidarität als die Entscheidung gelebt

---

153 Kongregation für die Glaubenslehre, Instruktion *Libertatis nuntius* (6. August 1984), XI, 1: *AAS* 76 (1984), 903.

werden, dem Armen das zurückzugeben, was ihm zusteht. Wenn diese Einsichten und eine solidarische Gewohnheit uns in Fleisch und Blut übergehen, öffnen sie den Weg für weitere strukturelle Umwandlungen und machen sie möglich. Eine Änderung der Strukturen, die hingegen keine neuen Einsichten und Verhaltensweisen hervorbringt, wird dazu führen, dass ebendiese Strukturen früher oder später korrupt, drückend und unwirksam werden.

190 Manchmal geht es darum, den Schrei ganzer Völker, der ärmsten Völker der Erde zu hören, denn »der Friede gründet sich nicht nur auf die Achtung der Menschenrechte, sondern auch auf die Achtung der Rechte der Völker«.[154] Bedauerlicherweise können sogar die Menschenrechte als Rechtfertigung für eine erbitterte Verteidigung der Rechte des Einzelnen oder der Rechte der reichsten Völker genutzt werden. Bei allem Respekt vor der Unabhängigkeit und der Kultur jeder einzelnen Nation muss doch immer daran erinnert werden, dass der Planet der ganzen Menschheit gehört und für die ganze Menschheit da ist und dass allein die Tatsache, an einem Ort mit weniger Ressourcen oder einer niedrigeren Entwicklungsstufe geboren zu sein, nicht recht-

---

154 Päpstlicher Rat für Gerechtigkeit und Frieden, *Kompendium der Soziallehre der Kirche*, 157.

fertigt, dass einige Menschen weniger würdevoll leben. Es muss noch einmal gesagt werden: »Die am meisten Begünstigten müssen auf einige ihrer Rechte verzichten, um mit größerer Freigebigkeit ihre Güter in den Dienst der anderen zu stellen.«[155] Um in angemessener Weise von unseren Rechten zu sprechen, müssen wir unseren Gesichtskreis erweitern und unsere Ohren dem Schrei anderer Völker oder anderer Regionen unseres Landes öffnen. Wir haben es nötig, in der Solidarität zu wachsen: »Sie muss es allen Völkern erlauben, ihr Geschick selbst in die Hand zu nehmen«,[156] so, wie »jeder Mensch gerufen [ist], sich zu entwickeln«.[157]

191. An jedem Ort und bei jeder Gelegenheit sind die Christen, ermutigt von ihren Hirten, aufgerufen, den Schrei der Armen zu hören. Dies haben die Bischöfe Brasiliens deutlich betont: »Wir möchten jeden Tag Freude und Hoffnung, Trauer und Angst des brasilianischen Volkes, besonders der Bevölkerungen der Stadtrandgebiete und der ländlichen Regionen auf uns nehmen, die – ohne Land, ohne Obdach, ohne Brot, ohne Gesundheit – in ihren Rechten verletzt sind. Da wir ihr

---

155 Paul VI., Apostolisches Schreiben *Octogesima adveniens* zum 80. Jahrestag der Enzyklika *Rerum novarum* (14. Mai 1971), 23: *AAS* 63 (1971), 418.

156 Ders., Enzyklika *Populorum progressio* (26. März 1967), 65: *AAS* 59 (1967), 289.

157 *Ebd.*, 15: *AAS* 59 (1967), 265.

Elend sehen, ihr Schreien hören und ihre Leiden kennen, empört es uns zu wissen, dass ausreichend Nahrung für alle da ist und dass der Hunger auf die schlechte Verteilung der Güter und des Einkommens zurückzuführen ist. Das Problem wird noch verstärkt durch die weit verbreitete Praxis der Verschwendung.«[158]

192. Wir wünschen uns jedoch noch mehr. Unser Traum hat noch höhere Ziele. Wir sprechen nicht nur davon, allen die Nahrung oder eine »menschenwürdige Versorgung« zu sichern, sondern dass sie einen »Wohlstand in seinen vielfältigen Aspekten« erreichen.[159] Das schließt die Erziehung, den Zugang zum Gesundheitswesen und besonders die Arbeit ein, denn in der freien, schöpferischen, mitverantwortlichen und solidarischen Arbeit drückt der Mensch die Würde seines Lebens aus und steigert sie. Der gerechte Lohn ermöglicht den Zugang zu den anderen Gütern, die zum allgemeinen Gebrauch bestimmt sind.

---

158 Conferência Nacional dos Bispos do Brasil, Dokument *Exigências evangélicas e éticas de superação da miséria e da fome* (April 2002), Einführung, 2.

159 Johannes XXIII., Enzyklika *Mater et Magistra* (15. Mai 1961), 3: *AAS* 53 (1961), 402.

193. Der Aufruf, auf den Schrei der Armen zu hören, nimmt in uns menschliche Gestalt an, wenn uns das Leiden anderer zutiefst erschüttert. Lesen wir noch einmal, was das Wort Gottes über die Barmherzigkeit sagt, damit es kraftvoll im Leben der Kirche nachhallt. Das Evangelium verkündet: »Selig die Barmherzigen, denn sie werden Erbarmen finden« (*Mt* 5,7). Der Apostel Jakobus lehrt, dass die Barmherzigkeit den anderen gegenüber uns erlaubt, siegreich aus dem göttlichen Gericht hervorzugehen: »Redet und handelt wie Menschen, die nach dem Gesetz der Freiheit gerichtet werden. Denn das Gericht ist erbarmungslos gegen den, der kein Erbarmen gezeigt hat. Barmherzigkeit aber triumphiert über das Gericht« (2,12–13). In diesem Text erweist Jakobus sich als Erbe des größten Reichtums der nachexilischen jüdischen Spiritualität, die der Barmherzigkeit einen speziellen Heilswert zuschrieb: »Lösch deine Sünden aus durch rechtes Tun, tilge deine Vergehen, indem du Erbarmen hast mit den Armen. Dann mag dein Glück vielleicht von Dauer sein« (*Dan* 4,24). Aus derselben Perspektive spricht die Weisheitsliteratur vom Almosen als einer konkreten Übung der Barmherzigkeit gegenüber den Notleidenden: »Barmherzigkeit rettet vor dem Tod und reinigt von jeder

Sünde« (*Tob* 12,9). In noch plastischerer Weise wird das im Buch Jesus Sirach ausgedrückt: »Wie Wasser loderndes Feuer löscht, so sühnt Mildtätigkeit Sünde« (3,30). Zum gleichen Schluss kommt auch das Neue Testament: »Vor allem haltet fest an der Liebe zueinander; denn die Liebe deckt viele Sünden zu« (*1 Petr* 4,8). Diese Wahrheit drang tief in das Denken der Kirchenväter ein und leistete als kulturelle Alternative einen prophetischen Widerstand gegen den hedonistischen heidnischen Individualismus. Wir erwähnen nur ein Beispiel: »Wie wir in der Gefahr eines Brandes eilen, um Löschwasser zu suchen [...] so ist es auch, wenn aus unserem Stroh die Flamme der Sünde aufsteigen würde und wir darüber verstört wären: Wird uns dann die Gelegenheit zu einem Werk der Barmherzigkeit gegeben, freuen wir uns über dieses Werk, als sei es eine Quelle, die uns angeboten wird, damit wir den Brand löschen können.«[160]

194. Das ist eine so klare, so direkte, so einfache und viel sagende Botschaft, dass keine kirchliche Hermeneutik das Recht hat, sie zu relativieren. Die Reflexion der Kirche über diese Texte dürfte deren ermahnende Bedeutung nicht verdunkeln oder schwächen, sondern vielmehr helfen, sie sich mutig und eifrig zu eigen zu

---

160 Augustinus, *De Catechizandis Rudibus*, I, XIV, 22: *PL* 40, 327.

machen. Warum komplizieren, was so einfach ist? Die begrifflichen Werkzeuge sind dazu da, den Kontakt mit der Wirklichkeit, die man erklären will, zu fördern, und nicht, um uns von ihr zu entfernen. Das gilt vor allem für die biblischen Ermahnungen, die mit großer Bestimmtheit zur Bruderliebe, zum demütigen und großherzigen Dienst, zur Gerechtigkeit und zur Barmherzigkeit gegenüber dem Armen auffordern. Jesus hat uns mit seinen Worten und seinen Taten diesen Weg der Anerkennung des anderen gewiesen. Warum verdunkeln, was so klar ist? Sorgen wir uns nicht nur darum, nicht in lehrmäßige Irrtümer zu fallen, sondern auch darum, diesem leuchtenden Weg des Lebens und der Weisheit treu zu sein. Denn »den Verteidigern der ›Orthodoxie‹ wirft man manchmal Passivität, Nachsichtigkeit und schuldhafte Mitwisserschaft gegenüber unerträglichen Situationen der Ungerechtigkeit und gegenüber politischen Regimen, die diese beibehalten, vor«.[161]

195. Als der heilige Paulus sich zu den Aposteln nach Jerusalem begab, um zu klären, ob er sich vergeblich mühte oder gemüht hatte (vgl. *Gal* 2,2), war das entscheidende Kriterium für die Echtheit, das sie ihm vor-

---

161 Kongregation für die Glaubenslehre, Instruktion *Libertatis nuntius* (6. August 1984), XI, 18: *AAS* 76 (1984), 907–908.

gaben, dass er die Armen nicht vergessen sollte (vgl. *Gal* 2,10). Dieses große Kriterium, dass die paulinischen Gemeinden sich nicht vom individualistischen Lebensstil der Heiden mitreißen lassen sollten, besitzt im gegenwärtigen Kontext, in dem die Tendenz zur Entwicklung eines neuen individualistischen Heidentums besteht, eine beachtliche Aktualität. Die eigene Schönheit des Evangeliums kann von uns nicht immer angemessen zum Ausdruck gebracht werden, doch es gibt ein Zeichen, das niemals fehlen darf: die Option für die Letzten, für die, welche die Gesellschaft aussondert und wegwirft.

196. Manchmal sind wir hartherzig und starrsinnig, vergessen, vergnügen uns und geraten in Verzückung angesichts der unermesslichen Möglichkeiten an Konsum und Zerstreuung, die diese Gesellschaft bietet. So entsteht eine Art von Entfremdung, die uns alle trifft, denn »entfremdet wird eine Gesellschaft, die in ihren sozialen Organisationsformen, in Produktion und Konsum, die Verwirklichung dieser Hingabe und die Bildung dieser zwischenmenschlichen Solidarität erschwert«.[162]

---

162 Johannes Paul II., Enzyklika *Centesimus annus* (1. Mai 1991), 41: *AAS* 83 (1991), 844–845.

197. Im Herzen Gottes gibt es einen so bevorzugten Platz für die Armen, dass er selbst »arm wurde« (*2 Kor* 8,9). Der ganze Weg unserer Erlösung ist von den Armen geprägt. Dieses Heil ist zu uns gekommen durch das ›Ja‹ eines demütigen Mädchens aus einem kleinen, abgelegenen Dorf am Rande eines großen Imperiums. Der Retter ist in einer Krippe geboren, inmitten von Tieren, wie es bei den Kindern der Ärmsten geschah; zu seiner Darstellung im Tempel wurden zwei Turteltauben dargebracht, das Opfer derer, die sich nicht erlauben konnten, ein Lamm zu bezahlen (vgl. *Lk* 2,24; *Lev* 5,7); er ist in einem Haus einfacher Handwerker aufgewachsen und hat sich sein Brot mit seiner Hände Arbeit verdient. Als er mit der Verkündigung des Gottesreichs begann, folgten ihm Scharen von Entrechteten, und so zeigte sich, was er selbst gesagt hatte: »Der Geist des Herrn ruht auf mir; denn der Herr hat mich gesalbt. Er hat mich gesandt, damit ich den Armen eine gute Nachricht bringe« (*Lk* 4,18). Denen, die unter der Last von Leid und Armut lebten, versicherte er, dass Gott sie im Zentrum seines Herzens trug: »Selig, ihr Armen, denn euch gehört das Reich Gottes« (*Lk* 6,20); mit ihnen identifizierte er sich: »Ich war hungrig, und ihr habt mir zu essen gegeben« und lehrte, dass die Barmherzigkeit ihnen gegenüber der Schlüssel zum Himmel ist (vgl. *Mt* 25,35f).

198. Für die Kirche ist die Option für die Armen in erster Linie eine theologische Kategorie und erst an zweiter Stelle eine kulturelle, soziologische, politische oder philosophische Frage. Gott gewährt ihnen »seine erste Barmherzigkeit«.[163] Diese göttliche Vorliebe hat Konsequenzen im Glaubensleben aller Christen, die ja dazu berufen sind, so gesinnt zu sein wie Jesus (vgl. *Phil* 2,5). Von ihr inspiriert, hat die Kirche eine *Option für die Armen* gefällt, die zu verstehen ist als »besonderer Vorrang in der Weise, wie die christliche Liebe ausgeübt wird; eine solche Option wird von der ganzen Tradition der Kirche bezeugt«.[164] Diese Option, lehrte Benedikt XVI., ist »im christologischen Glauben an jenen Gott implizit enthalten, der für uns arm geworden ist, um uns durch seine Armut reich zu machen«.[165] Aus diesem Grund wünsche ich mir eine arme Kirche für die Armen. Sie haben uns vieles zu lehren. Sie haben nicht nur Teil am *sensus fidei,* son-

---

163 Ders., *Homilie während der Eucharistiefeier für die Evangelisierung der Völker, in Santo Domingo* (11. Oktober 1984), 5: *AAS* 77 (1985) 358.

164 Ders., Enzyklika *Sollicitudo rei socialis* (30. Dezember 1987), 42: *AAS* 80 (1988), 572.

165 *Ansprache zur Eröffnung der Arbeiten der V. Generalversammlung der Bischöfe von Lateinamerika und der Karibik* (13. Mai 2007), 3: *AAS* 99 (2007), 450.

dern kennen außerdem dank ihrer eigenen Leiden den leidenden Christus. Es ist nötig, dass wir alle uns von ihnen evangelisieren lassen. Die neue Evangelisierung ist eine Einladung, die heilbringende Kraft ihrer Leben zu erkennen und sie in den Mittelpunkt des Weges der Kirche zu stellen. Wir sind aufgerufen, Christus in ihnen zu entdecken, uns zu Wortführern ihrer Interessen zu machen, aber auch ihre Freunde zu sein, sie anzuhören, sie zu verstehen und die geheimnisvolle Weisheit anzunehmen, die Gott uns durch sie mitteilen will.

199. Unser Einsatz besteht nicht ausschließlich in Taten oder in Förderungs- und Hilfsprogrammen; was der Heilige Geist in Gang setzt, ist nicht ein übertriebener Aktivismus, sondern vor allem eine *aufmerksame Zuwendung* zum anderen, indem man ihn »als eines Wesens mit sich selbst betrachtet«.[166] Diese liebevolle Zuwendung ist der Anfang einer wahren Sorge um seine Person, und von dieser Basis aus bemühe ich mich dann wirklich um sein Wohl. Das schließt ein, den Armen in seinem besonderen Wert zu schätzen, mit seiner Wesensart, mit seiner Kultur und mit seiner Art, den Glauben zu leben. Die echte Liebe ist immer kontemplativ, sie erlaubt uns, dem anderen nicht aus

---

166 Thomas von Aquin, *Summa Theologiae* II–II, q. 27, a. 2.

Not oder aus Eitelkeit zu dienen, sondern weil es schön ist, jenseits des Scheins. »Auf die Liebe, durch die einem der andere Mensch angenehm ist, ist es zurückzuführen, dass man ihm unentgeltlich etwas gibt.«[167] Der Arme wird, wenn er geliebt wird, »hochgeschätzt«,[168] und das unterscheidet die authentische Option für die Armen von jeder Ideologie, von jeglicher Absicht, die Armen zugunsten persönlicher oder politischer Interessen zu gebrauchen. Nur das macht es möglich, »dass sich die Armen in jeder christlichen Gemeinde wie ›zu Hause‹ fühlen. Wäre dieser Stil nicht die großartigste und wirkungsvollste Vorstellung der Frohen Botschaft vom Reich Gottes?«[169] Ohne die Sonderoption für die Armen »läuft die Verkündigung, die auch die erste Liebestat ist, Gefahr, nicht verstanden zu werden oder in jenem Meer von Worten zu ertrinken, dem die heutige Kommunikationsgesellschaft uns täglich aussetzt«.[170]

200. Da dieses Schreiben an die Mitglieder der katholischen Kirche gerichtet ist, möchte ich die schmerzliche Feststellung machen, dass die schlimmste Diskriminierung, unter der die Armen leiden, der Mangel an geist-

---

167 *Ebd.*, I–II, q. 110, a. 1.

168 *Ebd.*, I–II, q. 26, a. 3.

169 Johannes Paul II., Apostolisches Schreiben *Novo Millennio ineunte* (6. Januar 2001), 50: *AAS* 93 (2001), 303.

170 *Ebd.*

234

licher Zuwendung ist. Die riesige Mehrheit der Armen ist besonders offen für den Glauben; sie brauchen Gott, und wir dürfen es nicht unterlassen, ihnen seine Freundschaft, seinen Segen, sein Wort, die Feier der Sakramente anzubieten und ihnen einen Weg des Wachstums und der Reifung im Glauben aufzuzeigen. Die bevorzugte Option für die Armen muss sich hauptsächlich in einer außerordentlichen und vorrangigen religiösen Zuwendung zeigen.

201. Niemand dürfte sagen, dass er sich von den Armen fernhält, weil seine Lebensentscheidungen es mit sich bringen, anderen Aufgaben mehr Achtung zu schenken. Das ist eine in akademischen, unternehmerischen oder beruflichen und sogar kirchlichen Kreisen häufige Entschuldigung. Obwohl man im Allgemeinen sagen kann, dass die Berufung und die besondere Sendung der gläubigen Laien die Umwandlung der verschiedenen weltlichen Bereiche ist, damit alles menschliche Tun vom Evangelium verwandelt wird,[171] darf sich niemand von der Sorge um die Armen und um die soziale Gerechtigkeit freigestellt fühlen: »Von allen [...] ist die geistliche Bekehrung, die intensive Gottes- und Nächstenliebe, der Eifer für Gerechtigkeit und Frieden, der evangeliumsgemäße Sinn für die Armen und die Armut gefor-

---

171 Vgl. *Propositio* 45.

dert.«[172] Ich fürchte, dass auch diese Worte nur Gegenstand von Kommentaren ohne praktische Auswirkungen sein werden. Trotzdem vertraue ich auf die Offenheit und die gute Grundeinstellung der Christen, und ich bitte euch, gemeinschaftlich neue Wege zu suchen, um diesen erneuten Vorschlag anzunehmen.

Wirtschaft und Verteilung der Einkünfte

202. Die Notwendigkeit, die strukturellen Ursachen der Armut zu beheben, kann nicht warten, nicht nur wegen eines pragmatischen Erfordernisses, Ergebnisse zu erzielen und die Gesellschaft zu ordnen, sondern um sie von einer Krankheit zu heilen, die sie anfällig und unwürdig werden lässt und sie nur in neue Krisen führen kann. Die Hilfsprojekte, die einigen dringlichen Erfordernissen begegnen, sollten nur als provisorische Maßnahmen angesehen werden. Solange die Probleme der Armen nicht von der Wurzel her gelöst werden, indem man auf die absolute Autonomie der Märkte und der Finanzspekulation verzichtet und die strukturellen Ursachen der Ungleichverteilung der Einkünfte in Angriff nimmt,[173] werden sich die Pro-

---

172 Kongregation für die Glaubenslehre, Instruktion *Libertatis nuntius* (6. August 1984), XI, 18: *AAS* 76 (1984), 908.

173 Das schließt ein, »die strukturellen Ursachen der Fehlfunktionen der

bleme der Welt nicht lösen und kann letztlich überhaupt kein Problem gelöst werden. Die Ungleichverteilung der Einkünfte ist die Wurzel der sozialen Übel.

203. Die Würde jedes Menschen und das Gemeinwohl sind Fragen, die die gesamte Wirtschaftspolitik strukturieren müssten, doch manchmal scheinen sie von außen hinzugefügte Anhänge zu sein, um eine politische Rede zu vervollständigen, ohne Perspektiven oder Programme für eine wirklich ganzheitliche Entwicklung. Wie viele Worte sind diesem System unbequem geworden! Es ist lästig, wenn man von Ethik spricht, es ist lästig, dass man von weltweiter Solidarität spricht, es ist lästig, wenn man von einer Verteilung der Güter spricht, es ist lästig, wenn man davon spricht, die Arbeitsplätze zu verteidigen, es ist lästig, wenn man von der Würde der Schwachen spricht, es ist lästig, wenn man von einem Gott spricht, der einen Einsatz für die Gerechtigkeit fordert. Andere Male geschieht es, dass diese Worte Gegenstand einer opportunistischen Manipulation werden, die sie enthert. Die bequeme Gleichgültigkeit gegenüber diesen Fragen entleert unser Leben und unsere Worte jeglicher Bedeutung. Die Tätigkeit eines Unternehmers ist eine edle Arbeit, vorausgesetzt, dass

---

Weltwirtschaft zu beseitigen«: Benedikt XVI., *Ansprache an das beim Heiligen Stuhl akkreditierte Diplomatische Korps* (8. Januar 2007): *AAS* 99 (2007), 73.

er sich von einer umfassenderen Bedeutung des Lebens hinterfragen lässt; das ermöglicht ihm, mit seinem Bemühen, die Güter dieser Welt zu mehren und für alle zugänglicher zu machen, wirklich dem Gemeinwohl zu dienen.

204. Wir dürfen nicht mehr auf die blinden Kräfte und die unsichtbare Hand des Marktes vertrauen. Das Wachstum in Gerechtigkeit erfordert etwas, das mehr ist als Wirtschaftswachstum, auch wenn es dieses voraussetzt; es verlangt Entscheidungen, Programme, Mechanismen und Prozesse, die ganz spezifisch ausgerichtet sind auf eine bessere Verteilung der Einkünfte, auf die Schaffung von Arbeitsmöglichkeiten und auf eine ganzheitliche Förderung der Armen, die mehr ist als das bloße Sozialhilfesystem. Es liegt mir völlig fern, einen unverantwortlichen Populismus vorzuschlagen, aber die Wirtschaft darf nicht mehr auf ›Heilmittel‹ zurückgreifen, die ein neues Gift sind, wie wenn man sich einbildet, die Ertragsfähigkeit zu steigern, indem man den Arbeitsmarkt einschränkt und auf diese Weise neue Ausgeschlossene schafft.

205. Ich bitte Gott, dass die Zahl der Politiker zunimmt, die fähig sind, in einen echten Dialog einzusteigen, der sich wirksam darauf ausrichtet, die tiefen Wurzeln und nicht den äußeren Anschein der Übel unserer Welt zu heilen! Die so in Misskredit gebrachte Politik ist eine sehr hohe Berufung, ist eine der wertvollsten Formen der Nächstenliebe, weil sie das Gemeinwohl anstrebt.[174] Wir müssen uns davon überzeugen, dass die Liebe »das Prinzip nicht nur der Mikro-Beziehungen – in Freundschaft, Familie und kleinen Gruppen – [ist], sondern auch der Makro-Beziehungen – in gesellschaftlichen, wirtschaftlichen und politischen Zusammenhängen«.[175] Ich bete zum Herrn, dass er uns mehr Politiker schenke, denen die Gesellschaft, das Volk, das Leben der Armen wirklich am Herzen liegt! Es ist unerlässlich, dass die Regierenden und die Finanzmacht den Blick erheben und ihre Perspektiven erweitern, dass sie dafür sorgen, dass es für alle Bürger eine würdevolle Arbeit sowie Zugang zum Bildungs- und zum Gesundheitswesen gibt. Und warum sollte man sich nicht an Gott wenden, damit er ihre Pläne inspiriert? Ich bin überzeugt, dass sich von einer Öffnung für die Transzendenz her eine neue politische und wirtschaftliche Mentalität bilden könnte, die helfen würde, die absolute Dichotomie zwischen Wirtschaft und Gemeinwohl zu überwinden.

---

174 Vgl. Commission sociale des Évêques de France, Erklärung *Réhabiliter la politique* (17. Februar 1999); Pius XI., *Botschaft*, 18. Dezember 1927.

175 Benedikt XVI., Enzyklika *Caritas in veritate* (29. Juni 2009), 2: *AAS* 101 (2009), 642.

206. Die Wirtschaft müsste, wie das griechische Wort *oikonomía* – Ökonomie – sagt, die Kunst sein, eine angemessene Verwaltung des gemeinsamen Hauses zu erreichen, und dieses Haus ist die ganze Welt. Jede wirtschaftliche Unternehmung von einer gewissen Tragweite, die in einem Teil des Planeten durchgeführt wird, wirkt sich auf das Ganze aus. Darum kann keine Regierung außerhalb einer gemeinsamen Verantwortung handeln. Tatsächlich wird es immer schwieriger, auf lokaler Ebene Lösungen für die enormen globalen Widersprüche zu finden, weshalb die örtliche Politik mit zu lösenden Problemen überhäuft wird. Wenn wir wirklich eine gesunde Weltwirtschaft erreichen wollen, bedarf es in dieser geschichtlichen Phase einer effizienteren Art der Interaktion, die bei voller Berücksichtigung der Souveränität der Nationen den wirtschaftlichen Wohlstand aller und nicht nur einiger Länder sichert.

207. Jede beliebige Gemeinschaft in der Kirche, die beansprucht, in ihrer Ruhe zu verharren, ohne sich kreativ darum zu kümmern und wirksam daran mitzuarbeiten, dass die Armen in Würde leben können und niemand ausgeschlossen wird, läuft die Gefahr der Auflösung, auch wenn sie über soziale Themen spricht und die Regierungen kritisiert. Sie wird schließlich leicht in einer mit religiösen Übungen, unfruchtbaren

Versammlungen und leeren Reden heuchlerisch verborgenen spirituellen Weltlichkeit untergehen.

208. Falls jemand sich durch meine Worte beleidigt fühlt, versichere ich ihm, dass ich sie mit Liebe und in bester Absicht sage, weit entfernt von jedem persönlichen Interesse oder einer politischen Ideologie. Mein Wort ist nicht das eines Feindes, noch das eines Gegners. Es geht mir einzig darum, dafür zu sorgen, dass diejenigen, die Sklaven einer individualistischen, gleichgültigen und egoistischen Mentalität sind, sich von jenen unwürdigen Fesseln befreien und eine Art zu leben und zu denken erreichen können, die menschlicher, edler und fruchtbarer ist und ihrer Erdenwanderung Würde verleiht.

Sich der Schwachen annehmen

209. Jesus, der Evangelisierende schlechthin und das Evangelium in Person, identifiziert sich speziell mit den Geringsten (vgl. *Mt* 25,40). Das erinnert uns daran, dass wir Christen alle berufen sind, uns um die Schwächsten der Erde zu kümmern. Doch in dem geltenden ›privatrechtlichen‹ Erfolgsmodell scheint es wenig sinnvoll, zu investieren, damit diejenigen, die auf der Strecke geblieben sind, die Schwachen oder die weniger Begabten es im Leben zu etwas bringen können.

210. Es ist unerlässlich, neuen Formen von Armut und Hinfälligkeit – den Obdachlosen, den Drogenabhängigen, den Flüchtlingen, den eingeborenen Bevölkerungen, den immer mehr vereinsamten und verlassenen alten Menschen usw. – unsere Aufmerksamkeit zu widmen. Wir sind berufen, in ihnen den leidenden Christus zu erkennen und ihm nahe zu sein, auch wenn uns das augenscheinlich keine greifbaren und unmittelbaren Vorteile bringt. Die Migranten stellen für mich eine besondere Herausforderung dar, weil ich Hirte einer Kirche ohne Grenzen bin, die sich als Mutter aller fühlt. Darum rufe ich die Länder zu einer großherzigen Öffnung auf, die, anstatt die Zerstörung der eigenen Identität zu befürchten, fähig ist, neue kulturelle Synthesen zu schaffen. Wie schön sind die Städte, die das krankhafte Misstrauen überwinden, die anderen mit ihrer Verschiedenheit eingliedern und aus dieser Integration einen Entwicklungsfaktor machen! Wie schön sind die Städte, die auch in ihrer architektonischen Planung reich sind an Räumen, die verbinden, in Beziehung setzen und die Anerkennung des anderen begünstigen!

211. Immer hat mich die Situation derer mit Schmerz erfüllt, die Opfer der verschiedenen Formen von Menschenhandel sind. Ich würde mir wünschen, dass man den Ruf Gottes hörte, der uns alle fragt: »Wo ist dein Bruder?« (*Gen* 4,9). Wo ist dein Bruder, der Sklave?

Wo ist der, den du jeden Tag umbringst in der kleinen illegalen Fabrik, im Netz der Prostitution, in den Kindern, die du zum Betteln gebrauchst, in dem, der heimlich arbeiten muss, weil er nicht legalisiert ist? Tun wir nicht, als sei alles in Ordnung! Es gibt viele Arten von Mittäterschaft. Die Frage geht alle an! Dieses mafiöse und perverse Verbrechen hat sich in unseren Städten eingenistet, und die Hände vieler triefen von Blut aufgrund einer bequemen, schweigenden Komplizenschaft.

212. Doppelt arm sind die Frauen, die Situationen der Ausschließung, der Misshandlung und der Gewalt erleiden, denn oft haben sie geringere Möglichkeiten, ihre Rechte zu verteidigen. Und doch finden wir auch unter ihnen fortwährend die bewundernswertesten Gesten eines täglichen Heroismus im Schutz und in der Fürsorge für die Gebrechlichkeit in ihren Familien.

213. Unter diesen Schwachen, deren sich die Kirche mit Vorliebe annehmen will, sind auch die ungeborenen Kinder. Sie sind die Schutzlosesten und Unschuldigsten von allen, denen man heute die Menschenwürde absprechen will, um mit ihnen machen zu können, was man will, indem man ihnen das Leben nimmt und Gesetzgebungen fördert, die erreichen, dass niemand das verbieten kann. Um die Verteidigung des Lebens der Ungeborenen, die die Kirche unter-

nimmt, leichthin ins Lächerliche zu ziehen, stellt man ihre Position häufig als etwas Ideologisches, Rückschrittliches, Konservatives dar. Und doch ist diese Verteidigung des ungeborenen Lebens eng mit der Verteidigung jedes beliebigen Menschenrechtes verbunden. Sie setzt die Überzeugung voraus, dass ein menschliches Wesen immer etwas Heiliges und Unantastbares ist, in jeder Situation und jeder Phase seiner Entwicklung. Es trägt seine Daseinsberechtigung in sich selbst und ist nie ein Mittel, um andere Schwierigkeiten zu lösen. Wenn diese Überzeugung hinfällig wird, bleiben keine festen und dauerhaften Grundlagen für die Verteidigung der Menschenrechte; diese wären dann immer den zufälligen Nützlichkeiten der jeweiligen Machthaber unterworfen. Dieser Grund allein genügt, um den unantastbaren Wert eines jeden Menschenlebens anzuerkennen. Wenn wir es aber auch vom Glauben her betrachten, dann »schreit jede Verletzung der Menschenwürde vor dem Angesicht Gottes nach Rache und ist Beleidigung des Schöpfers des Menschen«.[176]

214. Gerade weil es eine Frage ist, die mit der inneren Kohärenz unserer Botschaft vom Wert der menschlichen Person zu tun hat, darf man nicht erwarten, dass

---

176 Johannes Paul II., Nachsynodales Apostolisches Schreiben *Christifideles laici* (30. Dezember 1988), 37: *AAS* 81 (1989), 461.

die Kirche ihre Position zu dieser Frage ändert. Ich möchte diesbezüglich ganz ehrlich sein. Dies ist kein Argument, das mutmaßlichen Reformen oder ›Modernisierungen‹ unterworfen ist. Es ist nicht fortschrittlich, sich einzubilden, die Probleme zu lösen, indem man ein menschliches Leben vernichtet. Doch es trifft auch zu, dass wir wenig getan haben, um die Frauen angemessen zu begleiten, die sich in sehr schweren Situationen befinden, wo der Schwangerschaftsabbruch ihnen als eine schnelle Lösung ihrer tiefen Ängste erscheint, besonders, wenn das Leben, das in ihnen wächst, als Folge einer Gewalt oder im Kontext extremer Armut entstanden ist. Wer hätte kein Verständnis für diese so schmerzlichen Situationen?

215. Es gibt noch andere schwache und schutzlose Wesen, die wirtschaftlichen Interessen oder einer wahllosen Ausnutzung auf Gedeih und Verderb ausgeliefert sind. Ich beziehe mich auf die Gesamtheit der Schöpfung. Wir sind als Menschen nicht bloß Nutznießer, sondern Hüter der anderen Geschöpfe. Durch unsere Leiblichkeit hat Gott uns so eng mit der Welt, die uns umgibt, verbunden, dass die Desertifikation des Bodens so etwas wie eine Krankheit für jeden Einzelnen ist, und wir können das Aussterben einer Art beklagen, als wäre es eine Verstümmelung. Lassen wir nicht zu, dass an unserem Weg Zeichen der Zerstörung und des Todes zurückbleiben, die unserem Leben und dem der kommenden Generationen schaden.[177] In diesem Sinne mache ich mir die schöne und prophetische Klage zu eigen, die vor einigen Jahren die Bischöfe der Philippinen geäußert haben: »Eine unglaubliche Vielfalt von Insekten lebte im Wald, und sie waren mit jeder Art von eigenen Aufgaben betraut [...] Die Vögel flogen in der Luft, ihre glänzenden Federn und ihre verschiedenen Gesänge ergänzten das Grün der Wälder mit Farbe und Melodien [...] Gott wollte diese Erde für uns, seine besonderen Geschöpfe, aber nicht, damit wir sie zerstören und in eine Wüstenlandschaft verwandeln könnten [...] Nach einer einzigen Regennacht schau auf die schokoladen-braunen Flüsse in deiner Umgebung und erinnere dich, dass sie das lebendige Blut der Erde zum Meer tragen [...] Wie können die Fische in Abwasserkanälen wie dem Pasig und vielen anderen Flüssen schwimmen, die wir verseucht haben? Wer hat die wunderbare Meereswelt in leb- und farblose Unterwasser-Friedhöfe verwandelt?«[178]

216. Klein aber stark in der Liebe Gottes wie der heilige Franziskus, sind wir als Christen alle berufen, uns

---

177 Vgl. *Propositio* 56.

178 Catholic Bishops' Conference of the Philippines, Pastoralbrief *What is happening to our beautiful Land?* (29. Januar 1988).

der Schwäche des Volkes und der Welt, in der wir leben,
anzunehmen.

III. Das Gemeingut und der soziale Friede

217. Wir haben ausgiebig über die Freude und über die
Liebe gesprochen; das Wort Gottes erwähnt aber ebenso
die Frucht des Friedens (vgl. *Gal* 5,22).

218. Der soziale Friede kann nicht als Irenismus oder
als eine bloße Abwesenheit von Gewalt verstanden werden, die durch die Herrschaft eines Teils der Gesellschaft über die anderen erreicht wird. Auch wäre es ein
falscher Friede, wenn er als Vorwand diente, um eine
Gesellschaftsstruktur zu rechtfertigen, welche die
Armen zum Schweigen bringt oder ruhig stellt. Dann
könnten die Wohlhabenden ihren Lebensstil seelenru-
hig weiter führen, während die anderen sich durchschla-
gen müssten, so gut wie es eben geht. Die sozialen Forderungen, die mit der Verteilung der Einkommen, der
sozialen Einbeziehung der Armen und den Menschen-
rechten zusammenhängen, dürfen nicht unter dem Vorwand zum Schweigen gebracht werden, einen Konsens
auf dem Papier zu haben oder einen oberflächlichen
Frieden für eine glückliche Minderheit zu schaffen.
Die Würde des Menschen und das Gemeingut gelten

mehr als das Wohlbefinden einiger, die nicht auf ihre Privilegien verzichten wollen. Wenn jene Werte bedroht sind, muss eine prophetische Stimme erhoben werden.

219. Ebenso besteht der Friede »nicht einfach im Schweigen der Waffen, nicht einfach im immer schwankenden Gleichgewicht der Kräfte. Er muss Tag für Tag aufgebaut werden mit dem Ziel einer von Gott gewollten Ordnung, die eine vollkommenere Gerechtigkeit unter den Menschen herbeiführt«.[179] Letztendlich hat ein Friede, der nicht Frucht der Entwicklung der gesamten Gesellschaft ist, nur wenig Zukunft. Immer werden neue Konflikte und verschiedene Formen der Gewalt gesät werden.

220. In jeder Nation entfalten die Einwohner die soziale Komponente ihres Lebens, indem sie sich als verantwortliche Bürger im Schoß eines Volkes verhalten und nicht als Masse, die sich von herrschenden Kräften treiben lässt. Denken wir daran, dass »die verantwortliche Wahrnehmung der Bürgerpflicht eine Tugend ist und die Teilnahme am politischen Leben eine moralische Verpflichtung bedeutet«.[180] Um ein *Volk* zu wer-

---

179 Paul VI., Enzyklika *Populorum Progressio* (26. März 1967), 76: *AAS* 59 (1967), 294–295.

180 United States Conference of Catholic Bishops, Pastoralbrief *Forming Consciences for Faithful Citizenship* (2007), 13.

den braucht es allerdings etwas mehr. Es ist ein fort-
schreitender Prozess, an dem sich jede neue Generation
beteiligen muss. Es ist eine langsame und anstrengende
Aufgabe, die verlangt, dass wir uns integrieren und
bereit sind, geradezu eine Kultur der Begegnung in
einer vielgestaltigen Harmonie zu entfalten lernen.

221. Um mit dem Aufbau eines Volkes in Frieden,
Gerechtigkeit und Brüderlichkeit fortzuschreiten, gibt
es vier Prinzipien, die mit den bipolaren Spannungen
zusammenhängen, die in jeder gesellschaftlichen Wirklichkeit vorkommen. Diese leiten sich von den Grund-
pfeilern der kirchlichen Soziallehre (Menschenwürde,
Gemeinwohl, Subsidiarität, Solidarität) her, die als ›das
erste und grundlegende Bezugssystem für die Interpretation und Bewertung der gesellschaftlichen Entscheidungen‹[181] dienen. Im Licht dessen möchte ich jetzt
diese vier spezifischen Prinzipien vorstellen, welche die
Entwicklung des sozialen Zusammenlebens und den
Aufbau eines Volkes leiten, wo die Verschiedenheiten
sich in einem gemeinsamen Vorhaben harmonisieren.
Ich bin davon überzeugt, dass die Anwendung dieser
Prinzipien in jeder Nation und auf der ganzen Welt
ein echter Weg zum Frieden hin sein kann.

---

181 Päpstlicher Rat für Gerechtigkeit und Frieden, *Kompendium der Soziallehre der Kirche*, 161.

222. Es gibt eine bipolare Spannung zwischen der Fülle und der Beschränkung. Die Fülle weckt den Willen, sie ganz zu besitzen, während die Beschränkung uns wie eine vor uns aufgerichtete Wand erscheint. Die ›Zeit‹, im weiteren Sinne, steht in Beziehung zur Fülle, und zwar als Ausdruck für den Horizont, der sich vor uns auftut. Zugleich ist der aktuelle Augenblick ein Ausdruck für die Beschränkung, die man in einem begrenzten Raum lebt. Die Bürger leben in der Spannung zwischen dem Auf und Ab des Augenblicks und dem Licht der Zeit, dem größeren Horizont, der Utopie, die uns für die Zukunft öffnet, die uns als letzter Grund an sich zieht. Daraus ergibt sich ein erstes Prinzip, um beim Aufbau eines Volkes voranzuschreiten: Die Zeit ist mehr wert als der Raum.

223. Dieses Prinzip erlaubt uns, langfristig zu arbeiten, ohne davon besessen zu sein, sofortige Ergebnisse zu erzielen. Es hilft uns, schwierige und widrige Situationen mit Geduld zu ertragen oder Änderungen bei unseren Vorhaben hinzunehmen, die uns die Dynamik der Wirklichkeit auferlegt. Es lädt uns ein, die Spannung zwischen Fülle und Beschränkung anzunehmen, indem wir der Zeit die Priorität einräumen. Eine der Sünden, die wir gelegentlich in der sozialpolitischen

Tätigkeit beobachten, besteht darin, dem Raum gegenüber der Zeit und den Abläufen Vorrang zu geben. Dem Raum Vorrang geben bedeutet sich vormachen, alles in der Gegenwart gelöst zu haben und alle Räume der Macht und der Selbstbestätigung in Besitz nehmen zu wollen. Damit werden die Prozesse eingefroren. Man beansprucht, sie aufzuhalten. Der Zeit Vorrang zu geben bedeutet sich damit zu befassen, *Prozesse in Gang zu setzen anstatt Räume zu besitzen.* Die Zeit bestimmt die Räume, macht sie hell und verwandelt sie in Glieder einer sich stetig ausdehnenden Kette, ohne Rückschritt. Es geht darum, Handlungen zu fördern, die eine neue Dynamik in der Gesellschaft erzeugen und Menschen sowie Gruppen einbeziehen, welche diese vorantreiben, auf dass sie bei wichtigen historischen Ereignissen Frucht bringt. Dies geschehe ohne Ängstlichkeit, sondern mit klaren Überzeugungen und mit Entschlossenheit.

224. Bisweilen frage ich mich, wer diese sind, die sich in der heutigen Welt wirklich dafür einsetzen, Prozesse in Gang zu bringen, die ein Volk aufbauen; nicht, um unmittelbare Ergebnisse zu erhalten, die einen leichten politischen Ertrag schnell und kurzlebig erbringen, aber nicht die menschliche Fülle aufbauen. Die Geschichte wird die Letzteren vielleicht nach jenem Kriterium beurteilen, das Romano Guardini dargelegt hat: »Der

Maßstab, an welchem eine Zeit allein gerecht gemessen werden kann, ist die Frage, wie weit in ihr, nach ihrer Eigenart und *Möglichkeit*, die *Fülle der menschlichen Existenz* sich entfaltet und zu echter Sinngebung gelangt.«[182]

225. Dieses Kriterium lässt sich auch gut auf die Evangelisierung anwenden, die uns dazu aufruft, den größeren Horizont im Auge zu behalten und die geeigneten Prozesse mit langem Atem anzugehen. Der Herr selbst hat in seinem Leben auf dieser Erde seine Jünger oft darauf aufmerksam gemacht, dass es Ereignisse geben werde, die sie noch nicht verstehen könnten, dass sie aber auf den Heiligen Geist warten sollten (vgl. *Joh* 16,12–13). Das Gleichnis vom Unkraut im Weizen (vgl. *Mt* 13,24–30) veranschaulicht einen wichtigen Aspekt der Evangelisierung. Es zeigt uns, wie der Feind den Raum des Gottesreiches besetzen kann und Schaden mit dem Unkraut anrichtet. Er wird aber durch die Güte des Weizens besiegt, was mit der Zeit offenbar wird.

---

182 *Das Ende der Neuzeit*, Würzburg [9]1965, S. 30–31.

Die Einheit wiegt mehr als der Konflikt

226. Der Konflikt darf nicht ignoriert oder beschönigt werden. Man muss sich ihm stellen. Aber wenn wir uns in ihn verstricken, verlieren wir die Perspektive, unsere Horizonte werden kleiner, und die Wirklichkeit selbst zerbröckelt. Wenn wir im Auf und Ab der Konflikte verharren, verlieren wir den Sinn für die tiefe Einheit der Wirklichkeit.

227. Wenn ein Konflikt entsteht, schauen einige nur zu und gehen ihre Wege, als ob nichts passiert wäre. Andere gehen in einer Weise darauf ein, dass sie zu seinen Gefangenen werden, ihren Horizont einbüßen und auf die Institutionen ihre eigene Konfusion und Unzufriedenheit projizieren. Damit wird die Einheit unmöglich. Es gibt jedoch eine dritte Möglichkeit, und dies ist der beste Weg, dem Konflikt zu begegnen. Es ist die Bereitschaft, den Konflikt zu erleiden, ihn zu lösen und ihn zum Ausgangspunkt eines neuen Prozesses zu machen. »Selig, die Frieden stiften« (*Mt* 5,9).

228. Auf diese Weise wird es möglich sein, dass sich aus dem Streit eine Gemeinschaft entwickelt. Das kann aber nur durch die großen Persönlichkeiten geschehen, die sich aufschwingen, über die Ebene des Konflikts hinauszugehen und den anderen in seiner tiefgründigsten Würde zu sehen. Dazu ist es notwendig, sich auf ein Prinzip zu berufen, das zum Aufbau einer sozialen Freundschaft unabdingbar ist, und dieses lautet: Die Einheit steht über dem Konflikt. Die Solidarität, verstanden in ihrem tiefsten und am meisten herausfordernden Sinn, wird zu einer Weise, Geschichte in einem lebendigen Umfeld zu schreiben, wo die Konflikte, die Spannungen und die Gegensätze zu einer vielgestaltigen Einheit führen können, die neues Leben hervorbringt. Es geht nicht darum, für einen Synkretismus einzutreten, und auch nicht darum, den einen im anderen zu absorbieren, sondern es geht um eine Lösung auf einer höheren Ebene, welche die wertvollen innewohnenden Möglichkeiten und die Polaritäten im Streit beibehält.

229. Dieses Kriterium aus dem Evangelium erinnert uns daran, dass Jesus alles in sich vereint hat, Himmel und Erde, Gott und Mensch, Zeit und Ewigkeit, Fleisch und Geist, Person und Gesellschaft. Das Merkmal dieser Einheit und Versöhnung aller Dinge in ihm ist der Friede. Christus »ist unser Friede« (*Eph* 2,14). Die Botschaft des Evangeliums beginnt immer mit dem Friedensgruß, und der Friede krönt und festigt in jedem Augenblick die Beziehungen zwischen den Jüngern. Der Friede ist möglich, weil der Herr die Welt und ihre beständige Konfliktgeladenheit überwunden hat. Der Herr ist es ja, »der Frieden gestiftet hat am Kreuz durch sein Blut« (*Kol* 1,20). Wenn wir uns diese biblischen Texte aber genau anschauen, werden wir eines feststellen müssen: Der erste Bereich, wo wir aufgerufen werden, diese Befriedung in der Verschiedenheit zu vollziehen, ist unsere eigene Innerlichkeit, unser eigenes Leben, das immer von einer dialektischen Zersplitterung bedroht ist.[183] Mit Herzen, die in tausend Stücke zerbrochen sind, wird es schwer sein, einen authentischen sozialen Frieden aufzubauen.

230. Die Botschaft des Friedens ist nicht die eines ausgehandelten Friedens, sondern erwächst aus der Überzeugung, dass die Einheit, die vom Heiligen Geist kommt, alle Unterschiede in Einklang bringen kann. Sie überwindet jeden Konflikt in einer neuen und verheißungsvollen Synthese. Die Verschiedenheit ist schön, wenn sie es annimmt, beständig in einen Prozess der Versöhnung einzutreten, und sogar eine Art Kulturvertrag zu schließen, der zu einer »versöhnten Verschiedenheit« führt, wie es die Bischöfe des Kongo formuliert haben: »Die Vielfalt der Ethnien ist unser Reichtum [...] Nur in Einheit, durch die Umkehr der Herzen und durch die Versöhnung, kön-

---

183 Vgl. I. Quiles, S.I., *Filosofía de la educación personalista*, Buenos Aires, 1981, 46–53.

nen wir dazu beitragen, dass unser Land weiter-
kommt.«[184]

Die Wirklichkeit ist wichtiger als die Idee

231. Es gibt auch eine bipolare Spannung zwischen der
Idee und der Wirklichkeit. Die Wirklichkeit ist etwas,
das einfach existiert, die Idee wird erarbeitet. Zwischen
den beiden muss ein ständiger Dialog hergestellt und so
vermieden werden, dass die Idee sich schließlich von der
Wirklichkeit löst. Es ist gefährlich, im Reich allein des
Wortes, des Bildes, des Sophismus zu leben. Daraus
folgt, dass ein drittes Prinzip postuliert werden muss:
Die Wirklichkeit steht über der Idee. Das schließt ein,
verschiedene Formen der Verschleierung der Wirklichkeit zu vermeiden: die engelhaften Purismen, die Tota-
litarismen des Relativen, die in Erklärungen aus-
gedrückten Nominalismen, die mehr formalen als
realen Projekte, die geschichtswidrigen Fundamentalismen, die Ethizismen ohne Güte, die Intellektualismen
ohne Weisheit.

232. Die Idee – die begriffliche Ausarbeitung – dient
dazu, die Wirklichkeit zu erfassen, zu verstehen und zu

---

184 Comité permanent de la Conférence Episcopale Nationale du Congo,
Message sur la situation sécuritaire dans le pays (5. Dezember 2012), 11.

lenken. Die von der Wirklichkeit losgelöste Idee ruft wirkungslose Idealismen und Nominalismen hervor, die höchstens klassifizieren oder definieren, aber kein persönliches Engagement hervorrufen. Was ein solches Engagement auslöst, ist die durch die Argumentation erhellte Wirklichkeit. Man muss vom formalen Nominalismus zur harmonischen Objektivität übergehen. Andernfalls wird die Wahrheit manipuliert, so wie man die Körperpflege durch Kosmetik ersetzt.[185] Es gibt Politiker – und auch religiöse Führungskräfte –, die sich fragen, warum das Volk sie nicht versteht und ihnen nicht folgt, wenn doch ihre Vorschläge so logisch und klar sind. Wahrscheinlich ist das so, weil sie sich im Reich der reinen Ideen aufhalten und die Politik oder den Glauben auf die Rhetorik beschränkt haben. Andere haben die Einfachheit vergessen und von außen eine Rationalität importiert, die den Leuten fremd ist.

233. Die Wirklichkeit steht über der Idee. Dieses Kriterium ist verbunden mit der Inkarnation des Wortes und seiner Umsetzung in die Praxis: »Daran erkennt ihr den Geist Gottes: Jeder Geist, der bekennt, Jesus Christus sei im Fleisch gekommen, ist aus Gott« (*1 Joh* 4,2). Das Kriterium der Wirklichkeit – eines Wortes,

---

185 Vgl. Platon, *Gorgias*, 465.

das bereits Fleisch angenommen hat und stets versucht, sich zu ›inkarnieren‹ – ist wesentlich für die Evangelisierung. Es bringt uns einerseits dazu, die Geschichte der Kirche als Heilsgeschichte zur Geltung zu bringen, unserer Heiligen zu gedenken, die das Evangelium im Leben unserer Völker inkulturiert haben, die reiche zweitausendjährige Tradition der Kirche aufzunehmen, ohne uns anzumaßen, eine von diesem Schatz getrennte Lehre zu entwickeln, als wollten wir das Evangelium erfinden. Andererseits drängt uns dieses Kriterium, das Wort in die Tat umzusetzen, Werke der Gerechtigkeit und Liebe zu vollbringen, in denen dieses Wort fruchtbar ist. Das Wort nicht in die Praxis umzusetzen, es nicht in die Wirklichkeit zu führen bedeutet, auf Sand zu bauen, in der reinen Idee verhaftet zu bleiben und in Formen von Innerlichkeitskult und Gnostizismus zu verfallen, die keine Frucht bringen und die Dynamik des Wortes zur Sterilität verurteilen.

Das Ganze ist dem Teil übergeordnet

234. Auch zwischen der Globalisierung und der Lokalisierung entsteht eine Spannung. Man muss auf die globale Dimension achten, um nicht in die alltägliche Kleinlichkeit zu fallen. Zugleich ist es nicht angebracht, das, was ortsgebunden ist und uns mit beiden Beinen auf dem Boden der Realität bleiben lässt, aus dem

Auge zu verlieren. Wenn die Pole miteinander vereint sind, verhindern sie, in eines der beiden Extreme zu fallen: das eine, dass die Bürger in einem abstrakten und globalisierenden Universalismus leben, als angepasste Passagiere im letzten Waggon, die mit offenem Mund und programmiertem Applaus das Feuerwerk der Welt bewundern, das anderen gehört; das andere, dass sie ein folkloristisches Museum ortsbezogener Eremiten werden, die dazu verurteilt sind, immer dieselben Dinge zu wiederholen, unfähig, sich von dem, was anders ist, hinterfragen zu lassen und die Schönheit zu bewundern, die Gott außerhalb ihrer Grenzen verbreitet.

235. Das Ganze ist mehr als der Teil, und es ist auch mehr als ihre einfache Summe. Man darf sich also nicht zu sehr in Fragen verbeißen, die begrenzte Sondersituationen betreffen, sondern muss immer den Blick ausweiten, um ein größeres Gut zu erkennen, das uns allen Nutzen bringt. Das darf allerdings nicht den Charakter einer Flucht oder einer Entwurzelung haben. Es ist notwendig, die Wurzeln in den fruchtbaren Boden zu senken und in die Geschichte des eigenen Ortes, die ein Geschenk Gottes ist. Man arbeitet im Kleinen, mit dem, was in der Nähe ist, jedoch mit einer weiteren Perspektive. Ebenso geschieht es mit einem Menschen, der seine persönliche Eigenheit bewahrt und seine Identität nicht verbirgt, wenn er

sich von Herzen in eine Gemeinschaft einfügt: Er gibt sich nicht auf, sondern empfängt immer neue Anregungen für seine eigene Entwicklung. Es ist weder die globale Sphäre, die vernichtet, noch die isolierte Besonderheit, die unfruchtbar macht.

236. Das Modell ist nicht die Kugel, die den Teilen nicht übergeordnet ist, wo jeder Punkt gleich weit vom Zentrum entfernt ist und es keine Unterschiede zwischen dem einen und dem anderen Punkt gibt. Das Modell ist das Polyeder, welches das Zusammentreffen aller Teile wiedergibt, die in ihm ihre Eigenart bewahren. Sowohl das pastorale als auch das politische Handeln sucht in diesem Polyeder das Beste jedes Einzelnen zu sammeln. Dort sind die Armen mit ihrer Kultur, ihren Plänen und ihren eigenen Möglichkeiten eingegliedert. Sogar die Menschen, die wegen ihrer Fehler kritisiert werden können, haben etwas beizutragen, das nicht verloren gehen darf. Es ist der Zusammenschluss der Völker, die in der Weltordnung ihre Besonderheit bewahren; es ist die Gesamtheit der Menschen in einer Gesellschaft, die ein Gemeinwohl sucht, das wirklich alle einschließt.

237. Uns Christen sagt dieses Prinzip auch etwas über das Ganze oder die Vollständigkeit des Evangeliums, das die Kirche uns übermittelt und das zu predigen sie uns sendet. Sein vollkommener Reichtum schließt alle ein: Akademiker und Arbeiter, Unternehmer und Künstler, alle. Die ›Volksmystik‹ nimmt auf ihre Weise das ganze Evangelium auf und lässt es Gestalt annehmen, indem sie ihm in Formen des Gebetes, der Brüderlichkeit, der Gerechtigkeit, des Kampfes und des Festes Ausdruck verleiht. Die Frohe Botschaft ist die Freude eines Vaters, der nicht will, dass auch nur einer seiner Kleinen verloren geht. So bricht die Freude im Guten Hirten auf, der dem verlorenen Schaf begegnet und es in den Schafstall zurückbringt. Das Evangelium ist ein Sauerteig, der die gesamte Masse fermentiert, und eine Stadt, die hoch auf dem Berg erstrahlt und allen Völkern Licht bringt. Das Evangelium besitzt ein ihm innewohnendes Kriterium der Vollständigkeit: Es hört nicht auf, Frohe Botschaft zu sein, solange es nicht allen verkündet ist, solange es nicht alle Dimensionen des Menschen befruchtet und heilt und solange es nicht alle Menschen beim Mahl des Gottesreiches vereint. Das Ganze ist dem Teil übergeordnet.

IV. Der soziale Dialog als Beitrag zum Frieden

238. Die Evangelisierung schließt auch einen Weg des Dialogs ein. Für die Kirche gibt es in dieser Zeit besonders drei Bereiche des Dialogs, in denen sie präsent sein muss, um einen Dienst zugunsten der vollkommenen

Entwicklung des Menschen zu leisten und das Gemeinwohl zu verfolgen: im Dialog mit den Staaten, im Dialog mit der Gesellschaft – der den Dialog mit den Kulturen und den Wissenschaften einschließt – und im Dialog mit anderen Glaubenden, die nicht zur katholischen Kirche gehören. In allen diesen Fällen »spricht die Kirche von dem Licht her, das ihr der Glaube schenkt«,[186] bringt ihre Erfahrung aus zwei Jahrtausenden ein und bewahrt immer das Leben und Leiden der Menschen im Gedächtnis. Das geht über den menschlichen Verstand hinaus, hat aber auch eine Bedeutung, die jene bereichern kann, die nicht glauben, und die die Vernunft einlädt, ihre Perspektiven zu erweitern.

239. Die Kirche verkündet »das Evangelium vom Frieden« (*Eph* 6,15) und ist für die Zusammenarbeit mit allen nationalen und internationalen Autoritäten offen, um für dieses so große universale Gut Sorge zu tragen. Mit der Verkündigung Jesu Christi, der der Friede selbst ist (vgl. *Eph* 2,14), spornt die neue Evangelisierung jeden Getauften an, ein Werkzeug der Befriedung und ein glaubwürdiges Zeugnis eines versöhnten Lebens zu sein.[187] Es ist Zeit, in Erfahrung zu bringen, wie man

---

186 Benedikt XVI., *Ansprache an die Römische Kurie* (21. Dezember 2012): *AAS* 105 (2013), 51.

187 Vgl. *Propositio* 14.

in einer Kultur, die den Dialog als Form der Begegnung bevorzugt, die Suche nach Einvernehmen und Übereinkünften planen kann, ohne sie jedoch von der Sorge um eine gerechte Gesellschaft zu trennen, die erinnerungsfähig ist und niemanden ausschließt. Der hauptsächliche Urheber und der historische Träger dieses Prozesses sind die Menschen und ihre Kultur, nicht eine Klasse, eine Fraktion, eine Gruppe, eine Elite. Wir brauchen keinen Plan einiger weniger für einige wenige, oder einer erleuchteten bzw. stellvertretenden Minderheit, die sich ein Kollektivempfinden aneignet. Es geht um ein Abkommen für das Zusammenleben, um eine gesellschaftliche und kulturelle Übereinkunft.

240. Dem Staat obliegt die Pflege und die Förderung des Gemeinwohls der Gesellschaft.[188] Auf der Grundlage der Prinzipien der Subsidiarität und der Solidarität sowie mit einem beachtlichen Engagement im politischen Dialog und in der Konsensbildung spielt er eine fundamentale und nicht übertragbare Rolle in der Verfolgung der ganzheitlichen Entwicklung aller. Diese Rolle erfordert unter den aktuellen Gegebenheiten eine tiefe soziale Demut.

---

188 Vgl. *Katechismus der katholischen Kirche*, 1910. Päpstlicher Rat für Gerechtigkeit und Frieden, *Kompendium der Soziallehre der Kirche*, 168.

241. Im Dialog mit dem Staat und der Gesellschaft verfügt die Kirche nicht über Lösungen für alle Detailfragen. Dennoch begleitet sie gemeinsam mit den verschiedenen gesellschaftlichen Kräften die Vorschläge, die der Würde der Person und dem Gemeinwohl am besten entsprechen können. Dabei weist sie stets mit aller Klarheit auf die Grundwerte des menschlichen Lebens hin, um Überzeugungen zu vermitteln, die dann in politisches Handeln umgesetzt werden können.

Der Dialog zwischen Glaube, Vernunft und den Wissenschaften

242. Auch der Dialog zwischen Wissenschaft und Glaube ist Teil des evangelisierenden Handelns, das den Frieden fördert.[189] Der Szientismus und der Positivismus weigern sich, »neben den Erkenntnisformen der positiven Wissenschaften andere Weisen der Erkenntnis als gültig zuzulassen«.[190] Die Kirche schlägt einen anderen Weg vor, der eine Synthese verlangt zwischen einem verantwortlichen Gebrauch der besonderen Methoden der empirischen Wissenschaften und

---

189 Vgl. *Propositio* 54.
190 Johannes Paul II., Enzyklika *Fides et ratio* (14. September 1998), 88: *AAS* 91 (1999), 74.

den anderen Lehren wie der Philosophie, der Theologie und dem Glauben selbst, der den Menschen bis zum Mysterium erhebt, das die Natur und die menschliche Intelligenz übersteigt. Der Glaube hat keine Angst vor der Vernunft; im Gegenteil, er sucht sie und vertraut ihr, denn »das Licht der Vernunft und das des Glaubens kommen beide von Gott«[191] und können daher einander nicht widersprechen. Die Evangelisierung achtet auf die wissenschaftlichen Fortschritte, um sie mit dem Licht des Glaubens und des Naturrechts zu erleuchten, damit sie immer die Zentralität und den höchsten Wert des Menschen in allen Phasen seines Lebens respektieren. Die gesamte Gesellschaft kann bereichert werden dank diesem Dialog, der dem Denken neue Horizonte öffnet und die Möglichkeiten der Vernunft erweitert. Auch das ist ein Weg der Harmonie und der Befriedung.

243. Die Kirche verlangt nicht, den bewundernswerten Fortschritt der Wissenschaften anzuhalten. Im Gegenteil, sie freut sich und findet sogar Gefallen daran, da sie die enorme Leistungsfähigkeit erkennt, die Gott dem menschlichen Geist verliehen hat. Wenn die Wissenschaften in akademischer Ernsthaftigkeit im Bereich

---

191 Thomas von Aquin, *Summa contra Gentiles*, I, VII; vgl. Johannes Paul II., Enzyklika *Fides et ratio* (14. September 1998), 43: *AAS* 91 (1999), 39.

ihres spezifischen Gegenstands verbleiben und so im Zuge ihres Fortschritts eine bestimmte Schlussfolgerung deutlich machen, die von der Vernunft nicht verneint werden kann, widerspricht der Glaube diesem Ergebnis nicht. Die Glaubenden können ebenso wenig beanspruchen, dass eine ihnen angenehme wissenschaftliche Meinung, die nicht einmal ausreichend bewiesen ist, das Gewicht eines Glaubensdogmas gewinnt. Bei manchen Gelegenheiten gehen aber einige Wissenschaftler über den formalen Gegenstand ihrer Disziplin hinaus und übernehmen sich mit Behauptungen oder Schlussfolgerungen, die den eigentlich wissenschaftlichen Bereich überschreiten. In einem solchen Fall ist es nicht die Vernunft, die da vorgeschlagen wird, sondern eine bestimmte Ideologie, die einem echten, friedlichen und fruchtbaren Dialog den Weg versperrt.

Der ökumenische Dialog

244. Das ökumenische Engagement entspricht dem Gebet Jesu, des Herrn, der darum bittet, dass »alle eins sein« sollen (*Joh* 17,21). Die Glaubwürdigkeit der christlichen Verkündigung wäre sehr viel größer, wenn die Christen ihre Spaltungen überwinden würden und die Kirche erreichen könnte, »dass sie die ihr eigene Fülle der Katholizität in jenen Söhnen wirksam werden lässt, die ihr zwar durch die Taufe zugehören, aber von ihrer völligen Gemeinschaft getrennt sind«.[192] Wir müssen uns immer daran erinnern, dass wir Pilger sind und dass wir gemeinsam pilgern. Dafür soll man das Herz ohne Ängstlichkeit dem Weggefährten anvertrauen, ohne Misstrauen, und vor allem auf das schauen, was wir suchen: den Frieden im Angesicht des einen Gottes. Sich dem anderen anvertrauen ist etwas ›Selbstgemachtes‹. Der Friede ist selbstgemacht. Jesus hat uns gesagt: »Selig, die Frieden herstellen« (vgl. *Mt* 5,9). In diesem Einsatz erfüllt sich auch unter uns die alte Weissagung: »Dann schmieden sie Pflugscharen aus ihren Schwertern« (*Jes* 2,4).

245. In diesem Licht ist die Ökumene ein Beitrag zur Einheit der Menschheitsfamilie. Die Anwesenheit Seiner Heiligkeit Bartholomäus I., des Patriarchen von Konstantinopel, und Seiner Gnaden Rowan Douglas Williams, des Erzbischofs von Canterbury, in der Synode[193] war ein echtes Geschenk Gottes und ein wertvolles christliches Zeugnis.

246. Angesichts der Gewichtigkeit, die das Negativ-Zeugnis der Spaltung unter den Christen besonders in

---

192 Zweites Vatikanisches Konzil, Dekret *Unitatis redintegratio* über den Ökumenismus, 4.
193 Vgl. *Propositio* 52.

Asien und Afrika hat, wird die Suche nach Wegen zur Einheit dringend. Die Missionare in jenen Kontinenten sprechen immer wieder von den Kritiken, Klagen und dem Spott, der ihnen aufgrund des Skandals der Spaltungen unter den Christen begegnet. Wenn wir uns auf die Überzeugungen konzentrieren, die uns verbinden, und uns an das Prinzip der Hierarchie der Wahrheiten erinnern, werden wir rasch auf gemeinsame Formen der Verkündigung, des Dienstes und des Zeugnisses zugehen können. Die riesige Menge derer, die die Verkündigung Jesu Christi nicht angenommen haben, kann uns nicht gleichgültig lassen. Daher ist der Einsatz für eine Einheit, die die Annahme Jesu Christi erleichtert, nicht länger bloße Diplomatie oder eine erzwungene Pflichterfüllung und verwandelt sich in einen unumgänglichen Weg der Evangelisierung. Die Zeichen der Spaltung unter Christen in Ländern, die bereits von der Gewalt zerrissen sind, fügen weiteren Konfliktstoff von Seiten derer hinzu, die ein aktives Ferment des Friedens sein müssten. So zahlreich und so kostbar sind die Dinge, die uns verbinden! Und wenn wir wirklich an das freie und großherzige Handeln des Geistes glauben, wie viele Dinge können wir voneinander lernen! Es handelt sich nicht nur darum, Informationen über die anderen zu erhalten, um sie besser kennen zu lernen, sondern darum, das, was der Geist bei ihnen gesät hat, als ein Geschenk aufzunehmen, das auch für uns bestimmt ist. Um nur ein Beispiel zu geben: Im Dialog mit den orthodoxen Brüdern haben wir Katholiken die Möglichkeit, etwas mehr über die Bedeutung der bischöflichen Kollegialität und über ihre Erfahrung der Synodalität zu lernen. Durch einen Austausch der Gaben kann der Geist uns immer mehr zur Wahrheit und zum Guten führen.

Die Beziehungen zum Judentum

247. Ein ganz besonderer Blick ist auf das jüdische Volk gerichtet, dessen Bund mit Gott niemals aufgehoben wurde, denn »unwiderruflich sind Gnade und Berufung, die Gott gewährt« (*Röm* 11,29). Die Kirche, die mit dem Judentum einen wichtigen Teil der Heiligen Schrift gemeinsam hat, betrachtet das Volk des Bundes und seinen Glauben als eine heilige Wurzel der eigenen christlichen Identität (vgl. *Röm* 11,16–18). Als Christen können wir das Judentum nicht als eine fremde Religion ansehen, noch rechnen wir die Juden zu denen, die berufen sind, sich von den Götzen abzuwenden und sich zum wahren Gott zu bekehren (vgl. *1 Thess* 1,9). Wir glauben gemeinsam mit ihnen an den einen Gott, der in der Geschichte handelt, und nehmen mit ihnen das gemeinsame offenbarte Wort an.

248. Der Dialog und die Freundschaft mit den Kindern Israels gehören zum Leben der Jünger Jesu. Die Zuneigung, die sich entwickelt hat, lässt uns die schrecklichen Verfolgungen, denen die Juden ausgesetzt waren und sind, aufrichtig und bitter bedauern, besonders, wenn Christen darin verwickelt waren und sind.

249. Gott wirkt weiterhin im Volk des Alten Bundes und lässt einen Weisheitsschatz entstehen, der aus der Begegnung mit dem göttlichen Wort entspringt. Darum ist es auch für die Kirche eine Bereicherung, wenn sie die Werte des Judentums aufnimmt. Obwohl einige christliche Überzeugungen für das Judentum unannehmbar sind und die Kirche nicht darauf verzichten kann, Jesus als den Herrn und Messias zu verkünden, besteht eine reiche Komplementarität, die uns erlaubt, die Texte der hebräischen Bibel gemeinsam zu lesen und uns gegenseitig zu helfen, die Reichtümer des Wortes Gottes zu ergründen sowie viele ethische Überzeugungen und die gemeinsame Sorge um die Gerechtigkeit und die Entwicklung der Völker miteinander zu teilen.

Der interreligiöse Dialog

250. Eine Haltung der Offenheit in der Wahrheit und in der Liebe muss den interreligiösen Dialog mit den Angehörigen der nichtchristlichen Religionen kennzeichnen, trotz der verschiedenen Hindernisse und Schwierigkeiten, besonders der Fundamentalismen auf beiden Seiten. Dieser interreligiöse Dialog ist eine notwendige Bedingung für den Frieden in der Welt und darum eine Pflicht für die Christen wie auch für die anderen Religionsgemeinschaften. Dieser Dialog ist zuallererst ein Dialog des Lebens bzw. bedeutet einfach, wie es die Bischöfe Indiens vorschlagen, »ihnen gegenüber offen zu sein und dabei ihre Freuden und Leiden zu teilen«.[194] So lernen wir auch, die anderen in ihrem Anderssein, Andersdenken und in ihrer anderen Art, sich auszudrücken, anzunehmen. Von hier aus können wir gemeinsam die Verpflichtung übernehmen, der Gerechtigkeit und dem Frieden zu dienen, was zu einem grundlegenden Maßstab eines jeden Austauschs werden muss. Ein Dialog, in dem es um den sozialen Frieden und die Gerechtigkeit geht, wird über das bloß Pragmatische hinaus von sich aus zu einem ethischen Einsatz, der neue soziale Bedingungen schafft. Das

---

194 Catholic Bishops' Conference of India, Abschlusserklärung der XXX. Generalversammlung: *The Church's Role for a Better India* (8. März 2012), 8.9.

Mühen um ein bestimmtes Thema kann zu einem Prozess werden, in dem durch das Hören auf den anderen beide Seiten Reinigung und Bereicherung empfangen. Daher kann dieses Mühen auch die Liebe zur Wahrheit bedeuten.

251. Bei diesem Dialog, der stets freundlich und herzlich ist, darf niemals die wesentliche Bindung zwischen Dialog und Verkündigung vernachlässigt werden, die die Kirche dazu bringt, die Beziehungen zu den Nichtchristen aufrechtzuerhalten und zu intensivieren.[195] Ein versöhnlicher Synkretismus wäre im Grunde ein Totalitarismus derer, die sich anmaßen, Versöhnung zu bringen, indem sie von den Werten absehen, die sie übersteigen und deren Eigentümer sie nicht sind. Die wahre Offenheit schließt ein, mit einer klaren und frohen Identität in den eigenen tiefsten Überzeugungen fest zu stehen, aber »offen [zu] sein, um die des anderen zu verstehen«, »im Wissen darum, dass der Dialog jeden bereichern kann«.[196] Eine diplomatische Offenheit, die zu allem Ja sagt, um Probleme zu vermeiden, nützt uns nicht, da dies eine Art und Weise wäre, den anderen zu täuschen und ihm das Gut vorzuenthalten, das man als

---

195 Vgl. *Propositio* 53.
196 Johannes Paul II., Enzyklika *Redemptoris missio* (7. Dezember 1990), 56: *AAS* 83 (1991), 304.

Gabe empfangen hat, um es großzügig zu teilen. Die Evangelisierung und der interreligiöse Dialog sind weit davon entfernt, einander entgegengesetzt zu sein, vielmehr unterstützen und nähren sie einander.[197]

252. In dieser Zeit gewinnt die Beziehung zu den Angehörigen des Islam große Bedeutung, die heute in vielen Ländern christlicher Tradition besonders gegenwärtig sind und dort ihren Kult frei ausüben und in die Gesellschaft integriert leben können. Nie darf vergessen werden, dass sie »sich zum Glauben Abrahams bekennen und mit uns den einen Gott anbeten, den barmherzigen, der die Menschen am Jüngsten Tag richten wird«.[198] Die heiligen Schriften des Islam bewahren Teile der christlichen Lehre; Jesus Christus und Maria sind Gegenstand tiefer Verehrung, und es ist bewundernswert zu sehen, wie junge und alte Menschen, Frauen und Männer des Islams fähig sind, täglich dem Gebet Zeit zu widmen und an ihren religiösen Riten treu teilzunehmen. Zugleich sind viele von ihnen tief davon überzeugt, dass das eigene Leben in seiner

---

197 Vgl. Benedikt XVI., *Ansprache an die Römische Kurie* (21. Dezember 2012): *AAS* 105 (2013), 51; Zweites Vatikanisches Konzil, Dekret *Ad gentes* über die Missionstätigkeit der Kirche, 9; *Katechismus der Katholischen Kirche*, 856.

198 Zweites Vatikanisches Konzil, Dogm. Konst. *Lumen gentium* über die Kirche, 16.

Gesamtheit von Gott kommt und für Gott ist. Ebenso sehen sie die Notwendigkeit, ihm mit ethischem Einsatz und mit Barmherzigkeit gegenüber den Ärmsten zu antworten.

253. Um den Dialog mit dem Islam zu führen, ist eine entsprechende Bildung der Gesprächspartner unerlässlich, nicht nur damit sie fest und froh in ihrer eigenen Identität verwurzelt sind, sondern auch um fähig zu sein, die Werte der anderen anzuerkennen, die Sorgen zu verstehen, die ihren Forderungen zugrunde liegen, und die gemeinsamen Überzeugungen ans Licht zu bringen. Wir Christen müssten die islamischen Einwanderer, die in unsere Länder kommen, mit Zuneigung und Achtung aufnehmen, so wie wir hoffen und bitten, in den Ländern islamischer Tradition aufgenommen und geachtet zu werden. Bitte! Ich ersuche diese Länder demütig darum, in Anbetracht der Freiheit, welche die Angehörigen des Islam in den westlichen Ländern genießen, den Christen Freiheit zu gewährleisten, damit sie ihren Gottesdienst feiern und ihren Glauben leben können. Angesichts der Zwischenfälle eines gewalttätigen Fundamentalismus muss die Zuneigung zu den authentischen Anhängern des Islam uns dazu führen, gehässige Verallgemeinerungen zu vermeiden, denn der wahre Islam und eine angemessene Interpretation des Korans stehen jeder Gewalt entgegen.

254. Die Nichtchristen können, dank der ungeschuldeten göttlichen Initiative und wenn sie treu zu ihrem Gewissen stehen, »durch Gottes Gnade gerechtfertigt«[199] und auf diese Weise »mit dem österlichen Geheimnis Christi verbunden werden«.[200] Aber aufgrund der sakramentalen Dimension der heiligmachenden Gnade neigt das göttliche Handeln in ihnen dazu, Zeichen, Riten und sakrale Ausdrucksformen hervorzurufen, die ihrerseits andere in eine gemeinschaftliche Erfahrung eines Weges zu Gott einbeziehen.[201] Sie haben nicht die Bedeutung und die Wirksamkeit der von Christus eingesetzten Sakramente, können aber Kanäle sein, die der Geist selber schafft, um die Nichtchristen vom atheistischen Immanentismus oder von rein individuellen religiösen Erfahrungen zu befreien. Derselbe Geist erweckt überall Formen praktischer Weisheit, die helfen, die Unbilden des Lebens zu ertragen und friedvoller und harmonischer zu leben. Auch wir Christen können aus diesem durch die Jahrhunderte hindurch gefestigten Reichtum Nutzen ziehen, der uns hilfreich sein kann, unsere besonderen Überzeugungen besser zu leben.

---

199 Internationale Theologenkommission, *Das Christentum und die Religionen* (1996), 72: *Ench. Vat.* 15, Nr. 1061.

200 *Ebd.*

201 Vgl. *ebd.*, 81–87: *Ench. Vat.* 15, Nr. 1070–1076.

255. Die Synodenväter haben an die Bedeutung der Achtung der Religionsfreiheit erinnert, die als ein fundamentales Menschenrecht betrachtet wird.[202] »Sie schließt die Freiheit ein, die Religion zu wählen, die man für die wahre hält, und den eigenen Glauben öffentlich zu bekunden.«[203] Ein gesunder Pluralismus, der die anderen und die Werte als solche wirklich respektiert, beinhaltet keine Privatisierung der Religionen mit der Zumutung, sie zum Schweigen zu bringen und auf die Verborgenheit des Gewissens jedes Einzelnen zu beschränken oder sie ins Randdasein des geschlossenen, eingefriedeten Raums der Kirchen, Synagogen oder Moscheen zu verbannen. Das wäre dann letztlich eine neue Form von Diskriminierung und Autoritarismus. Der Respekt, der den Minderheiten von Agnostikern oder Nichtglaubenden gebührt, darf nicht auf eine willkürliche Weise durchgesetzt werden, die die Überzeugungen der gläubigen Mehrheiten zum Schweigen bringt oder die Reichtümer der religiösen Traditionen unbeachtet lässt. Das

---

202 Vgl. *Propositio* 16.

203 Benedikt XVI., Nachsynodales Apostolisches Schreiben *Ecclesia in Medio Oriente* (14. September 2012), 26: *AAS* 104 (2012), 762.

würde auf lange Sicht mehr den Groll schüren als die Toleranz und den Frieden fördern.

256. Wenn man sich nach der öffentlichen Auswirkung der Religion fragt, muss man verschiedene Weisen, sie zu leben, unterscheiden. Sowohl Intellektuelle als auch journalistische Kommentare fallen häufig in grobe und wenig akademische Verallgemeinerungen, wenn sie von den Fehlern der Religionen sprechen, und oft sind sie nicht imstande zu unterscheiden, dass nicht alle Glaubenden – noch alle religiösen Führungskräfte – gleich sind. Einige Politiker nutzen diese Verwirrung, um diskriminierende Aktionen zu rechtfertigen. Andere Male werden Schriften verachtet, die im Bereich einer Glaubensüberzeugung entstanden sind, und man vergisst dabei, dass die klassischen religiösen Texte für alle Zeiten von Bedeutung sein können und eine motivierende Kraft besitzen, die immer neue Horizonte öffnet, das Denken anregt, den Geist weitet und das Feingefühl erhöht. Sie werden verachtet wegen ihres Mangels an rationalistischer Sichtweise. Ist es vernünftig und intelligent, sie in die Verborgenheit zu verbannen, nur weil sie im Kontext einer religiösen Überzeugung entstanden sind? Sie tragen zutiefst humanistische Prinzipien in sich, die einen rationalen Wert besitzen, obwohl sie von Symbolen und religiösen Lehren durchdrungen sind.

257. Als Glaubende fühlen wir uns auch denen nahe, die sich nicht als Angehörige einer religiösen Tradition bekennen, aber aufrichtig nach der Wahrheit, der Güte und der Schönheit suchen, die für uns ihren maximalen Ausdruck und ihre Quelle in Gott finden. Wir empfinden sie als wertvolle Verbündete im Einsatz zur Verteidigung der Menschenwürde, im Aufbau eines friedlichen Zusammenlebens der Völker und in der Bewahrung der Schöpfung. Ein besonderer Raum ist jener der sogenannten neuen *Areopage* wie der ›Vorhof der Völker‹, wo »Glaubende und Nichtglaubende über die grundlegenden Themen der Ethik, der Kunst und der Wissenschaft sowie über die Suche nach dem Transzendenten miteinander ins Gespräch kommen können«.[204] Auch das ist ein Weg des Friedens für unsere verwundete Welt.

258. Ausgehend von einigen sozialen Themen, die im Hinblick auf die Zukunft der Menschheit wichtig sind, habe ich noch einmal versucht, die unausweichliche soziale Dimension der Verkündigung des Evangeliums deutlich darzulegen, um alle Christen zu ermutigen, sie in ihren Worten, Verhaltensweisen und Taten immer zum Ausdruck zu bringen.

---

204 *Propositio* 55.

278

Fünftes Kapitel
Evangelisierende mit Geist

259. Evangelisierende mit Geist sind Verkünder des Evangeliums, die sich ohne Furcht dem Handeln des Heiligen Geistes öffnen. Zu Pfingsten ließ der Heilige Geist die Apostel aus sich selbst herausgehen und verwandelte sie in Verkünder der Großtaten Gottes, die ein jeder in seiner Sprache zu verstehen begann. Der Heilige Geist verleiht außerdem die Kraft, die Neuheit des Evangeliums mit Freimut *(parrhesía)* zu verkünden, mit lauter Stimme, zu allen Zeiten und an allen Orten, auch gegen den Strom. Rufen wir ihn heute an, fest verankert im Gebet, ohne das alles Tun ins Leere zu laufen droht und die Verkündigung letztlich keine Seele hat. Jesus sucht Verkünder des Evangeliums, welche die Frohe Botschaft nicht nur mit Worten verkünden, sondern vor allem mit einem Leben, das in der Gegenwart Gottes verwandelt wurde.

260. In diesem letzten Kapitel werde ich keine Zusammenfassung der christlichen Spiritualität bieten, noch große Themen wie das Gebet, die eucharistische Anbetung oder die Feier des Glaubens entfalten, über die wir bereits wertvolle Texte des Lehramtes und berühmte Schriften großer Autoren haben. Ich beanspruche nicht, solchen Reichtum zu ersetzen oder zu übertreffen. Ich möchte einfach einige Überlegungen zum Geist der neuen Evangelisierung darlegen.

261. Wenn man sagt, etwas »hat Geist«, meint man damit für gewöhnlich innere Beweggründe, die das persönliche und gemeinschaftliche Handeln anspornen, motivieren, ermutigen und ihm Sinn verleihen. Eine Evangelisierung mit Geist unterscheidet sich sehr von einer Ansammlung von Aufgaben, die als eine drückende Verpflichtung erlebt werden, die man bloß toleriert oder auf sich nimmt als etwas, das den eigenen Neigungen und Wünschen widerspricht. Wie wünschte ich die richtigen Worte zu finden, um zu einer Etappe der Evangelisierung zu ermutigen, die mehr Eifer, Freude, Großzügigkeit, Kühnheit aufweist, die ganz von Liebe erfüllt ist und von einem Leben, das ansteckend wirkt! Aber ich weiß, dass keine Motivation ausreichen wird, wenn in den Herzen nicht das Feuer des Heiligen Geistes brennt. Eine Evangelisierung mit Geist ist letztlich eine Evangelisierung mit dem Heiligen Geist, denn er ist die Seele der missionarischen Kirche. Bevor ich einige Motivationen und spirituelle Anregungen gebe, rufe ich einmal mehr den Heiligen Geist an; ich bitte ihn, zu kommen und die Kirche zu erneuern, aufzurütteln, anzutreiben, dass sie kühn aus sich herausgeht, um allen Völkern das Evangelium zu verkünden.

I. Motivationen für einen neuen missionarischen Schwung

262. Evangelisierende mit Geist sind Verkünder des Evangeliums, die beten und arbeiten. Vom Gesichtspunkt der Evangelisierung aus nützen weder mystische Angebote ohne ein starkes soziales und missionarisches Engagement noch soziales oder pastorales Reden und Handeln ohne eine Spiritualität, die das Herz verwandelt. Diese aufspaltenden Teilangebote erreichen nur kleine Gruppen und haben keine weitreichende Durchschlagskraft, da sie das Evangelium verstümmeln. Immer ist es notwendig, einen inneren Raum zu pflegen, der dem Engagement und der Tätigkeit einen christlichen Sinn verleiht.[205] Ohne längere Zeiten der Anbetung, der betenden Begegnung mit dem Wort Gottes, des aufrichtigen Gesprächs mit dem Herrn verlieren die Aufgaben leicht ihren Sinn, werden wir vor Müdigkeit und Schwierigkeiten schwächer und erlischt der Eifer. Die Kirche braucht dringend die Lunge des Gebets, und ich freue mich sehr, dass in allen kirchlichen Einrichtungen die Gebetsgruppen, die Gruppen des Fürbittgebets und der betenden Schriftlesung sowie die ewige eucharistische Anbetung mehr werden. Zugleich »gilt [es], die Versuchung einer intimistischen

---

205 Vgl. *Propositio 36*.

und individualistischen Spiritualität zurückzuweisen, die sich nicht nur mit den Forderungen der Liebe, sondern auch mit der Logik der Inkarnation [...] schwer in Einklang bringe ließe.«[206] Es besteht die Gefahr, dass einige Zeiten des Gebets zur Ausrede werden, sein Leben nicht der Mission zu widmen, denn die Privatisierung des Lebensstils kann die Christen dazu führen, zu einer falschen Spiritualität Zuflucht zu nehmen.

263. Es ist förderlich, sich an die ersten Christen und die vielen Brüder und Schwestern im Laufe der Geschichte zu erinnern, die von Freude erfüllt und voller Mut waren, unermüdlich in der Verkündigung und fähig zu großer tätiger Ausdauer. Es gibt welche, die sich damit trösten zu sagen, dass es heute schwieriger ist; allerdings müssen wir zugeben, dass im Römischen Reich die Lage weder für die Verkündigung des Evangeliums noch für den Kampf für die Gerechtigkeit oder die Verteidigung der Menschenwürde günstig war. Zu allen Zeiten der Geschichte gibt es die menschliche Schwachheit, die krankhafte Suche nach sich selbst, den bequemen Egoismus und schließlich die Begierde, die uns allen auflauert. Diese gibt es immer in der einen oder anderen Form; sie rührt mehr von den mensch-

---

206 Johannes Paul II., Apostolisches Schreiben *Novo Millennio ineunte* (6. Januar 2011), 52: *AAS* 93 (2001), 304.

lichen Grenzen als von den Umständen her. Sagen wir also nicht, dass es heute schwieriger ist; es ist anders. Lernen wir indessen von den Heiligen, die uns vorangegangen sind und die die jeweiligen Schwierigkeiten ihrer Zeit angepackt haben. Deswegen schlage ich euch vor, dass wir einen Moment innehalten, um einige Motivationen wiederzugewinnen, die uns helfen, sie heute nachzuahmen.[207]

Die persönliche Begegnung
mit der rettenden Liebe Jesu

264. Der erste Beweggrund, das Evangelium zu verkünden, ist die Liebe Jesu, die wir empfangen haben; die Erfahrung, dass wir von ihm gerettet sind, der uns dazu bewegt, ihn immer mehr zu lieben. Aber was für eine Liebe ist das, die nicht die Notwendigkeit verspürt, darüber zu sprechen, geliebt zu sein, und dies zu zeigen und bekanntzumachen? Wenn wir nicht den innigen Wunsch verspüren, diese Liebe mitzuteilen, müssen wir im Gebet verweilen und ihn bitten, dass er uns wieder eine innere Ergriffenheit empfinden lässt. Wir müssen ihn jeden Tag anflehen, seine Gnade erbitten, dass er unser kaltes Herz aufbreche und unser laues und ober-

---

207 Vgl. V. M. Fernández, *Espiritualidad para la esperanza activa.* Acto de apertura del I Congreso Nacional de Doctrina social de la Iglésia, Rosario (Argentinien) 2011, in: *UCActualidad* 142, (2011), 16.

flächliches Leben aufrüttle. Wenn wir mit offenem Herzen vor ihm stehen und zulassen, dass er uns anschaut, erkennen wir diesen Blick der Liebe, den Natanael an dem Tag entdeckte, als Jesus ihm begegnete und sagte: »Ich habe dich unter dem Feigenbaum gesehen« (*Joh* 1,48). Wie schön ist es, vor einem Kreuz zu stehen oder vor dem Allerheiligsten zu knien und einfach vor seinen Augen da zu sein! Wie gut tut es uns, zuzulassen, dass er unser Leben wieder anrührt und uns antreibt, sein neues Leben mitzuteilen! Was also geschieht, ist letztlich, dass wir das, »was wir gesehen und gehört haben, [...] verkünden« (*1 Joh* 1,3). Die beste Motivation, sich zu entschließen, das Evangelium mitzuteilen, besteht darin, es voll Liebe zu betrachten, auf seinen Seiten zu verweilen und es mit dem Herzen zu lesen. Wenn wir es auf diese Weise angehen, wird uns seine Schönheit in Staunen versetzen, uns wieder und wieder faszinieren. Dazu ist es notwendig, einen *kontemplativen* Geist wiederzuerlangen, der uns jeden Tag neu entdecken lässt, dass wir Träger eines Gutes sind, das menschlicher macht und hilft, ein neues Leben zu führen. Es gibt nichts Besseres, das man an die anderen weitergeben kann.

265. Das ganze Leben Jesu, seine Art, mit den Armen umzugehen, seine Gesten, seine Kohärenz, seine tägliche und schlichte Großherzigkeit und schließlich seine

Ganzhingabe – alles ist wertvoll und spricht zum eigenen Leben. Sooft einer dies wieder entdeckt, ist er davon überzeugt, dass es genau das ist, was die anderen brauchen, auch wenn sie es nicht erkennen: »Was ihr verehrt, ohne es zu kennen, verkünde ich euch« (*Apg* 17,23). Mitunter verlieren wir die Begeisterung für die Mission, wenn wir vergessen, dass das Evangelium *auf die tiefsten Bedürfnisse* der Menschen *antwortet*. Denn wir alle wurden für das erschaffen, was das Evangelium uns anbietet: die Freundschaft mit Jesus und die brüderliche Liebe. Wenn es gelingt, den wesentlichen Inhalt des Evangeliums angemessen und schön zum Ausdruck zu bringen, wird diese Botschaft sicher zu den tiefsten Sehnsüchten der Herzen sprechen: »Der Missionar geht […] von der Überzeugung aus, dass sowohl bei den Einzelnen als auch bei den Völkern durch das Wirken des Geistes schon eine – wenn auch unbewusste – Erwartung da ist, die Wahrheit über Gott, über den Menschen, über den Weg zur Befreiung von Sünde und Tod zu erfahren. Die Begeisterung bei der Verkündigung Christi kommt von der Überzeugung, auf diese Erwartung antworten zu können.«[208]

Die Begeisterung für die Evangelisierung gründet in dieser Überzeugung. Wir haben einen Schatz an

---

208 Johannes Paul II., Enzyklika *Redemptoris missio* (7. Dezember 1990), 45: *AAS* 83 (1991), 292.

Leben und Liebe, der nicht trügen kann, eine Botschaft, die nicht manipulieren noch enttäuschen kann. Es ist eine Antwort, die tief ins Innerste des Menschen hinabfällt und ihn stützen und erheben kann. Es ist die Wahrheit, die nicht aus der Mode kommt, denn sie ist in der Lage, dort einzudringen, wohin nichts anderes gelangen kann. Unsere unendliche Traurigkeit kann nur durch eine unendliche Liebe geheilt werden.

266. Diese Überzeugung aber wird von der eigenen, stets neuen Erfahrung getragen, seine Freundschaft und seine Botschaft zu genießen. Man kann eine hingebungsvolle Evangelisierung nicht mit Ausdauer betreiben, wenn man nicht aus eigener Erfahrung davon überzeugt ist, dass es nicht das Gleiche ist, Jesus kennen gelernt zu haben oder ihn nicht zu kennen, dass es nicht das Gleiche ist, mit ihm zu gehen oder im Dunkeln zu tappen, dass es nicht das Gleiche ist, auf ihn hören zu können oder sein Wort nicht zu kennen, dass es nicht das Gleiche ist, ihn betrachten, anbeten und in ihm ruhen zu können oder es nicht tun zu können. Es ist nicht das Gleiche, zu versuchen, die Welt mit seinem Evangelium aufzubauen oder es nur mit dem eigenen Verstand zu tun. Wir wissen sehr wohl, dass das Leben mit ihm viel erfüllter wird und dass es mit ihm leichter ist, in allem einen Sinn zu finden. Deswegen verkünden wir das Evangelium. Der wahre Missionar, der niemals aufhört, Jünger zu sein, weiß, dass Jesus mit ihm geht, mit ihm spricht, mit ihm atmet, mit ihm arbeitet. Er spürt, dass der lebendige Jesus inmitten der missionarischen Arbeit bei ihm ist. Wenn einer Jesu Gegenwart nicht im Herzen des missionarischen Einsatzes selbst entdeckt, verliert er schnell die Begeisterung und hört auf, dessen sicher zu sein, was er weitergibt; es fehlt ihm an Kraft und Leidenschaft. Und ein Mensch, der nicht überzeugt, begeistert, sicher, verliebt ist, überzeugt niemanden.

267. Mit Jesus vereint, suchen wir, was er sucht, lieben wir, was er liebt. Letztlich suchen wir die Ehre des Vaters und leben und handeln »zum Lob seiner herrlichen Gnade« (*Eph* 1,6). Wenn wir uns rückhaltlos und beständig hingeben wollen, müssen wir über jede andere Motivation hinausgehen. Dies ist das endgültige, tiefste, größte Motiv, der letzte Grund und Sinn von allem anderen: Es geht um die Herrlichkeit des Vaters, die Jesus während seines ganzen Lebens suchte. Er ist der Sohn, der ewig glücklich mit seinem ganzen Sein »am Herzen des Vaters ruht« (*Joh* 1,18). Wenn wir Missionare sind, dann vor allem deswegen, weil Jesus uns gesagt hat: »Mein Vater wird dadurch verherrlicht, dass ihr reiche Frucht bringt« (*Joh* 15,8). Über all das hinaus, was uns liegt oder nicht, was uns interessiert oder nicht, uns nützlich ist oder nicht, über die engen

Grenzen unserer Wünsche, unseres Verstehens und unserer Beweggründe hinaus verkünden wir das Evangelium zur größeren Ehre des Vaters, der uns liebt.

Das geistliche Wohlgefallen, Volk zu sein

268. Das Wort Gottes lädt uns auch ein zu erkennen, dass wir ein Volk sind: »Einst wart ihr nicht sein Volk, jetzt aber seid ihr Gottes Volk« (*1 Petr* 2,10). Um aus tiefster Seele Verkünder des Evangeliums zu sein, ist es auch nötig, ein geistliches Wohlgefallen daran zu finden, nahe am Leben der Menschen zu sein, bis zu dem Punkt, dass man entdeckt, dass dies eine Quelle höherer Freude ist. Die Mission ist eine Leidenschaft für Jesus, zugleich aber eine Leidenschaft für sein Volk. Wenn wir vor dem gekreuzigten Jesus verweilen, erkennen wir all seine Liebe, die uns Würde verleiht und uns trägt; wenn wir aber nicht blind sind, beginnen wir zugleich wahrzunehmen, dass dieser Blick Jesu sich weitet und sich voller Liebe und innerer Glut auf sein ganzes Volk richtet. So entdecken wir wieder neu, dass er uns als Werkzeug nehmen will, um seinem geliebten Volk immer näher zu kommen. Er nimmt uns aus der Mitte des Volkes und sendet uns zum Volk, sodass unsere Identität nicht ohne diese Zugehörigkeit verstanden werden kann.

269. Jesus selbst ist das Vorbild dieser Entscheidung zur Verkündigung des Evangeliums, die uns in das Herz des Volkes hineinführt. Wie gut tut es uns zu sehen, wie er allen so nahe ist! Wenn Jesus mit jemandem sprach, sah er ihn in tiefer liebevoller Zuneigung an: »Jesus sah ihn an und liebte ihn« (*Mk* 10,21). Wir sehen ihn zugänglich, als er sich dem Blinden auf dem Weg nähert (vgl. *Mk* 10.46–52) und als er mit den Sündern isst und trinkt (vgl. *Mk* 2,16), ohne sich darum zu kümmern, dass einige ihn als Fresser und Säufer betrachten (vgl. *Mt* 11,19). Wir sehen ihn verfügbar, als er zulässt, dass eine Dirne seine Füße salbt (vgl. *Lk* 7,36–50), oder als er Nikodemus des Nachts empfängt (vgl. *Joh* 3,1–15). Die Hingabe Jesu am Kreuz ist nichts anderes als der Höhepunkt dieses Stils, der sein ganzes Leben prägte. Von seinem Vorbild fasziniert, möchten wir uns vollständig in die Gesellschaft eingliedern, teilen wir das Leben mit allen, hören ihre Sorgen, arbeiten materiell und spirituell mit ihnen in ihren Bedürfnissen, freuen uns mit denen, die fröhlich sind, weinen mit denen, die weinen, und setzen uns Seite an Seite mit den anderen für den Aufbau einer neuen Welt ein. Aber wir tun dies nicht aus Pflicht, nicht wie eine Last, die uns aufreibt, sondern in einer persönlichen Entscheidung, die uns mit Freude erfüllt und eine Identität gibt.

270. Zuweilen verspüren wir die Versuchung, Christen zu sein, die einen sicheren Abstand zu den Wundmalen des Herrn halten. Jesus aber will, dass wir mit dem menschlichen Elend in Berührung kommen, dass wir mit dem leidenden Leib der anderen in Berührung kommen. Er hofft, dass wir darauf verzichten, unsere persönlichen oder gemeinschaftlichen Zuflüchte zu suchen, die uns erlauben, gegenüber dem Kern des menschlichen Leids auf Distanz zu bleiben, damit wir dann akzeptieren, mit dem konkreten Leben der anderen ernsthaft in Berührung zu kommen und die Kraft der Zartheit kennen lernen. Wenn wir das tun, wird das Leben für uns wunderbar komplex, und wir machen die tiefe Erfahrung, Volk zu sein, die Erfahrung, zu einem Volk zu gehören.

271. Es ist wahr, dass wir in unserer Beziehung mit der Welt aufgefordert sind, Rede und Antwort zu stehen für unsere Hoffnung, aber nicht als Feinde, die anzeigen und verurteilen. Sehr klar werden wir ermahnt: »Aber antwortet bescheiden und ehrfürchtig« (*1 Petr* 3,16), und: »Soweit es euch möglich ist, haltet mit allen Menschen Frieden!« (*Röm* 12,18). Ebenso werden wir aufgefordert zu versuchen, »das Böse durch das Gute« zu besiegen (*Röm* 12,21), ohne müde zu werden, »das Gute zu tun« (*Gal* 6,9), und ohne höher erscheinen zu wollen, »sondern in Demut schätze der eine den andern höher ein als sich selbst« (*Phil* 2,3). Tatsächlich waren die Apostel des Herrn »beim ganzen Volk beliebt« (*Apg* 2,47; vgl. 4,21.33; 5,13). Es ist klar, dass Jesus Christus uns nicht als Fürsten will, die abfällig herabschauen, sondern als Männer und Frauen des Volkes. Das ist nicht die Meinung eines Papstes, noch eine pastorale Option unter möglichen anderen. Es sind so klare, direkte und überzeugende Weisungen des Wortes Gottes, dass sie keiner Interpretation bedürfen, die ihnen nur ihre mahnende Kraft nehmen würden. Leben wir sie »*sine glossa*« – ohne Kommentare. Auf diese Weise erfahren wir die missionarische Freude, das Leben mit dem Volk, das Gott treu ist, zu teilen, und versuchen zugleich, das Feuer im Herzen der Welt zu entzünden.

272. Die Liebe zu den Menschen ist eine geistliche Kraft, welche die volle Begegnung mit Gott erleichtert, denn wer den Bruder nicht liebt, »geht in der Finsternis« (*1 Joh* 2,11), »bleibt im Tod« (*1 Joh* 3,14) und »hat Gott nicht erkannt« (*1 Joh* 4,8). Benedikt XVI. sagte, »dass die Abwendung vom Nächsten auch für Gott blind macht«[209] und dass die Liebe letztlich das *einzige* Licht ist, »das eine dunkle Welt immer wieder erhellt und uns den Mut zum Leben und zum Handeln

---

209 Benedikt XVI., Enzyklika *Deus caritas est* (25. Dezember 2005), 16: *AAS* 98 (2006), 230.

gibt.«[210] Wenn wir daher die ›Mystik‹ leben, auf die anderen zuzugehen und ihr Wohl zu suchen, weiten wir unser Inneres, um die schönsten Geschenke des Herrn zu empfangen. Jedes Mal wenn wir einem Menschen in Liebe begegnen, werden wir fähig, etwas Neues von Gott zu entdecken. Jedes Mal wenn wir unsere Augen öffnen, um den anderen zu erkennen, wird unser Glaube weiter erleuchtet, um Gott zu erkennen. Infolgedessen können wir, wenn wir im geistlichen Leben wachsen wollen, nicht darauf verzichten, missionarisch zu sein. Die Aufgabe der Evangelisierung bereichert Herz und Sinn, eröffnet uns geistliche Horizonte, macht uns empfänglicher, um das Wirken des Heiligen Geistes zu erkennen, und führt uns aus unseren engen geistlichen Schablonen heraus. Gleichzeitig erfährt ein engagierter Missionar die Freude, eine Quelle zu sein, die überfließt und die anderen erfrischt. Missionar kann nur sein, wer sich wohl fühlt, wenn er das Wohl des anderen sucht, das Glück der anderen will. Diese Öffnung des Herzens ist ein Quell des Glücks, denn »geben ist seliger als nehmen« (*Apg* 20,35). Keiner hat ein besseres Leben, wenn er die anderen flieht, sich versteckt, sich weigert teilzunehmen, widersteht zu geben, sich in seine Bequemlichkeit einschließt. Dies kommt vielmehr einem langsamen Selbstmord gleich.

---

210 *Ebd.*, 39: *AAS* 98 (2006), 250.

273. Die Mission im Herzen des Volkes ist nicht ein Teil meines Lebens oder ein Schmuck, den ich auch wegnehmen kann; sie ist kein Anhang oder ein zusätzlicher Belang des Lebens. Sie ist etwas, das ich nicht aus meinem Sein ausreißen kann, außer ich will mich zerstören. *Ich bin eine Mission* auf dieser Erde, und ihretwegen bin ich auf dieser Welt. Man muss erkennen, dass man selber ›gebrandmarkt‹ ist für diese Mission, Licht zu bringen, zu segnen, zu beleben, aufzurichten, zu heilen, zu befreien. Da zeigt sich, wer aus ganzer Seele Krankenschwester, aus ganzer Seele Lehrer, aus ganzer Seele Politiker ist – diejenigen, die sich zutiefst dafür entschieden haben, bei den anderen und für die anderen da zu sein. Wenn hingegen einer die Pflicht auf der einen Seite und die Privatsphäre auf der anderen Seite voneinander trennt, dann wird alles grau, und er wird ständig Anerkennung suchen oder seine eigenen Bedürfnisse verteidigen. So wird er aufhören, ›Volk‹ zu sein.

274. Um das Leben mit den Menschen zu teilen und uns ihnen großherzig zu widmen, müssen wir auch anerkennen, dass jeder Mensch unserer Hingabe würdig ist. Nicht wegen seiner körperlichen Gestalt, seiner Fähigkeiten, seiner Sprache, seines Denkens oder der Befriedigung, die wir erhalten, sondern weil er Werk Gottes, sein Geschöpf ist. Dieser hat ihn als sein Abbild erschaffen, und er spiegelt etwas von Gottes Herrlichkeit wider. Jeder Mensch ist Objekt der unendlichen zarten Liebe des Herrn, und er selbst wohnt in seinem Leben. Jesus Christus hat sein kostbares Blut am Kreuz für diesen Menschen vergossen. Jenseits aller äußeren Erscheinung ist jeder *unendlich heilig und verdient unsere Liebe und unsere Hingabe.* Deswegen, wenn ich es schaffe, nur einem Menschen zu helfen, ein besseres Leben zu haben, rechtfertigt dies schon den Einsatz meines Lebens. Es ist schön, gläubiges Volk Gottes zu sein. Und die Fülle erreichen wir, wenn wir die Wände einreißen und sich unser Herz mit Gesichtern und Namen füllt!

Das geheimnisvolle Wirken des Auferstandenen und seines Geistes

275. Im zweiten Kapitel haben wir über den Mangel an tiefer Spiritualität nachgedacht, der im Pessimismus, Fatalismus und Misstrauen seinen Niederschlag findet. Manche Menschen setzen sich nicht für die Mission ein, da sie meinen, dass nichts verändert werden kann, und es ihnen dann sinnlos erscheint, sich anzustrengen. Sie denken so: ›Warum soll ich auf meine Annehmlichkeiten und Vergnügen verzichten, wenn ich kein bedeutendes Ergebnis sehen werde?‹ Mit solcher Haltung wird es unmöglich, Missionar zu sein. Diese Haltung ist gerade eine üble Ausrede, um in der Bequemlichkeit, in der Faulheit, in der unbefriedigten Traurigkeit und der selbstsüchtigen Leere eingeschlossen zu bleiben. Es handelt sich um eine selbstzerstörerische Haltung, denn »der Mensch kann nicht ohne Hoffnung leben; sein Leben wäre zur Bedeutungslosigkeit verurteilt und würde unerträglich.«[211] Wenn wir denken, die Dinge werden sich nicht ändern, dann erinnern wir uns daran, dass Jesus Christus die Sünde und den Tod besiegt hat und voller Macht ist. Jesus Christus lebt wirklich. Anders hieße das: »Ist aber Christus nicht auferweckt worden, dann ist unsere Verkündigung leer und euer Glaube sinnlos« (*1 Kor* 15,14). Das Evangelium berichtet uns, was geschah, als die ersten Jünger auszogen und predigten: »Der Herr stand ihnen bei und bekräftigte die Verkündigung« (*Mk* 16,20). Das geschieht auch heute. Wir sind eingeladen, es zu entdecken, es zu leben. Der auferstandene und verherrlichte Christus ist die tiefe Quelle unserer Hoffnung, und wir werden nicht ohne seine Hilfe sein, um die Mission zu erfüllen die er uns anvertraut.

276. Seine Auferstehung gehört nicht der Vergangenheit an; sie beinhaltet eine Lebenskraft, die die Welt durchdrungen hat. Wo alles tot zu sein scheint, sprießen

---

211 II. Sonderversammlung der Bischofssynode für Europa, *Schlussbotschaft*, 1: *L'Osservatore Romano* (dt.), Jg. 29, Nr. 46 (12. November 1999), S. 10.

wieder überall Anzeichen der Auferstehung hervor. Es ist eine unvergleichliche Kraft. Es ist wahr, dass es oft so scheint, als existiere Gott nicht: Wir sehen Ungerechtigkeit, Bosheit, Gleichgültigkeit und Grausamkeit, die nicht aufhören. Es ist aber auch gewiss, dass mitten in der Dunkelheit immer etwas Neues aufkeimt, das früher oder später Frucht bringt. Auf einem eingeebneten Feld erscheint wieder das Leben, hartnäckig und unbesiegbar. Es mag viel Dunkles geben, doch das Gute neigt dazu, immer wiederzukommen, aufzukeimen und sich auszubreiten. Jeden Tag wird in der Welt die Schönheit neu geboren, die durch die Stürme der Geschichte verwandelt wieder aufersteht. Die Werte tendieren dazu, immer wieder auf neue Weise zu erscheinen, und tatsächlich ist der Mensch oft aus dem, was unumkehrbar schien, zu neuem Leben erstanden. Das ist die Kraft der Auferstehung, und jeder Verkünder des Evangeliums ist ein Werkzeug dieser Dynamik.

277. Ebenso treten ständig neue Schwierigkeiten auf, die Erfahrung des Misserfolgs, die menschlichen Kleinlichkeiten, die sehr wehtun. Wir alle wissen aus Erfahrung, dass manchmal eine Aufgabe nicht die Befriedigung bietet, die wir wünschten, die Ergebnisse gering sind und die Veränderungen langsam; man ist versucht, überdrüssig zu werden. Jedoch ist es nicht das Gleiche, wenn einer aus Überdruss die Arme vorübergehend hängen lässt oder wenn er sie für immer hängen lässt, weil er von einer chronischen Unzufriedenheit beherrscht wird, von einer Trägheit, welche seine Seele austrocknet. Es kann vorkommen, dass das Herz des Ringens überdrüssig wird, weil es im Grunde sich selbst sucht in einem Karrierestreben, das nach Anerkennung, Beifall, Auszeichnungen und Rang dürstet. Dann lässt einer nicht die Arme hängen, sondern hat kein Charisma mehr, es fehlt ihm die Auferstehung. So bleibt das Evangelium, die schönste Botschaft, die diese Welt hat, unter vielen Ausreden begraben.

278. Glaube bedeutet auch, Gott zu glauben, zu glauben, dass es wahr ist, dass er uns liebt, dass er lebt, dass er fähig ist, auf geheimnisvolle Weise einzugreifen, dass er uns nicht verlässt, dass er in seiner Macht und seiner unendlichen Kreativität Gutes aus dem Bösen hervorgehen lässt. Es bedeutet zu glauben, dass er siegreich in der Geschichte fortschreitet zusammen mit den »Berufenen, Auserwählten und Treuen« (*Offb* 17,14). Glauben wir dem Evangelium, das sagt, dass das Reich Gottes schon in der Welt da ist, hier und dort auf verschiedene Art und Weise wächst – wie das kleine Samenkorn, das zu einem großen Baum werden kann (vgl. *Mt* 13,31–32), wie die Handvoll Sauerteig, der eine große Masse durchsäuert (vgl. *Mt* 13,33), und wie der gute Samen, der mitten unter dem Unkraut wächst (vgl. *Mt* 13,24–30) – und uns immer angenehm überraschen kann. Es ist da, es kommt wieder, es kämpft, um von Neuem zu blühen. Die Auferstehung Christi bringt überall Keime dieser neuen Welt hervor; und selbst wenn sie abgeschnitten werden, treiben sie wieder aus, denn die Auferstehung des Herrn hat schon das verborgene Treiben dieser Geschichte durchdrungen, denn Jesus ist nicht umsonst auferstanden. Bleiben wir in diesem Lauf der lebendigen Hoffnung keine Randfiguren!

279. Da wir nicht immer diese aufkeimenden Sprossen sehen, brauchen wir eine innere Gewissheit und die Überzeugung, dass Gott in jeder Situation handeln kann, auch inmitten scheinbarer Misserfolge, denn »diesen Schatz tragen wir in zerbrechlichen Gefäßen« (*2 Kor* 4,7). Diese Gewissheit ist das, was ›Sinn für das Mysterium‹ genannt wird. Es bedeutet, mit Bestimmtheit zu wissen, dass sicher Frucht bringen wird (vgl. *Joh* 15,5), wer sich Gott aus Liebe darbringt und sich ihm hingibt. Diese Fruchtbarkeit ist oft nicht sichtbar, nicht greifbar und kann nicht gemessen werden. Man weiß wohl, dass das eigene Leben Frucht bringen wird, beansprucht aber nicht zu wissen wie, wo oder wann. Man hat die Sicherheit, dass keine der Arbeiten, die man mit Liebe verrichtet hat, verloren geht, dass keine der ehrlichen Sorgen um den Nächsten, keine Tat der

Liebe zu Gott, keine großherzige Mühe, keine leidvolle Geduld verloren ist. All das kreist um die Welt als eine lebendige Kraft. Manchmal kommt es uns vor, als habe unsere Arbeit kein Ergebnis gebracht, aber die Mission ist weder ein Geschäft noch ein unternehmerisches Projekt, sie ist keine humanitäre Organisation, keine Veranstaltung, um zu zählen, wie viele dank unserer Propaganda daran teilgenommen haben; es ist etwas viel Tieferes, das sich jeder Messung entzieht. Vielleicht verwendet der Herr unsere Hingabe, um Segen zu spenden an einem anderen Ort der Welt, wo wir niemals hinkommen werden. Der Heilige Geist handelt wie er will, wann er will und wo er will; wir aber setzen uns ohne den Anspruch ein, auffällige Ergebnisse zu sehen. Wir wissen nur, dass unsere Hingabe notwendig ist. Lernen wir, in den zärtlichen Armen des Vaters zu ruhen, inmitten unserer kreativen und großherzigen Hingabe. Machen wir weiter, geben wir ihm alles, aber lassen wir zu, dass er es ist, der unsere Mühen fruchtbar macht, wie es ihm gefällt.

280. Um den missionarischen Eifer lebendig zu halten, ist ein entschiedenes Vertrauen auf den Heiligen Geist vonnöten, denn er »nimmt sich unserer Schwachheit an« (*Röm* 8,26). Aber dieses großherzige Vertrauen muss genährt werden, und dafür müssen wir den Heiligen Geist beständig anrufen. Er kann alles heilen, was

uns im missionarischen Bemühen schwächt. Es ist wahr, dass dieses Vertrauen auf den Unsichtbaren in uns ein gewisses Schwindelgefühl hervorrufen kann: Es ist wie ein Eintauchen in ein Meer, wo wir nicht wissen, was auf uns zukommen wird. Ich selbst habe das viele Male erlebt. Es gibt aber keine größere Freiheit, als sich vom Heiligen Geist tragen zu lassen, darauf zu verzichten, alles berechnen und kontrollieren zu wollen, und zu erlauben, dass er uns erleuchtet, uns führt, uns Orientierung gibt und uns treibt, wohin er will. Er weiß gut, was zu jeder Zeit und in jedem Moment notwendig ist. Das heißt in geheimnisvoller Weise fruchtbar sein!

Die missionarische Kraft des Fürbittgebets

281. Es gibt eine Gebetsform, die uns besonders anspornt, uns der Evangelisierung zu widmen, und uns motiviert, das Wohl der anderen zu suchen: das Fürbittgebet. Schauen wir für einen Augenblick in das Innere eines großen Evangelisierers wie des heiligen Paulus, um zu verstehen, wie sein Gebet war. Dieses Gebet war angefüllt mit Menschen: »Immer, wenn ich für euch alle bete, tue ich es mit Freude [...] weil ich euch ins Herz geschlossen habe« (*Phil* 1,4.7). So entdecken wir, dass uns das Fürbittgebet nicht von der echten Betrachtung abbringt, denn die Betrachtung, welche die anderen draußen lässt, ist eine Täuschung.

282. Diese Haltung wird auch zu einem Dank an Gott für die anderen: »Zunächst danke ich meinem Gott durch Jesus Christus für euch alle« (*Röm* 1,8). Es ist ein beständiges Danken: »Ich danke Gott *jederzeit* euretwegen für die Gnade Gottes, die euch in Christus Jesus geschenkt wurde« (*1 Kor* 1,4). »Ich danke meinem Gott *jedes Mal*, wenn ich an euch denke« (*Phil* 1,3). Es ist kein ungläubiger, negativer und hoffnungsloser Blick, sondern ein geistlicher Blick aus tiefem Glauben, der anerkennt, was Gott selbst in ihnen wirkt. Zugleich ist es die Dankbarkeit, die einem Herzen entspringt, das wirklich aufmerksam ist gegenüber den anderen. Auf diese Weise ist das Herz des Evangelisierenden, wenn er sich vom Gebet erhebt, großzügiger geworden, befreit von einer abgeschotteten Geisteshaltung und begierig, das Gute zu tun und das Leben mit den anderen zu teilen.

283. Die großen Männer und Frauen Gottes waren große Fürbitter. Das Fürbittgebet ist wie ein ›Sauerteig‹ im Schoß der Dreifaltigkeit. Es ist ein Eingehen in den Vater und ein Entdecken neuer Dimensionen, welche die konkreten Situationen erhellen und verändern. Wir können sagen, dass das Herz Gottes durch unser Fürbittgebet gerührt wird, aber in Wirklichkeit kommt er uns immer zuvor, und was wir mit unserem Fürbittgebet ermöglichen, ist, dass seine Macht, seine Liebe und seine Treue sich mit größerer Klarheit unter dem Volk zeigen.

II. Maria, die Mutter der Evangelisierung

284. Zusammen mit dem Heiligen Geist ist mitten im Volk immer Maria. Sie versammelt die Jünger, um ihn anzurufen (*Apg* 1,14), und so hat sie die missionarische Explosion zu Pfingsten möglich gemacht. Maria ist die Mutter der missionarischen Kirche, und ohne sie können wir den Geist der neuen Evangelisierung nie ganz verstehen.

Ein Geschenk Jesu an sein Volk

285. Am Kreuz, als Jesus in seinem Fleisch die dramatische Begegnung zwischen der Sünde der Welt und dem Erbarmen Gottes erlitt, konnte er zu seinen Füßen die tröstliche Gegenwart seiner Mutter und seines Freundes sehen. In diesem entscheidenden Augenblick, ehe er das Werk vollbrachte, das der Vater ihm aufgetragen hatte, sagte Jesus zu Maria: »Frau, siehe, dein Sohn!« Dann sagte er zum geliebten Freund: »Siehe, deine Mutter!« (*Joh* 19,26.27). Diese Worte Jesu an der Schwelle des Todes drücken in erster Linie nicht eine fromme Sorge um seine Mutter aus, sondern sind vielmehr eine Aussage der Offenbarung, die das Geheimnis einer besonderen Heilssendung zum Ausdruck bringt. Jesus hinterließ uns seine Mutter als unsere Mutter. Erst nachdem er das getan hatte, konnte Jesus spüren, dass »alles vollbracht war« (*Joh* 19,28). Zu Füßen des Kreuzes, in der höchsten Stunde der neuen Schöpfung führt uns Christus zu Maria. Er führt uns zu ihr, da er nicht will, dass wir ohne eine Mutter gehen, und das Volk liest in diesem mütterlichen Bild alle Geheimnisse des Evangeliums. Dem Herrn gefällt es nicht, dass seiner Kirche das weibliche Bild fehlt. Maria, die ihn in großem Glauben zur Welt brachte, begleitet auch »ihre übrigen Nachkommen, die den Geboten Gottes gehorchen und an dem Zeugnis für Jesus festhalten« (*Offb* 12,17). Die innere Verbindung zwischen Maria, der Kirche und jedem Gläubigen, insofern sie auf verschiedene Art und Weise Christus hervorbringen, wurde vom seligen Isaak von Stella sehr schön zum Ausdruck gebracht: »Was daher in den von Gott inspirierten Schriften von der jungfräulichen Mutter Kirche in umfassendem Sinn gesagt wird, das gilt von der Jungfrau Maria im Einzelnen. [...] Leicht erkennt der Verstand in beiden auch die glaubende Seele, die Braut des Wortes Gottes, die Mutter Christi, Tochter und Schwester, Jungfrau und fruchtbare Mutter. [...] Im Mutterschoß Marias als seinem Zelt weilte Christus neun Monate; im Zelt der glaubenden Kirche bis ans Ende der Welt; in der Erkenntnis und Liebe der glaubenden Seele bleibt er auf ewig.«[212]

286. Maria versteht es, mit ein paar ärmlichen Windeln und einer Fülle zärtlicher Liebe einen Tierstall in das Haus Jesu zu verwandeln. Sie ist die Magd des Vaters, die in Lobpreis ausbricht. Sie ist die Freundin, die stets aufmerksam ist, dass der Wein in unserem Leben nicht fehlt. Sie, deren Herz von einem Schwert durchdrungen wurde, versteht alle Nöte. Als Mutter von allen ist sie Zeichen der Hoffnung für die Völker, die Geburtswehen leiden, bis die Gerechtigkeit hervorbricht. Sie ist die Missionarin, die uns nahe kommt, um uns im Leben zu begleiten, und dabei in mütterlicher Liebe die Herzen dem Glauben öffnet. Als wahre Mutter geht sie mit uns, streitet für uns und verbreitet unermüdlich die Nähe der Liebe Gottes. Durch die verschiedenen marianischen Anrufungen, die gewöhnlich mit den Heiligtümern verbunden sind, teilt sie die Geschichte jedes Volkes, das das Evangelium angenommen hat, und wird zu einem Teil seiner geschichtlichen Identität. Viele christliche Väter bitten darum, dass ihre Kinder in einem Marienheiligtum getauft werden, und zeigen damit ihren Glauben an das mütterliche Wirken Marias, die für Gott neue Kinder hervorbringt. Dort in den Heiligtümern kann

---

212 Isaak von Stella, *Sermo* 51: *PL* 194,1863.1856.

man beobachten, wie Maria ihre Kinder um sich versammelt, die unter großer Anstrengung als Pilger kommen, um sie zu sehen und von ihr gesehen zu werden. Hier finden sie die Kraft Gottes, um die Leiden und Mühen des Lebens zu ertragen. Wie dem heiligen Juan Diego gibt sie ihnen mit zärtlicher Liebe ihren mütterlichen Trost und flüstert ihnen zu: »Dein Herz beunruhige sich nicht […] Bin denn ich, die ich doch deine Mutter bin, etwa nicht hier?«[213]

Der Stern der neuen Evangelisierung

287. Die Mutter des lebendigen Evangeliums bitten wir um ihre Fürsprache, dass diese Einladung zu einer neuen Phase der Verkündigung des Evangeliums von der ganzen Gemeinschaft der Kirche angenommen werde. Sie ist die Frau des Glaubens, die im Glauben lebt und unterwegs ist,[214] und »ihr außergewöhnlicher Pilgerweg des Glaubens stellt so einen bleibenden Bezugspunkt dar für die Kirche«.[215] Sie ließ sich vom Heiligen Geist auf einem Weg des Glaubens zu einer Bestimmung des Dienstes und der Fruchtbarkeit führen.

---

213 *Nican Mopohua*, 118–119.

214 Vgl. Zweites Vatikanisches Konzil, Dogm. Konst. *Lumen gentium* über die Kirche, 52–69.

215 Johannes Paul II., Enzyklika *Redemptoris Mater* (25. März 1987), 6: *AAS* 79 (1987), 366.

Heute richten wir unseren Blick auf sie, dass sie uns helfe, allen die Botschaft des Heils zu verkünden, und dass alle neuen Jünger zu Verkündern des Evangeliums werden.[216] Auf diesem Pilgerweg der Evangelisierung fehlen nicht die Phasen der Trockenheit, des Dunkelsbis hin zu mancher Mühsal, wie sie Maria während der Jahre in Nazaret erlebt hat, als Jesus heranwuchs: »Dieser ist der Anfang des Evangeliums, der guten, frohen Botschaft. Es ist aber nicht schwer, in jenem Anfang auch eine besondere Mühe des Herzens zu erkennen, die mit einer gewissen ›Nacht des Glaubens‹ verbunden ist – um ein Wort des heiligen Johannes vom Kreuz zu gebrauchen –, gleichsam ein ›Schleier‹, durch den hindurch man sich dem Unsichtbaren nahen und mit dem Geheimnis in Vertrautheit leben muss. Auf diese Weise lebte Maria viele Jahre in Vertrautheit mit dem Geheimnis ihres Sohnes und schritt voran auf ihrem Glaubensweg.«[217]

288. Es gibt einen marianischen Stil bei der missionarischen Tätigkeit der Kirche. Denn jedes Mal, wenn wir auf Maria schauen, glauben wir wieder an das Revolutionäre der Zärtlichkeit und der Liebe. An ihr sehen wir,

---

216 Vgl. *Propositio* 58.
217 Johannes Paul II., Enzyklika *Redemptoris Mater* (25. März 1987), 17: *AAS* 79 (1987), 381.

dass die Demut und die Zärtlichkeit nicht Tugenden der Schwachen, sondern der Starken sind, die nicht andere schlecht zu behandeln brauchen, um sich wichtig zu fühlen. Wenn wir auf Maria schauen, sehen wir, dass diejenige, die Gott lobte, weil er »die Mächtigen vom Thron stürzt« und »die Reichen leer ausgehen lässt« (vgl. *Lk* 1,52.53), in unsere Suche nach Gerechtigkeit Geborgenheit bringt. Auch bewahrt sie sorgfältig »alles in ihrem Herzen und denkt darüber nach« (vgl. *Lk* 2,19). Maria weiß, die Spuren des Geistes Gottes in den großen Geschehnissen zu erkennen und auch in denen, die nicht wahrnehmbar scheinen. Sie betrachtet das Geheimnis Gottes in der Welt, in der Geschichte und im täglichen Leben von jedem und allen Menschen. Sie ist die betende und arbeitende Frau in Nazaret, und sie ist auch unsere Frau von der unverzüglichen Bereitschaft, die aus ihrem Dorf aufbricht, um den anderen »eilends« (vgl. *Lk* 1,39) zu helfen. Diese Dynamik der Gerechtigkeit und der Zärtlichkeit, des Betrachtens und des Hingehens zu den anderen macht Maria zu einem kirchlichen Vorbild für die Evangelisierung. Wir bitten sie, dass sie uns mit ihrem mütterlichen Gebet helfe, damit die Kirche ein Haus für viele werde, eine Mutter für alle Völker, und dass die Entstehung einer neuen Welt möglich werde. Der Auferstandene sagt uns mit einer Macht, die uns mit großer Zuversicht und fester Hoffnung erfüllt: »Seht, ich mache alles neu« (*Offb*

21,5). Mit Maria gehen wir vertrauensvoll diesem Versprechen entgegen und sagen zu ihr:

Jungfrau und Mutter Maria,
vom Heiligen Geist geführt
nahmst du das Wort des Lebens auf,
in der Tiefe deines demütigen Glaubens
ganz dem ewigen Gott hingegeben.
Hilf uns, unser »Ja« zu sagen
angesichts der Notwendigkeit, die dringlicher ist denn je,
die Frohe Botschaft Jesu erklingen zu lassen.

Du, von der Gegenwart Christi erfüllt,
brachtest die Freude zu Johannes dem Täufer
und ließest ihn im Schoß seiner Mutter frohlocken.
Du hast, bebend vor Freude,
den Lobpreis der Wundertaten Gottes gesungen.
Du verharrtest standhaft unter dem Kreuz
in unerschütterlichem Glauben
und empfingst den freudigen Trost der Auferstehung,
du versammeltest die Jünger
in der Erwartung des Heiligen Geistes,
damit die missionarische Kirche entstehen konnte.

Erwirke uns nun einen neuen Eifer als Auferstandene,
um allen das Evangelium des Lebens zu bringen,
das den Tod besiegt.

Gib uns den heiligen Wagemut, neue Wege zu suchen,
damit das Geschenk der Schönheit, die nie erlischt,
zu allen gelange.

Du, Jungfrau des hörenden Herzens und des Betrachtens,
Mutter der Liebe, Braut der ewigen Hochzeit,
tritt für die Kirche ein, deren reinstes Urbild du bist,
damit sie sich niemals verschließt oder stillsteht
in ihrer Leidenschaft, das Reich Gottes aufzubauen.

Stern der neuen Evangelisierung,
hilf uns, dass wir leuchten
im Zeugnis der Gemeinschaft,
des Dienstes, des brennenden und hochherzigen Glaubens,
der Gerechtigkeit und der Liebe zu den Armen,
damit die Freude aus dem Evangelium
bis an die Grenzen der Erde gelange
und keiner Peripherie sein Licht vorenthalten werde.

Mutter des lebendigen Evangeliums,
Quelle der Freude für die Kleinen,
bitte für uns.
Amen. Halleluja!

Gegeben zu Rom, bei Sankt Peter, zum Abschluss des *Jahres des Glaubens,* am 24. November – Hochfest unseres Herrn Jesus Christus, König des Weltalls – im Jahr 2013, dem ersten meines Pontifikats.

Franciscus

Themenschlüssel

Papst Franziskus

Mein Leben, mein Weg

El Jesuita.
Die Gespräche mit Jorge Mario Bergoglio
von Sergio Rubin und Francesca Ambrogetti

Aus dem Spanischen von Elisabeth Münzebrock,
Maria Luisa Öfele, Ulrich Ruh, Martin Maier

12,5 x 20,5 cm, 224 Seiten, gebunden mit Schutzumschlag
ISBN 978-3-451-32708-7

Der Papst »vom anderen Ende der Welt«, der die Herzen der Menschen im Sturm eroberte, erzählt hier erstmals von seinem Leben: über seine Herkunft, seinen ungewöhnlichen Werdegang, sein Leben als Jesuit, über die düsteren Zeiten der Militärdiktatur, seinen Kampf für Arme und gegen Drogenmafia und Korruption, über die Liebe zum Tango und seine Nähe zu den einfachen Gauchos Argentiniens.

HERDER

Stefan von Kempis

Papst Franziskus

Wer er ist, wie er denkt, was ihn erwartet

Durchgehend vierfarbig bebildert
21,0 x 28,0 cm, 160 Seiten, gebunden
ISBN 978-3-451-33408-5

Papst Franziskus hat mit seiner Einfachheit und Güte im Handumdrehen die Herzen vieler Menschen gewonnen – und bei Glaubenden wie Nichtglaubenden hohe Erwartungen geweckt. In diesem großformatigen, reich bebilderten Band zeichnet Stefan v. Kempis detailliert und bunt den Weg nach, der Jorge Bergoglio, den argentinischen »Kardinal der Armen«, aus einer Einwanderervorstadt von Buenos Aires bis auf den römischen Bischofsstuhl geführt hat. Er zeigt ein facettenreiches Bild der Persönlichkeit des neuen Papstes, seines neuen Stils im Vatikan und der Aufgaben, die er lösen muss.

HERDER